Roger

&

Rafa

王者對決

Roger & Rafa

Rafa & Roger : Un recorrido por la rivalidad
más importante de la historia del tenis

費德勒 & 納達爾

最 強 宿 敵 最經典對手

稱霸網壇全紀錄

安東尼歐・亞瑞納斯 Antonio Arenas
拉斐爾・普拉薩 Rafael Plaza 著
劉家亨 譯

王者對決，Roger & Rafa

費德勒&納達爾，最強宿敵&最經典對手稱霸網壇全紀錄

作　　者　安東尼歐・亞瑞納斯（Antonio Arenas）&拉斐爾・普拉薩（Rafael Plaza）
譯　　者　劉家亨
執 行 長　陳蕙慧
總 編 輯　曹　慧
主　　編　曹　慧
封面設計　比比司設計工作室
行銷企畫　張元慧、廖祿存
社　　長　郭重興
發行人兼出版總監　曾大福
編輯出版　奇光出版／遠足文化事業股份有限公司
E-mail: lumieres@bookrep.com.tw
部落格：http://lumieresino.pixnet.net/blog
粉絲團：https://www.facebook.com/lumierespublishing
發　　行　遠足文化事業股份有限公司
http://www.bookrep.com.tw
23141新北市新店區民權路108-4號8樓
電話：(02) 22181417
客服專線：0800-221029 傳真：(02) 86671065
郵撥帳號：19504465 戶名：遠足文化事業股份有限公司
法律顧問　華洋法律事務所 蘇文生律師
印　　製　成陽印刷股份有限公司
排　　版　極翔企業有限公司
初版一刷　2019年5月
初版七刷　2022年10月25日
定　　價　500元

國家圖書館出版品預行編目資料

王者對決，Roger&Rafa：費德勒&納達爾，最強宿敵&最經典對手稱霸網壇全紀錄 / 安東尼歐・亞瑞納斯(Antonio Arenas), 拉斐爾・普拉薩(Rafael Plaza)著；劉家亨譯. -- 初版. -- 新北市：奇光出版：遠足文化發行, 2019.05
面；　公分

譯自：Rafa & Roger : un recorrido por la rivalidad ma?s importante de la historia del tenis

ISBN 978-986-97264-4-3 (平裝)

1.網球 2.運動競賽

528.953　　108004373

線上讀者回函

本書獻給最早教導我們讀書識字的女人
我們的母親，瑪格和伊涅絲

Contents

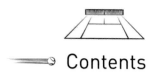

推薦序一

活在費納王者對決年代，如此幸福

何榮幸，《報導者》創辦人，資深業餘球迷

小時候，我曾經以為瑞典球王柏格、美國火爆浪子馬克安諾的「冰與火之歌」，就是這個地球上最傳奇的網球爭霸戰。他們兩人在一九八〇、八一兩年間於溫網和美網的四度對決，注定會被寫入史冊之中。

沒想到，我以為沒有人能超越的傳奇，在短短十年後就被改寫。一九九〇年代山普拉斯和阿格西的經典之戰，陪伴我度過進入社會的第一個十年。他們兩人為NIKE拍攝的《Never Ending》廣告，由白天打到黑夜，再從春天打到寒冬，地老天荒的史詩級纏鬥，讓我一度深信是空前絕後。

但我再度錯得離譜。十多年之後，二十二歲的費德勒、十七歲的納達爾在二〇〇四年邁阿密大師賽首度交手，狂野的納豆直落兩盤擊敗如日中天的費天王，從此開啟網球史上最驚心動魄的王者對決。更不可思議的是，年過三十的費納兩人至今仍然叱吒風雲，九〇後眾多生猛小將依舊看不到費納兩人的車尾燈。

儘管已經有過前兩次自我打臉的慘痛經驗，這一次我並不會因此保留退縮。我相信，活在費納對決時代的球迷，是網球史上最幸福的一代球迷。如同見證ＮＢＡ場上魔術強生與大鳥柏德對決、足球場上梅西與C羅絕代雙驕競爭、羽球場上林丹與李宗偉爭霸一樣，這種幸福的感覺無可取代，也不可能復刻重來，只此一家正字標記絕無分號。

這本書，既是費納兩人王者對決全紀錄，更是這種難以言喻幸福感的寫照。任何記錄都只是冰冷的數字，只有球迷才能深刻體會這種炙熱的幸福感：只要費德勒、納達爾還在球場上奔馳，陪伴我們走過生活中高低起伏的看球歲月就沒有崩壞，這個並不美好而充滿挫敗的世界就依然值得奮鬥不懈。

是的，二〇一三年之後費納兩人狀態開始下滑，到了二〇一六年甚至雙雙因為傷勢提早結束球季之際，有誰能夠預料，費納兩人竟能在二〇一七年同樣東山再起，不但聯手包辦四大公開賽王座，此後費天王更直衝史上第一的二十座大滿貫、納豆也拿下包括十一座法網的十七個大滿貫金盃，這種好萊塢電影也寫不出來的情節，何嘗不是費納兩人對於彼此最大的致敬。

其實，真正令人驚訝的是，費納對決如此多年，竟然沒有從近身採訪角度描繪兩位球王性情的著作，本書兩位作者從記者視角與運動專業彌補了這個空白。但也因為本書的遲到，讀者才得以同時見證費納兩人的輝煌、低潮與再起，讓本書充滿更加戲劇化的球場表現與真實人生。

最後，身為納豆的死忠球迷，我對費天王固然充滿敬意，但仍期盼納豆能夠超越費天王的大滿貫記錄。不論是否能夠如願，我都深深感謝兩位球王帶來的無與倫比觀戰經驗。活在費納兩人王者對決的年代，真是一件多麼幸福的事！

推薦序二

沒有對峙，不能成就精采

許乃仁，ＦＯＸ體育台主播

自從一九六八年正式邁入公開賽年代（Open Era）以來，在過去超過半個世紀裡，職業網球達到前所未有的榮景，也出現一個接著一個的盛世。相較五十年前，現今的職業網球除了獎金成長數百倍之外；比賽本身的規模和競技的強度以及技術水準都達到了前所未有的境界！同時也造就了許多名將的誕生！

細數過往的五十年裡，男子網壇好手層出不窮，歷代的球王們各自身懷絕技、自成一格，並且在所處的年代主宰統治！這些名將們各自風格截然不同，並以其與生俱來的天賦、歷經時間的淬鍊，在生涯巔峰之時一統過世界網壇！並合力寫下過去五十年間網球輝煌的近代史！

然而，任何一位偉大的名將，在所處的年代裡，如果沒有出現一位在能力、技術上能與之等量其觀的對手來和他對抗，形成所謂的對峙（Rivalry）局面，網球不可能如此精采和引人入勝！特別是兩個打法、風格上截然不同的兩個對手，彼此都將對方的潛能激發出來，在場上互相切磋、互相激勵，才能造就一場又一場的經典賽事呈現在觀眾面前。

過去幾個世代，網壇產生過不少的對抗組合：包括七〇年代康諾斯 vs 柏格、柏格 vs 馬克安諾、八〇年代的馬克安諾vs藍道、貝克vs艾伯格和九〇年代的阿格西vs山普拉斯，然而，以雙方在歷史上所拿過大滿貫冠軍次數的角度來看，費德勒和納達爾的對陣組合可能是公開賽年代當中最為球迷津津樂道和最有份量的組合，雖然費德勒和納達爾的對陣場次（38）比費德勒vs喬科維奇（47）以及納達爾vs喬科維奇（53）來得少，但這兩位打法、風格截然不同的名將從二〇〇四年邁阿密第一場單打的對陣開始，將網球推向另一高峰！也留下許多令人回味無窮的經典戰役！

同時，更難得的是，兩人除了在場上相互競爭，彼此都中斷過對方重大的紀錄，但私下兩人相知相惜，多年來培養出堅固的情誼，加上兩人在漫長的生涯都歷經了無數傷病，但都對這項運動始終保持著一股純然的熱情。同時在私下對自己生活紀律都有高度要求！都足以做為年輕後輩的表率！也才能各自造就如此輝煌的職業生涯！山普拉斯說過在他生涯後期才意識到阿格西在其職業生涯的重要性。如果沒有阿格西，不可能成就現在的他。同樣地，在過去十五年間，Roger和Rafa如果沒有對方的競爭和激勵是不可能成就他們如此偉大的職業生涯！

本書的兩位作者安東尼歐．亞瑞納斯與拉斐爾．普拉薩以其多年現場採訪的經驗與對網球的熱愛，以生動的筆觸將這兩位史上贏過最多大滿貫的名將的故事寫成書，裡面有許多不為人知的小故事，閱讀本書，等於再次回顧了兩位近代最偉大選手的生涯軌跡，值得推薦，喜愛網球的觀眾也絕不能錯過！

推薦序三

費納的Pure Love

楊惠君，《報導者》副總編輯

人活著都在追求一件事：真愛。在愛裡證明自己，獨一無二的存在。

十五年後我們更明白，費德勒和納達爾同時存在的年代，我們享受到的不只是兩隻非凡卓越的山羊（GOAT，Greatest of All Time），而是史上最強大的網球純愛，是在那樣無暇的摯愛中，才讓兩人球技與紀錄催逼到史上無人可及的境界，強大到足以將歲月刻度重新畫定，讓十五年來賽場上一回又一回的殘酷競逐，變成一章又一章的雋永詩篇，連同見證這些偉大時刻的我們，也一併化為天荒地老的詠嘆。

於我而言，詩句從二〇〇八年的溫布頓決賽落筆。六比四、六比四、六比七、六比七、十一比九，兩度因雨延賽、從倫敦的白天交纏到黑夜，六十六局中每一局都令人屏息、不敢眨眼，無數不可思議的反擊和救球連串出現，納達爾第二盤由一比四追到四比四、費德勒第四盤救回兩個冠軍點，兩個人打出的每日好球，幾乎達到了特技的程度，觀戰當下，覺得此刻便是永恆了，今天才明白，那只是永恆的開端。

這場比賽是兩人第一次的黃金交叉點。儘管在那之前，年輕五歲的納達爾在兩人交戰的十七場比賽取得十一勝的優勢，但紅土之王唯有在草地這塊歷來網球之王的聖地取勝，才真正讓費德勒交出王中之王的聖盃。隔年澳網決賽，納達爾再度擊敗費德勒，頒獎時費德勒滾滾的淚水，當下讓萬千球迷跟著哽咽，但現在我們了解，那是讓王者新生的淚水，「納達爾障礙」或許給了費德勒重新蹲跳的目標，不滿、不足，而能不懈、不退。

我必須自白，對我這樣「單手反拍」的偏食者，從來難以欣賞「用腿打球」的歷來紅土之霸，從納達爾十七歲以「強打少年」崛起之姿，多半都是為他對面球網的選手助聲。即便如我這樣偏頗的球迷，長年看衰他極為磨耗腿力的打法難以持久，但三度看他因傷低潮、而能一次一次永劫回歸，再死硬都要認錯，不懂得欣賞納達爾的詭異上旋球、都無法不臣服他如同「黑洞」般無光無息的寂靜意志。

然後看費德勒對決納達爾，再沒有人是為了想看誰擊敗誰，而是誠心祈禱「費納組合」的出現。二〇一七年大年初二那夜，多少家庭暫停了孝親麻將，老老少少都鎖定了澳網決賽，因傷沉寂的兩人，以史上最低的十七種子和九種子出賽，睽違六年在大滿貫爭冠。六比四、三比六、六比一、三比六、六比三，又是一場經典五盤，突破「納達爾障礙」的費德勒拿到第十八座大滿貫，這次誰都沒有哭，或者說，這次除了費納兩人，全都哭了。

我們不知道，在勞苦的人世間，有一種美好可以如此無限續杯。經過了十五年，我們才看清楚，費德勒和納達爾的成就其說是天賦、奮鬥，更重要的是，他們如此熱愛網球，打球本身已超越任何紀錄的光環，甚至沉落時的狼狽。都說網球是從「LOVE」開始的比賽，從來沒有一對選手如費納，讓我們深刻的理解。

序言

馬諾洛·桑塔納（Manolo Santana），馬德里大師賽總監

去年我多次出國，到世界各地觀賞一流的網球賽，有幸親眼目睹本書所講述的費德勒和納達爾的球王事蹟。

很多朋友都說我太常出國看球，說我都這把年紀了，應該待在家裡休息，不該成天搭機飛來飛去，到世界各地觀賞球賽。有些選手很意外在每個城市都看見我的身影。「馬諾洛！你參加的賽事都要比我多了！」他們總是這樣調侃我，說完再給我一個熱情的擁抱，說很高興見到我到場，支持在球場上奮戰的他們。

不久前，我親眼看到納達爾在巴塞隆納公開賽封王後，縱身跳入巴塞隆納皇家網球俱樂部的游泳池慶祝勝利；見過他在馬德里大師賽全力以赴，征服現場觀眾的心；看見他在法國公開賽封王後，難掩激動情緒；還有他第三度征服美國網球公開賽，以及重新登上世界排名第一的王座。如此輝煌的戰績，竟然都是在短短五個月內達成！我何其有幸，也有機會在倫敦目睹費德勒抱走生涯第八座溫布頓冠軍。

所以，怎能叫我不繼續出國看球呢？我怎麼能夠錯過這些時刻？我熱愛網球，網球就是我的人生，而納達爾和費德勒在其中扮演重要的角色。因此每次他們贏球，我都認為是我們大家

贏了。網球就是贏家。

我清楚記得二〇一六年底，有記者問我對費德勒和納達爾的看法，我說他倆會再次登上巔峰，贏得大滿貫，記者們聽了無不一臉詫異。我心中有個聲音告訴我，他倆會在法網和溫網再次奪冠。我的朋友甚至覺得我瘋了，說那根本是不可能的事。此話不無道理，我八成是瘋了，但過去二十年，我見證過許多真正瘋狂的時刻，我答應自己永不再質疑納達爾和費德勒的球技。

親眼目睹巴塞隆納公開賽，納達爾在以他名字命名的球場封王，令人大呼過癮，看見他在馬德里魔術盒球場上再度高舉金盃，實在是不可思議，至今想起我還是激動不已。我身為馬德里大師賽的總監，曾有幸三度頒發冠軍盃給費德勒，頒給納達爾則有五次。但今年（二〇一七年）這回頒獎給納達爾，我的心情真是百感交集，因為他一整年都是負傷參賽。因此，納達爾贏下他生涯第十座法網冠軍時，我也跟著笑開懷。我永遠都不會忘記自己出席他的冠軍慶功晚宴。

本書的作者安東尼歐．亞瑞納斯和拉斐爾．普拉薩是世界上最常奔波追逐網壇各大比賽的記者。我見過他倆在賽場上做過專業的報導和訪問，認為他們完美抓住了納達爾和費德勒在運動史上留下的不朽形象。

費德勒和納達爾彼此不僅是網壇最大的宿敵，也成功將網球昇華至另一個境界。兩人的對決總是受到舉世矚目，也讓千萬人認識網球這項運動。我認識很多明明不喜歡網球的人，多虧了費德勒、納達爾或他們兩人，最後都成了熱衷網球的球迷，看電視轉播追球賽。這個推廣效果永垂不朽，也將永遠流傳下去。兩位球王的對決是網球史上絕無僅有的大瑰寶。我個人在二〇〇八年溫網男子單打決賽的觀球經驗，簡單來說，實在是無法言喻。那是網球史上最令人激賞的一場比賽，精采程度簡直難以用言語形容，最後由納達爾贏下經典的勝利。他倆改寫了網球，也翻轉了我們對於宿敵情結的看法。

費德勒和納達爾是值得追隨的典範，不只是因為兩者的球技精湛，而是因為他們所體現的人類價值，以及在球場上和球場外展現的美德。我最欣賞的一點是他們面對我們這些已退役的選手，總是懷有深深的敬意。除了彼此之間惺惺相惜，除了我們對他倆所懷有的好感，他們總是一再強調我們這些老選手在網球史上有多重要。這句話很珍貴，我也非常珍惜。尤其是說出這句話的這兩位選手，締造的成就我們連作夢都望塵莫及。誇讚他們幾句也不嫌多！

我知道贏得大滿貫有多困難，也曉得需要付出多少努力和犧牲才辦得到。我生涯中有幸贏得四次大滿貫，因此我認為自己更明白得十分、十五分和二十分[1]背後所代表的深刻意義。

納達爾和費德勒的網球事蹟著實令人嘆為觀止。

除了兩人在場上的競爭關係，他們也曾經歷過彼此緊緊相繫的時刻。這個連結十分牢固，令我們其他人也感覺自己是其中一份子。費德勒和納達爾曾一起落下男兒淚，一起捧腹大笑，也安慰過對方，總是在恭賀對方贏球，甚至還組隊搭檔雙打出賽過！

他倆的故事很偉大，網球界卻從來沒人訴說過。本書收錄了一部分關於他們的軼事。希望各位讀者喜歡。

1　譯註：現行網球每局計分方法已修改為0、15、30、40。

故事開始之前

二〇一七年澳網決賽於晚上七點正式開始。開打前三十分鐘，托尼用馬約卡方言大聲吆喝，打破更衣室內的沉默，替賽前最後一場會議開場：

「記得你得打得有侵略性一點！」托尼站在木頭長凳旁，劈頭就說，「吊高球，把球打到他反手後場的位置，但別一味使出這招。」他接著說下去，「勇敢一點。機會來了就把握住，你永遠不曉得錯過這次機會，還有沒有下次。」

納達爾一面聽著一身網球選手裝扮的叔叔對他精神喊話，一面照著鏡子，繫好頭巾。一副戰士模樣映照在鏡子上。納達爾沖了個冷水澡，試圖集中精神。上場前他總會這麼做，然後在更衣室跑來跑去，喚醒全身上下每一絲肌肉，手裡拿著網球拍蹦蹦跳跳，頭差點沒撞到天花板。他拿起耳機，把音樂調到最大聲。然而，這一切完全沒用，因為他緊張的心情依舊不受控制。時隔六年，半小時後他就要與費德勒再次於大滿貫決賽上對決。

費德勒坐在距離納達爾和托尼兩公尺外，雖然聽不懂西班牙語，還是有一句沒一句地聽著他倆對話。費德勒當時正和兩位教練留比契奇和路奇說話，但他也無須過度盤算該如何爭奪冠軍。他的想法非常清楚。計畫，明確。

「別跟他硬碰硬，只管把球打回去就好。放手去打，加油，拿出你的看家本領。」留比契奇說完後，費德勒起身，走過連接更衣室和羅德．拉沃競技場的球場之間的通道。

這時，時間停止流動。五分鐘後澳網決賽就要正式開打。五分鐘後納達爾和費德勒就將再次對決，改寫網壇歷史的走向。五分鐘後全世界將見證新時代的曙光降臨。

1 我們在哪裡認識的？

拉法，我們是在哪裡認識的？羅傑，我們是在哪裡認識的？
在世界某處認識的吧，但那根本不重要。重要的是我們一路走來所經歷的一切。

納達爾（Rafael Nadal，暱稱：拉法）不記得自己究竟是在哪裡第一次遇見費德勒（Roger Federer，又名：羅傑），費德勒也不記得與對方初次見面是在何處。

人類的記憶力既強大又捉摸不定，兩位網球天王會忘了初次見面的那一刻，也是很正常的事。那個當下，可能兩人都沒特別留意。

大部分的人都不記得兩位天王的生涯首次對決是什麼時候，甚至有些赫赫有名的專業球評也不清楚。事實上，納達爾和費德勒是在一場雙打比賽上首次交鋒的。

那天是二〇〇四年三月十六日，印地安泉大師賽的第二輪比賽。納達爾與羅布雷多（Tommy Robredo）搭檔出賽，費德勒則與艾利格羅（Yves Allegro）共組一隊，納達爾和羅布雷多最終以五比七、六比四和六比三贏得勝利，晉級八強，不曉得自己剛在加州印地安泉大師賽二號球場寫下歷史性的一頁。

初次交手兩年後，二〇〇六年十二月，納達爾和費德勒曾在三十四場單打比賽及三場雙打比賽對決過（納達爾於單打取下二十三勝十一負的戰績，雙打則是兩勝一負）。兩人於網壇快速竄起，實力無與倫比。

兩位天王首次交手十餘年後，二〇一七年賽季中發生的事，讓這對網球史上最大宿敵的關係有了意想不到的改變，令人自然而然想回顧過去，理解現在，再次提出那個老問題。

拉法，我們是在哪裡認識的？羅傑，我們是在哪裡認識的？

在世界某處認識的吧，但那根本不重要。重要的是我們一路走來所經歷的一切。

2 待續……
馬納科 *Manacor*

Rafa：

羅傑，這幅作品展示了我倆一起在球場上共度的每一刻。細細觀察，我看見的是我倆網球生涯經歷的每一段美好回憶。我倆的場上時光，待續……

馬約卡島的十一月秋季陽光總是炎熱強烈，納達爾頂著豔陽，耐心等待費德勒。費德勒遲到了。

費德勒左膝蓋半月軟骨裂傷，開刀治療，缺席比賽已超過三個月。現在準備好在一項與網球相關的公開活動首度露面。他收到一份無法婉拒的邀請、一份特別的召集令。比起其他事情，唯獨這項活動是他願意出席的。然而，他的私人飛機，本當載他從蘇黎世飛到馬約卡島，至今仍無法起飛。他違背了瑞士人一向給人的守時印象，無法準時赴約。

拉法耐心等候。他的整個家族，以及團隊耗費三年全心籌畫和工作，付出諸多努力和犧牲，現在終於是時候向世人呈現這項於二〇一四年十一月三日開始動工興建的迷人計畫，與電信公司「移動之星」合作創辦的納達爾網球學院（Rafa Nadal Academy by Movistar）。拉法不想自己宣布學院落成，他渴望與羅傑一同慶祝這個歷史性的大日子。費德勒的網球生涯無私奉獻、戰果豐碩，還有誰比羅傑更適合與他並肩而站，象徵他的學院所傳承的精神。沒有人能夠像費德勒如此精確地樹立網球大師的榜樣。網球造就了納達爾的人生，拉法的人生也為網球千錘百鍊，沒有人比費德勒更適合站在他身旁，恭喜他這一路以來有多麼成功。拉法心裡再清楚不過，他希望身邊的人是費德勒，而費德勒也答應了，不過，他要遲到了。

十年多來，納達爾和費德勒在網壇的競爭關係被貼上「死對頭」和「宿敵」的標籤，世人讚美他們為「模範敵對組合」、「經典宿敵組合」或「網球史上球技最精湛的兩個死對頭」，將兩人推崇到如奧林帕斯諸神般崇高的地位。然而，這場預定於二〇一六年十一月十九日進行的約會，與兩人之間的較量和宿敵關係毫無關係，反倒是出自他倆的同儕情誼、慷慨、忠誠和友誼；與兩人的人性價值和美德有關。

馬納科四處洋溢網球的氣息，不是為了這天的學院開幕活動一時做做表面，而是像血液裡流著網球因子的狂熱球迷，讓人看見這座小島是真心熱愛網球。逾百名網球界名人自世界各地搭機來到頌聖若安國際機場，參加這場舉世矚目的開幕式。前網球選手、網壇主要組織的執行董事高層、納達爾網球學院的贊助商、地方政治人物和四十多名記者一大早便抵達現場，見證這場盛事。

大家都收到納達爾或他的團隊發出的個人邀請函，沒有人想錯過納達爾和費德勒在這個如此特別的日子重逢。許多會議因此取消，旅行延期，活動順延。納達爾和他的網球學院成了大家行程中的優先事項。

國際網球總會（ITF）會長海格帝（David Haggerty）和職業網球聯合會（ATP）主席

科莫德（Chris Kermode）等名人，為了能在馬約卡島上待久一點，並深入探訪納達爾網球學院，甚至決定提早一天抵達。他們所屬的機構管理網球比賽，而這座學院未來將是對網球運動最有影響力的地點之一，因此，他們決定徹底認識它的每個角落。納達爾網球學院是一座座落於馬納科的綜合網球訓練教育中心，擁有數個占地遼闊的體育設施和體適能中心、一間健康中心暨運動診所、一間創新的博物館和學院大樓，另外還有一棟作為參訪者會館的現代風大樓，來參觀學院的海格帝和科莫德就下榻其中。而來訪貴賓將由哥斯達（Carlos Costa）負責導覽參觀學院。他是納達爾的經紀人、知交和團隊核心成員。

這座網球學院將把納達爾家族的姓氏永遠傳承下去。規畫這個案子時，納達爾本人和團隊都無意精簡預算。縱使是最幸運的選手，從初入網壇至退役，職業生涯通常也不會超過十五、二十年，但只要網球這項運動尚未絕跡，只要還有人記得網球，拉斐爾．納達爾（Rafael Nadal）這個名字就會長存下去。因此，學院的每個細節都經過精心打理，舉凡學生上課的教室和圖書館、自助餐廳的飲食，乃至整理得一塵不染的宿舍房間、更衣室的細緻裝潢皆是。種種事物都不是臨時起意之作或胡亂擱置在那兒的，而來訪的貴賓也注意到了這一點。導覽行程並不短，因為學院包括遼闊的拉斐爾．納達爾運動中心、先進的體適能中心、健康中心、宿舍、教室、博物館和訪客會館。這些設施圍繞著美輪美奐的中央球場，此刻，球場已被舞台、銀幕和座椅所占據，準備迎接這兩位打從踏入職業網壇便成為佼佼者的選手，在開幕典禮上重逢。

海格帝和科莫德前一天受到熱情款待，現在也耐心等候費德勒抵達。眾人渴望親眼目睹這場盛會，隨著等候時間越來越久，開始按捺不住期待的心情。濕熱的天氣令在場人士大汗淋漓，夾克和西裝全濕了，但齊聚於中央球場的觀眾臉上寫著迫不及待，已經開始幻想兩位球王登場的情景，絲毫沒被這毒辣的陽光嚇著。

一百三十多名受邀賓客已在球場入座，有人利用這段等待的空檔思考，有人聊起或爭論起即將成為活動主角的兩位球王軼事。

有些人不看好費納兩人——也許是懷疑兩位球王的能力，對他倆的狀態沒那麼有信心，把他倆描述得不太光明，聽起來十分艱苦，還在心中留下幾個疑問：這會是我們最後一次看見納達爾和費德勒一起站在網球場上嗎？這場開幕式是兩位球王偉大職業生涯的序曲，還是終章？費德勒從沒休兵那麼久過，他還有本事重返網壇嗎？還禁得起輸球嗎？他可以接受自己打不進世界排名前十嗎？習慣得了打不進大滿貫第二週嗎？

在場有些賓客過去嘗過兩位網壇巨匠贏球的甜美滋味，如今全陷入往日情懷中。因此，儘管一部分人心中懷有疑慮，另一部分人依舊抱持信念，以截然不同的命題提出同樣的疑問：不久的將來，納達爾和費德勒有辦法再度發揮他們最強的網球實力？有辦法再次贏下ATP年終總決賽的冠軍頭銜嗎？兩人的球技足以和喬科維奇和莫瑞抗衡嗎？大滿貫賽事他們能晉級到哪一輪？也許打得進八強賽？也許闖得進準決賽？何時才會看到他倆登上世界排名前十？

持不同看法的兩派人馬一面等待，一面自問自答，猜測費德勒和納達爾變化莫測的未來走向。同時，另一群賓客望著仍空蕩蕩的舞台，回想起兩位球王過去鐵證如山的偉大成績，推測兩人的未來肯定是美好得如夢似幻。我憑什麼質疑納達爾和費德勒是否能夠東山再起？他倆過去不是已經展現過人球技，從最艱難的逆境中重新站起來了嗎？未來的事，誰也說不定，也是這群焦躁不安的賓客想一探究竟的答案。然而，他們自顧自地臆測起來，提出的問題也對未來十分樂觀：費德勒和納達爾復出後會拿下幾座冠軍獎盃？兩人未來會再次在決賽上正面對決嗎？很快就見得到他倆爭奪ＡＴＰ排名第一的王座嗎？納達爾能夠拿下紅土賽季每一場比賽的勝利嗎？他今年能夠十度奪下法國網球公開賽的冠軍嗎？費德勒能重新稱霸溫布頓網球錦標賽嗎？

這三種觀點皆不無道理，出發點都是事實、戰績和過往的回憶，更何況現今網壇的競爭嚴峻，未來又是如此變化莫測。有哪個網球狂熱者敢早早蓋棺論定這兩位史上最強的選手沒搞頭了？或者相反，有哪個頭腦正常的人會大膽預言這兩位為傷所苦的選手，還會在本賽季第一項大滿貫的決賽上對決？

最艱苦的時刻往往伴隨著暖人心扉的往日回憶。在這個特別又具象徵意義的日子，就連最不看好兩位球王的人也與其他人無二致，內心最感動的回憶也會被過去的點滴喚起。出席開幕式的賓客經歷過納達爾和費德勒成就超凡的網球生涯，但並非所有人都估量得出他倆傳承給後世的精神有多重要、兩人的運動人生有多麼偉大。年輕世代、學院內的年輕選手對費納兩人在二〇〇四年邁阿密大師賽的首次交手就毫無印象，根本不記得他倆初次在法網碰頭，就是在二〇〇五年的準決賽比試。年輕選手甚至無法自人腦儲存長期記憶的海馬體中，找回兩人初次在義大利廣場碰個正著，如角鬥士般生死搏鬥的精采對決回憶。不能怪這些年輕人，因為二〇〇六年羅馬大師賽的那場決賽，也就是兩位球王所打過最長的決賽[2]，已是十多年前的往事，而當年這些小夥子還不曉得網球拍為何物，更不知道自己青春期的某天將來到納達爾之「家」，接受網球培訓。然而，多虧了YouTube網站，如火炬般重新點燃好似被歲月塵封的歷史時刻，年輕人肯定也有機會看見二〇〇八年溫網決賽上，納達爾以九比七拿下第五盤戰勝費德勒後，躺臥在全英網球俱樂部中央球場草地上的那一幕。或著，他們看見二〇〇九年澳網決賽上——兩位球王交戰史上最激烈的另一場比賽——費德勒落敗後傷心欲絕地哭成淚人兒的那一刻，也會深感同情。兩位球王戰績輝煌，在每位球迷內心燃起熊熊大火，而球迷心中或多或少都還有那份感動的餘燼。隨著開幕式即將開始，最初的那把火也再次燃燒起來。

有些人思緒萬千，有些人對未來懷抱美好幻想。此時，時間再次停止了。

開幕典禮正式宣布開始，全場的掌聲如煙火般熱烈綻放。知名主持人麥可・羅賓森首先歡迎納達爾網球學院首批選拔的年輕球員入場。少年少女臉上掛著緊張的笑容，在擠得水泄不通的中央球場的如雷掌聲環繞下魚貫進場，接著走向球場一側的看台就座。路上有人絆到擴音系統的纜線，惹來同伴的嘲笑。他們心裡很清楚，今天自己不過是替兩位網球界的搖滾巨星暖場。

費德勒的身影終於自更衣室通道浮現。他一身西裝搭配藍白格子襯衫。他的氣質、優雅身段和深邃目光，彷彿從未隨著歲月的腳步走了樣。納達爾緊跟在他身旁，身著一套Tommy Hilfiger西裝和白襯衫，扮演著熱情東道主的角色。陪伴他倆入場的是西班牙電信執行長阿瓦雷茲-帕耶特（José María Álvarez-Pallete）。三位主角大步向前，走過通道和舞台之間的十公尺

2 編按：當時大師賽是五盤三勝制，那場決賽打了三盤搶七，耗時超過五小時，納達爾最終以6(0)-7、7-6(5)、6-4、2-6、7-6(5)獲勝，是費納對決的經典比賽之一。

距離，登上兩個台階，在三張簡約實用的高腳椅上坐下。

此時，隨著費德勒開場演說，眾人塵封的回憶也開始有了形狀。

「我決定藉由這個場合，進行我負傷以來的第一次演說。」他劈頭就說，「我得說，這段日子我過得很簡單。我舒舒服服地待在家裡，與家人共度時光，訓練也進行很順利……」

這時費德勒稍稍停頓了一下，目光落在納達爾身上。

「不過，坦白說，我不曉得自己重返球場的表現會是如何。」他若有所思地說，「你復出過千百萬次了，我可以你為借鏡，學學你是如何不費吹灰之力重新站上球場的。」

「才沒有你說的那麼容易好嗎！」納達爾笑著打斷他。

「是沒錯，但你讓這件事看起來很容易。我當然知道復出並不簡單，但每次你傷後回歸網壇，都重新打進世界排名前十強、前五強，甚至登上世界第一。一月我復出時，就要以這一點作為啟發。」

費德勒這一席話平易近人，跟他揮拍擊球時的優雅身段一樣，散發出毫不造作的自然美感，行雲流水，緊緊抓住所有賓客的心。

「去年在印度碰面時，你跟我提到你和家人及朋友正在家鄉進行這座學院的計畫。我當下覺得這想法真棒，但我也承認，當時我並不曉得學院會是什麼模樣。那時我告訴你：『如果你需要我到場，我很樂意跑一趟』。」費德勒接著說，「我記得我跟內人米爾卡（Mirka Federer）聊過，我告訴她，要是我有一座學院，我希望我的大勁敵拉法有一天會打電話來，說他想要參觀參觀、跟我打打球之類的。但我沒有學院！我當時原本打算打電話給拉法，跟他說我自願找一天過去，但我知道他肯定會一面感謝我，一面叫我別擔心，沒必要勞駕我跑這一趟。之後一連好幾個月，我都沒有聽到任何關於學院的消息，心想『好吧，他會一切順利的』。我記得在摩納哥時，你的團隊請我幫忙拍一段影片，我還趁機提醒你們我的提議仍然算數，我很樂意找一天專程拜訪學院。當時想要親眼目睹學院的人是我！得知學院共有超過二十座球場、一間飯店和一座博物館時，我心想：『我的老天呀！我怎麼能夠錯過呢！』」

現場氣氛彷彿溫網決賽般，費德勒的嗓音所及之處鴉雀無聲。台下的觀眾習慣被費德勒的正拍回球和截擊迷得神魂顛倒，而不習慣陶醉在他的話語之中，但他成功用演說催眠了這群觀眾。

「後來，你終於打電話給我了！終於找我十月過來了！我跟你說這真是太棒了，因為我這時會閒到不行。今天來到這裡我很高興，而且我想要讓你知道我很開心。非常謝謝你邀請我來，我相信這間學院未來肯定非同凡響。若說我今天明白了什麼事，那就是我的孩子如果有天想打網球，我已經知道該把他們送到什麼地方了。」費德勒最後說。

一百五十名與會者為費德勒的演說熱烈鼓掌，而在場所有人從他最後這番話得出的結論似乎也很一致。前世界第一球王這麼說並沒有隨口阿諛奉承的意思，而是出自他對這位宿敵兼摯友的景仰，更是因為他對納達爾網球學院的各項設施讚嘆不已。

費德勒非常熟識學院的教練團隊以及（以納達爾為首的）管理團隊，典禮前他也有時間了解他們如何規畫網球培訓課程和一般學術課程。看得出來他是真心為這座學院感到佩服。

費德勒的開場演說結束後，羅賓森邀請納達爾發言。身為東道主的球王自座椅起身，從西裝外套掏出幾張為開幕致辭而準備的講稿。然而，納達爾直視費德勒的雙眼，向他道出從內心直接傾瀉而出的感激時，講稿就被他拋諸腦後了。冠軍對冠軍，傳奇對傳奇，無須透過講稿對話。

「我想向你表達我真實的感受。今天這一刻對我個人、我的團隊、我的家人、對這座城市以及學院首批選拔的球員而言無比特別，而你特地來到馬納科支持這一刻，意義非常重大。」納達爾劈頭就說，「網球生涯一路走來，我倆一同經歷了許多重要時刻，而且彼此的關係總是非常友好。我們在球場上全力以赴，一同爭奪過對網球選手而言最重要的目標。我們總是以運動家精神在較量，我覺得我倆應為此感到驕傲。我想謝謝你為網壇付出的一切，我確信在這個有傷在身而諸事不順的時候，你讓世人看見一個良好的形象。我希望在場的新生代年輕人，以及全世界夢想成為網球選手的孩子能夠以你的形象作為學習的典範。最重要的是，希望想當個好人的年輕人可以以你為借鏡。你就是他們的楷模。你當時的確自願跑這一趟為學院開幕式站台，」納達爾回應費德勒稍早的話，說道，「但那時我不想麻煩任何人，我說真的，更不想麻煩你這個行程滿滿的人。今天你出席，對我來說就是一切，我想再次對你說聲謝謝。」

納達爾與費德勒之間心領神會的表情說明了一切。在他們臉上完全看不到一絲虛榮感，也沒有搶著要成為活動主角的意思。兩人繼續對全場觀眾敞開心扉。

「媒體常常問我對於未來的看法（最近更常問了！），也問我幾年後不打網球了，會變成什麼樣子。」納達爾接著說，「目前我還是想像得到自己在打網球！我有信心，而且我相信自己還會在網壇闖蕩許多年，不過事實上，最終還是會走到某種未來，而這就是我未來的一部分。我是懷著熱忱做事的人，而體育就是我真心熱愛的事。我走訪世界各地許多年，我們期待創造特別的東西，而且是在我居住了一輩子的馬納科這兒創造。因此，打造這間運動中心暨學院可謂美夢成真。希望今天在場的孩子可以好好享受學院的所有設施，全力以赴努力練球，而我們只能保證我們將會竭盡所能，讓這座學院不僅在網球培訓上，也在人格陶冶上獲得成功。最令我們感到滿足的事，莫過於來到這裡的孩子能夠快樂生活，不只增進網球球技，也在教育、學術和人格層面有所學習。我們的大目標是確保來到這裡的年輕人所受的教育，足以讓他們面對未來的考驗，無論他們是要投入網壇，還是決定致身其他領域。這是我們的大目標，也是我們的大挑戰。」納達爾最後說。

納達爾、費德勒和阿瓦雷茲-帕耶特回答完學院學生的提問後，羅賓森宣布開幕典禮圓滿結束。然而，納達爾向費德勒宣布要送他一份禮物、一個小東西，謝謝他專程跑來馬納科參與這個如此魔幻的日子，此時全場激動的情緒不但沒有緩和，氣氛又再次沸騰。納達爾口中的這份禮物別有涵意，是兩位球王過去交手的畫面所構成的一幅紀念作。這幅作品共有三十四張附有日期的相片，回顧兩人至今交手過的每一場比賽，從二〇〇四年邁阿密大師賽的三十二強賽，到二〇一五年瑞士室內網賽決賽上兩人的對決，全都收錄其中。他倆仔細端詳這幅作品，指出幾個最令兩人感動的時刻。儘管勝負結果一面倒（納達爾共收下二十三場勝利，而費德勒只贏過他十一場），兩位球王在這幅照片合輯中看見的並非誰勝誰負，誰高舉金盃。他們看見的是一段兩人共同譜寫的故事、一段以汗水和場上英姿交織而成的競爭關係，而且兩人正是這段關係的主角。大部分相片捕捉到的畫面要不就是開賽時兩人握手致意，要不就是對決後一方祝賀另一方贏球。照片中的兩人沒有刻意裝腔作勢，對敵手懷有敬意，彼此的目光流露出深深的崇敬之情，構成這幅為後世傳誦的拼貼作。這時，費德勒停止動作，閱讀起納達爾在作品底下的親筆留言：

親愛的羅傑：

謝謝你在我的學院正式開幕這天支持我，今天對我、我的家人和團隊來說，是個難忘的日子。你無法想像有你在我們身旁，對我們來說有多特別。羅傑，這幅作品展示了我倆一起在球場上共度的每一刻。細細觀察，我看見的是我倆網球生涯經歷的每一段美好回憶。我倆的場上時光，待續……

費德勒望向納達爾，而納達爾回了他一個眼神。兩人緊緊相擁。由於兩人亦敵亦友的關係、共同經歷的現在以及無法抹滅的過去，費德勒知道這段話字裡行間蘊含的深刻意義。然而，他之所以明白，特別是因為他知道兩人將要面對的未來。獻辭的最後一句話包含的背景十分特別，獨一無二，承載了滿滿的正能量。

柏拉圖以三千德拉克馬，買下位於雅典城郊紀念英雄阿卡德穆的花園，作為長時間散步和沉思哲學之用時，肯定也不曉得自己未來在那裡傳授的課程，將在歷史上留下深遠的影響。那座花園最終成了一間學校，播下了今日世人稱為「學院」的種子。

納達爾可能根本沒聽過阿卡德穆的故事，也不曉得這位希臘神話的傳奇英雄，在一場自忒修斯手中拯救海倫中，曾向海倫的兩位哥哥提供忒修斯的下落，讓他們打消對雅典城發動戰爭的念頭。對於柏拉圖所教授的哲理，納達爾的涉獵可能也不深，可能也不清楚哲人的學院對古希臘哲學、倫理學、政治學和知識論的發展留下了多遠大的影響。總之，納達爾團隊所奠定的基礎（除了空間距離上）離柏拉圖所打下的哲學基石並不遙遠，而柏拉圖的目標是在他的知識領域內為未來努力，培養能夠傳承他的學說的新一輩哲人，門下出類拔萃的學生亞里士多德就是出自這間學院，其影響和出身對奠定西方知識份子的歷史非常重要。納達爾已經在馬納科尋找他未來的亞里士多德了。

納達爾身上背負著兩道疼痛的傷勢，暫別競爭激烈的網壇賽事，但他已向費德勒展示了未來。他的未來，一份以學院為形式的傳世珍寶，將會讓他的名字在新的網球世代之間永垂不朽。年輕學子將在這塊園地成為一流球員和偉大的人，這個地方將提煉出努力、責任心、謙卑和毅力。畢竟，這些都是納達爾的美德，也是費德勒的美德。

開幕日還沒有結束，接下來還有許多感動等著兩位球王來發現。這場於馬納科舉行的比賽不過剛開始而已。

3 敞開心扉對話
馬納科 *Manacor*

兩位球王的現況也未免太慘不忍睹了。

費德勒背部傷勢本已夠惱人，如今因為左膝蓋的問題而更雪上加霜，再加上納達爾手腕不適，二〇一六年網壇無緣見到兩位球王交手。這段長達十二年的宿敵關係硬生生喊卡，期待看見兩人在本球季進行第三十五度對決的期待也隨之煙消雲散。

「我們必須習慣看不見費納大戰的網壇嗎？二〇一五年的瑞士室內網賽會是他倆最後一次交鋒嗎？」特別聯合採訪團在馬納科的納達爾網球學院這麼揣想著。

凡事都有第一次。接下來即將發生的事也是。

平常負責報導自家媒體網球新聞的西班牙和歐洲記者幾乎都來到馬納科了，沒有人想要錯過納達爾與費德勒的重逢，主辦單位的工作人員必須信手捻來，將一間教室臨時布置成採訪廳。兩位球王就要結束學院設施的參觀行程，廣播電台、電視台、平面媒體和電子媒體的專業記者開始在採訪廳搶空位入座。

Roger：

要是我的網球生涯少了他，也許我不會變得這麼強，我倆的球風南轅北轍，不過，若沒有他這號人物，我可能早就多贏下幾個冠軍頭銜了。

眾人等候了幾分鐘，納達爾和費德勒步入採訪廳，坐上擺設於室內中央的兩張高腳椅。兩人相視而笑，接著望向記者。這個瞬間，時間停止了。

納達爾首先發言，話語真誠，發自內心傾瀉而出：

「有羅傑當我的宿敵，促使我想變得更強，因為我感覺總是有個人比我強，總是有個人在我前頭。我說真的。我知道在紅土球場的比賽我可以發揮極限，但換到其他球場，我贏球的機會就變得頗低。而我心裡也清楚，羅傑在比賽上的各個面向幾乎都比我厲害。這一點促使我每天努力練球，我堅信自己還有進步的空間，而且進步得還不夠多。我一直以來都能大大激勵自己，但有個想勝過的對象在眼前，總是替我設立一條線、一個目標。而多年來，這個目標就是他。」

兩人的回憶永生難忘，也讓這段對談變得永垂不朽。

「我的網球生涯要是沒有拉法作我的對手，搞不好我早就多贏一座法網冠軍了。」費德勒笑著說，「我認為，就算沒有拉法，可能也有別的選手會成為我的宿敵。我無法回答這個假設性的問題，因為畢竟讓我想要達成更多成就的人，是他。要是我的網球生涯少了他，也許我不會變得這麼強，因為少了他，我就少了變強的動力，搞不好會覺得縱橫網壇五年就夠了。但因為有拉法這位對手，而且他還很享受我倆的宿敵關係，這點讓我更熱愛網球。我倆的球風南轅北轍，不過，若沒有他這號人物，我可能早就多贏下幾個冠軍頭銜了。」

每當碰上這種情況，每位記者都希望有機會提出一千零一個問題，但採訪廳內的眾人都意識到聽這兩位傳奇名將在球場外對談，比發問還來得更重要。兩位球王展開一段坦率真摯的對談。費德勒有辦法想像少了納達爾的人生嗎？納達爾能夠想像沒有費德勒的網球生涯會是什麼模樣嗎？

「我的網球生涯少了羅傑會是什麼模樣？也許我可以登上年終世界第一更多次吧。搞不好還可以多拿幾個冠軍。」納達爾哈哈大笑，「那是另外一回事，但畢竟這一路走來，而且實事求是來說……同一個十年間戰績無比輝煌的選手被湊成宿敵組合，我不曉得這種事以後是否不會發生了，但我知道很難有選手達到這種高度。當然，我說的也包括喬科維奇。這些競爭關係激盪出的火花，令我們所從事的網球比賽更加精采，我覺得自己很幸運，能夠成為其中的一份子。」

「我不曉得我倆的宿敵組合是否完美。」費德勒回應他，「若你回顧過去，我們總是非常尊敬彼此。我記得拉法初入網壇時很靦腆，很尊敬這項運動，以及當時高踞世界前十的選手，特別尊敬當時排名第一的我，無論我說什麼，他都贊成。」說這段話的同時，費德勒回憶著一段看似遙遠的過去，但那段時光其實不過是距今不到十年前的往事，「之後拉法發展出他自己的個性，也開始表達自己的意見。看著他成長，一步步成為今天的冠軍，這點對我來說十分有趣。成為冠軍並不總是簡單的事，但總之，一直以來他總是懷著敬意。拉法是偉大的典範，非常受孩子崇拜，他努力不懈，散發出獨特的魅力。他是超越網球範疇的巨星，他達成更了不起的成就。」

「我倆從沒失去敬意，兩人都是，無一例外。」納達爾補上一句，「我們總是不讓球場外發生的事影響場上的較量。我認為這便是我倆宿敵組合達成的成就。我們從未讓場上緊繃高壓的時刻蒙蔽我倆的理智，總是記得網球說到底還是比賽，有頭也有尾。」

兩人一面對談，一面交換了幾個意味深長且崇敬的眼神。這場記者會比平常都來得更不正式，氣氛無拘無束，輕鬆自在。納達爾抓住這個機會，更加深入聊聊他與費德勒的關係：「關係與人，大大超越了任何令人緊張至極的時刻。我倆都很清楚自己的角色和目標為何，也都很尊重彼此。這件事由我這個當事人來說並不恰當，但從人性層面來說，我倆的宿敵關係值得蔚為典範，一直以來都是。我們角逐過那麼多重要的頭銜，彼此的關係還值得他人效仿，說來可真是一點都不簡單，但我倆一直以來都辦到了。我們的宿敵關係值得褒獎，這是我們兩人的功勞，也是我們身邊每一個人的功勞。」

費德勒也回應：「此外，我倆過去這些年建立的友誼也很特別，因此今天我才會專程跑這一趟，表達我對他的崇高敬意。學院正式開幕，而拉法將展開一段不可思議的冒險。我希望這間網球學院不只在未來五年，而是未來五十年甚至一百年，都能取得巨大的成就。今天能夠來到馬納科出席這場盛會，我很驕傲，雖然跟拉法交手的勝敗紀錄不甚理想，我還是很享受這段宿敵關係，他永遠都會是我最大的勁敵，也是我網球生涯遇過最大的對手。他讓我成為更厲害的選手。我從沒看過誰體能這麼好、上旋球威力如此可怕、擊球力道如此強勁，而他卻集這些強項於一身。

「後來，我倆在球場外合作過幾次，彼此間的友誼變得更加堅強。」費德勒繼續回憶下去，「我想這點也讓我倆的宿敵關係更加與眾不同，對我們各自的基金會很有幫助，也幫助我們贏下無比重要的比賽。很開心能夠再次見面，很高興能夠一起去吃個午飯或晚飯，而不是『噢！怎麼又碰上你了！』。有一陣子我的確覺得冤家路窄，因為我倆每逢週日都會在某項賽事的中央球場對壘，爭奪冠軍。看你怎麼看，但無論如何，那段日子算是過去了。我希望未來能有更多機會與拉法相遇。」

儘管這段對談絕大部分都是以英語進行，納達爾也用西班牙語回話，方便在場的西班牙與會者理解，並翻譯給費德勒聽，讓他知道自己每字每句的意思是什麼。費德勒說英語時同樣也混雜著法語。此刻，用什麼語言對話已不是重點，這段對話放諸四海皆準，無關哪國語言。他倆說著同樣的語言：網球的語言。

「精采的比賽？我們比試過很多場，但還是讓羅傑先開始回顧吧，畢竟來者是客……」

「我覺得打得最辛苦的比賽是二〇〇八年溫網決賽和二〇〇九年澳網決賽。」費德勒左思右想，「回首過去，那場澳網決賽也許是最令我心痛的比賽，因為我覺得自己的表現比較好，而且因為那場決賽大概是我倆交手過最棒的比賽了，不過，二〇〇七年的溫網決賽也在我心中留下美好的回憶，二〇〇五年的邁阿密大師賽決賽也是。那場比賽拉法一度領先我兩盤，還握有一局破發的優勢，但我最後還是成功逆轉。那場決賽是我網球生涯偉大的一刻。」費德勒微笑著回憶當年。

納達爾以挖苦的口吻回應費德勒，回憶起兩人宿敵對戰史中的另一段經典時刻。「我覺得最棒的比賽都被費德勒講完啦。二〇〇六年的羅馬大師賽決賽也很精采。你有兩個賽末點，對吧？」納達爾賊賊地問。

「我不記得了！」費德勒在全場所有人的笑聲中回答。

「我倆一同經歷過許多非常美好的時刻，但要我只選一個最棒的，我沒辦法。」納達爾接著說，「羅傑稱霸網壇的那個時代，可以與他平起平坐、角逐最高榮譽的金盃，是很特別的一件事。我倆一同成長了將近十年，共同經歷了彼此網球生涯中最重要的時刻。今年是我倆這十二年來頭一年不曾在高階賽事上交手，這對我們來說是個壞消息，我希望觀眾也這麼認為。」

這時冒出了一個既有趣又令人不自在的話題。現在和未來匯聚成一個沒有確切答案的問題，但這個未知數又同時建立在正面樂觀和信念之上。而說起正面樂觀和信念，沒有人贏得過納達爾。

「未來我們還可能會在重要比賽上交手嗎？說真的，我覺得可能。我不曉得未來會發生什麼事，但我倆正在努力調整狀態，試圖療養傷勢，希望可以做好準備迎接明年賽季，重新征戰網壇。成功的話，我想我們還記得網球怎麼打，別忘了不久前我倆還在球場上較勁呢。」納達爾最後說。

費德勒點點頭，贊同他的宿敵兼同儕的這一番話。至今，他倆已在三十四場比賽中隔著球網見面，事到如今，是納達爾贏了二十三場，還是費德勒贏了十一場，都已不重要。兩位球王的宿敵關係之所以偉大，根本不是因為這些數字或排名。

開幕日尚未結束。與記者交談半個多小時後，納達爾和費德勒上樓來到學院餐廳，與特地跑來馬納科共襄盛舉的所有賓客聚聚。一如過去，無論是要跟他們索取簽名或合照，或是跟他倆打聲招呼還是一起自拍，兩位球王一律來者不拒，有求必應。

納達爾和費德勒是世界級巨星，待人非常有禮貌，耐心十足，超越一般人，甚至無人可及。兩人都從家人那學會重視球迷的重要，一點明星架子也沒有。二〇〇八年參加北京奧運會時，納達爾和團員坐在選手村食堂用餐，但總得花上一個多小時才能吃完飯。原因？他根本還來不及舀兩匙湯喝，就有選手來找他合照，有時想跟他打招呼的選手甚至大排長龍。北京的天氣潮濕悶熱，有一回納達爾決定吃個冰淇淋消暑，但上前找他的選手之多，他根本沒機會吃冰，突然間發現手濕濕的，冰淇淋居然融化了！納達爾跟每個上前找他的人都聊個幾句，問問他們國家的事或他們從事的運動項目，但跟大家聊著聊著，他感到巨大困惑。方才上前跟他要求合照的運動員可不是泛泛之輩，是大名鼎鼎的菲爾普斯（Michael Phelps）！這位美國游泳名將在這屆奧運會勇奪七面金牌。是他主動上前找納達爾合照，而不是納達爾找他。

納達爾從來都不把誰當作神一般崇拜，小時候也不曾崇拜過任何體育選手。納達爾心中最接近偶像人物的人是老虎伍茲，一直以來都非常欣賞他。納達爾熱愛打高爾夫球，有空總會去揮個幾桿，用「普通興趣」不足以形容他對這項運動的熱愛。有一年參加上海大師賽（中國舉辦的1000分級網賽，每年年底亞洲賽季的一站），他藉機跑去觀賞滙豐冠軍賽。這項高爾夫錦標賽極具聲望，為PGA巡迴賽賽程的一部分，每年都會在上海佘山高爾夫俱樂部舉行。納達爾的目的只有一個，就是觀賞老虎伍茲比賽。他在現場觀察老虎伍茲推桿和擊球上果嶺的方式，觀察他的完美揮桿，也仔細研究他的舉動和思維。納達爾很欣賞老虎伍茲比賽時的良好態度，在場上面對難關的方式也給他許多啟發。這些年來，納達爾現場看過許多高爾夫選手比賽，但在老虎伍茲身上看見獨一無二、絕無僅有的決心。那天，在各自運動領域都是好勝野獸和傳奇選手的兩人認識了彼此，從此奠定友誼。

招呼完所有受邀來到學院的賓客，並與大家敘舊後，納達爾與費德勒來到餐廳一側，坐下來享用午餐，與各自的團隊成員分享開幕日的心得感想。

不久，兩人便從餐廳消失了。開幕日尚未結束，還有許多感動等著他倆去體會。學院開幕典禮圓滿落幕，學院各項設施參觀完畢，與記者聊完天，午餐也吃過了，納達爾和費德勒準備一起進行開幕日的最後一項活動，與網球學院的學生來一場網球診療時間。

費德勒確實聽說過這座學院的規模有多大，但要等到親眼看見學院占地有多遼闊，他才真正明白自己眼前所見的是何等龐然大物。二十六面不同地面材質的網球場、擁有最先進器材的體適能中心、室內和室外游泳池各一座、足球場、多功能綜合球場以及七座板網球球場，都給費德勒留下深刻印象，尤其是參觀完健康中心和宿舍的現代化設備後，他更是大開眼界。然而，在馬納科參觀過的設施中，最令費德勒欽佩的東西沒有實體，並非物質層面。這座網球學院的每一個角落都見得到納達爾的影子，而他在此地傳承的精神和留下的影響，才是真正令費德勒感到迷人的地方。無論男女老少，未來任何人踏入學院，是因為他們與納達爾的人性價值有所共鳴。費德勒為這一點著迷，因此他連一秒鐘都不猶疑，爽快接受納達爾的邀請，與學院的幾位球員一起在球場上聚聚。

今天，傷勢根本不算什麼，兩位球王全心全意奉獻自己給這些年輕球員。學員們心情忐忑，迫不及待，與擁有網壇至高無上榮譽的偶像共度魔幻的一刻。兩位合計奪下三十一座大滿貫金盃的傳奇選手[3]，此時正站在同一座球場上啊！費納兩人的笑容、默契及獨特的情誼，在這場特別真摯的網球診療時間上匯聚交融。場地則選在距離主建物最遠的球場，全程沒有媒體的注目。這是一場私人見面會，而學生才是主角。納達爾和費德勒已一年沒有交手，如今站在同一座球場上，還真是過去這幾個月以來前所未見的畫面。他倆也心知肚明，決定私下和學生們共度這一刻，免得成為鎂光燈的焦點，搶了他們的風頭。學院學生日後永遠也不會忘記那一刻，也會把費德勒對他們說的親切話語當作珍寶銘記在心。「我覺得你們會從這位大人物身上學到很多，」費德勒對學生們說，暗指納達爾，「他是史上最厲害的選手之一，他的態度說明了一切。」他的這番話也說明了一切。

網球診療時間結束，道別的時間到了，是時候說一聲「再見」或「後會有期」了。納達爾和費德勒都不曉得彼此何時才會再相見，他倆的行程何時才會再碰在一起。也許會在墨爾本重逢，爭奪下個球季的第一場大滿貫冠軍吧。兩人對彼此心懷滿滿的感激和敬意，緊緊相擁。費德勒祝納達爾學院開幕日剩餘的活動順利。

3　譯註：截至2016年底，納達爾拿下14座大滿貫冠軍，費德勒則17度於大滿貫賽事封王。

費德勒不曉得的是，這場感人的學院開幕活動結束後幾小時，納達爾就必須做出另一個出乎意料且令人悲傷的決定。這決定是他與團隊開誠布公討論的結果。

這場深思熟慮的對談在學院餐廳的露台進行。納達爾、莫亞（Carlos Moyà）、哥士達、帕列茲-巴巴迪羅（Benito Pérez-Barbadillo）和馬伊莫（Rafa Maymò），專心聽著科托羅（Ángel Ruiz Cotorro）說話，接著大家（經過叔叔托尼〔Toni Nadal〕和羅伊格〔Francis Roig〕的批准）一同做下最複雜又最令人心痛的決定：納達爾二〇一六年不會再參加比賽了。打完馬德里大師賽八強賽後，他的手腕受了重傷，法網不得不半途退賽，里約奧運上手腕又操到極限，害他巡迴美國出戰辛辛那提大師賽和美國網球公開賽時在球場上吃足了苦頭。ATP 500分級的瑞士室內網賽、ATP 1000分級的巴黎大師賽以及倫敦的ATP年終總決賽也因此被迫犧牲。ATP年終總決賽是每年年底舉辦的錦標賽，年度冠軍積分排名前八的頂尖選手得以入圍爭奪至高無上的榮耀，而今年是過去十五年來頭一遭不見納達爾和費德勒出賽。倫敦將懷念兩位球王的場上英姿，但他倆會更想念倫敦。這決定做得很辛苦。納達爾放下他那天不怕地不怕的作風，理性評估自己的狀態，適度休兵。以長遠來看，他的有勇無謀會害他付出慘痛代價。

二〇一六年向納達爾說再見，如同之前和費德勒道別一樣。

截至二〇一六年末，費德勒已拿下十七座大滿貫冠軍，生理上的折磨迫使他退出法網，溫網準決賽失利後他為膝傷所苦，無法順利重返網壇，害他無法代表瑞士隊出征里約奧運（沒意外的話，這是他生涯最後一次奧運），也害他的二〇一六年痛苦得無可救藥。費德勒的心靈渴望衛冕辛辛那提大師賽冠軍，也渴望試著進攻亞瑟・艾許球場或O2體育館，但他的身體第一次受到如此殘酷的打擊，不得不休息療傷，暫停參賽。

納達爾和費德勒的故事充滿了有待解開的問號和未知數，繼續發展下去。他們對未來充滿疑慮，也以樂觀正面的態度看待未來。馬納科是個轉折點，從開幕日那天以後，兩位球王知道他倆共同譜寫的故事將會增添新的挑戰、新的目標。

正如同納達爾在送給費德勒的拼貼作上寫的，這段宿敵關係「待續……」。

4 逃向未來

布里斯本和伯斯 *Brisbane & Perth*

Roger：

退役？我這幾個月都在休兵養傷，就是因為還想再打個兩三年。

費納對決吹了，被遺忘了。

二〇一六年十二月底，新的賽季還差幾天就要開跑，兩位球王維持了十多年的經典對決，如今灰飛煙滅。被譽為傳奇宿敵的兩人，現年分別三十和三十五歲，復出對彼此的團隊都是未知數，更是球迷心中的幻想。總之，沒有人會花半毛錢，打賭有機會再看到這對勁敵一如往昔宰制網壇。

在馬納科度過反常的兩個多月賽季前準備期後，納達爾依照慣例參加阿布達比網球表演賽，以非正式的形式復出，一路擊敗許多實力強勁的對手，衛冕冠軍。與他感情最親密的親朋好友陪伴他重新出發，有他的叔叔兼教練托尼、健身教練馬伊莫，以及他交往超過十年的女友西絲卡（María Francisca Perelló）。熟識的友人都親暱地叫她Mery。他們三人帶著大包小包的行囊，隨著納達爾一起出發離開馬約卡島。

納達爾離家完成二〇一七年的第一場巡迴，一共停靠了三站（阿布達比網球表演賽、布里斯本國際網賽和墨爾本搶十表演賽），而這三位成員也一直陪伴他東征西討。等到年度第一項大滿貫賽事澳網時，更多夥伴加入他的團隊。

在阿布達比決賽擊敗戈芬（David Goffin）贏下冠軍後，納達爾和團員搭車前往杜拜，但交通壅塞害他們比預定時間晚抵達（距離一百五十多公里外）的機場，一度令西班牙最具代表性的傳統陷入危機。這傳統就是在十二月三十一日午夜吃下十二顆葡萄，為來年祈福。沉重的行李托運完畢後，納達爾、托尼、馬伊莫和西絲卡圍著杜拜國際機場貴賓室的一張圓桌坐下，在桌子中央擺了一面印度十字戲的傳統棋盤（棋盤是木頭做的，他們一度沉迷用iPad玩這遊戲，但只玩了幾個月），接著在白色餐巾紙上擺上十二顆葡萄。他們也找到一張瓦楞紙做的紅色面具和一些藍色紙花，綽綽有餘，夠他們趁著登機前的空檔，趁著正式展開這年賽季前慶祝二〇一七年跨年，為美好的事物舉杯。

納達爾於清晨飛抵布里斯本機場。出發前，想到接下來的飛行時間長達十四小時，他想出一個計畫適應東西半球之間的時差：第一段從杜拜到新加坡的行程時睡覺，第二段從新加坡到布里斯本的行程保持清醒。縱使他百般嘗試，最終仍舊無法照著他的計畫走，因為他搭乘的阿聯酋航空波音777客機遭遇亂流，龐大的機身猶如孩子手中的一盒巧克力夾心糖，劇烈搖晃，害他第一段旅程完全闔不上眼。

比較年輕時，每當飛行旅程顛簸，納達爾總是很難受。他會雙手冒汗，頭暈目眩，使盡全力抓住座位的扶手，背脊僵直，頭部緊繃。雖然這些年飛機異常晃動時他已不會恐慌，但一直以來就是擺脫不掉對飛行的恐懼。

站在網球場上的納達爾好似無懈可擊的巨人，但他一直以來都跟其他人一樣，心中也懷有許多恐懼。二〇〇三年，NIKE國際青少年網球巡迴賽在南非舉辦推廣活動（納達爾十四到十六歲時，曾在這項為未來有潛力成為職業選手的孩子舉辦的知名賽事三度奪冠），納達爾在活動上騎上一頭大象，展開一場野生動物觀察之旅。他覺得嘗試不同事物很有趣，而且機會難得。旅途中，一頭犀牛對納達爾騎乘的大象露出不甚友善的表情。探險隊領隊大聲要求大家停止動作，接著掏出獵槍，以防大事不妙，還好最終得以繼續前進，沒有發生什麼令人遺憾的事。

當下，納達爾的心臟差點沒停止。

聽起來難以置信，但手上沒握著球拍時，勇氣可不是納達爾的美德。有一天，結束三個多小時的訓練後，他開玩笑地告訴團員，若自己哪天被人毆打了，場面不是動手的人從背後攻擊他，讓他來不及反應，就是對方從正面衝過來揍他，而且跑得比他還快。儘管納達爾是世界最強的運動選手之一，強健的體魄為大眾所崇拜，但他從來都沒說過自己會跟那位假想攻擊者正面硬碰硬。

打網球的納達爾和過著沒有網球生活的納達爾，有著非常明顯的反差，有時甚至讓人感覺兩者怎麼可能是同一人。納達爾至今仍與父母一起住在克里斯托港，他討厭獨自在家睡覺，不開著電視稍微點亮房間，就不敢閉上眼睛。他曾以細微差距險勝贏下不可能的比賽，曾重挫對手，讓他們情緒崩潰，職業生涯一路走來，已晉升為史上最傑出的頂尖選手之一。近距離認識這兩個不同版本的納達爾的人長久以來看著他成長，對他們而言納達爾的蛻變十分驚人。

納達爾和團員從杜拜飛往新加坡的旅途亂流不斷。他根本無法休息，藉由看電影轉移注意力。他這輩子塞在機艙裡無數個鐘頭，因為他的網球人生使他不得不四處征戰。有時他全身纏著床單在飯店床上醒來，不確定自己是在馬約卡島、巴黎還是上海。這便是所謂的困惑，而困惑在他的世界是家常便飯。網壇的例行賽事使選手幾乎不得歇息，從一月一路比賽到十一月，使他們無法從事一般人眼裡普通且平常的活動。

跟大家的想像相反，納達爾從不認為自己捨棄了一部分的人生，也不視訓練為犧牲。打從小時候他就很清楚這點。若說他的朋友出去狂歡個一千次，那他只出去遊玩過十次，但多虧了熱愛網球，而且他網球還打得比他人出色，他從來都不覺得自己過的不是人生。納達爾從來不將打網球視為工作，而是看成能夠以興趣維生的可能性。很少有人能夠享有這個特權，納達爾一直以來也很清楚這一點。

布里斯本網賽的工作人員組成護衛隊，在機場迎接納達爾。他們興奮得宛如三王節晚上的小朋友，仔細籌備接機事宜。一架攝影機往入境口靠了過去，拍下推著行李推車的納達爾，一路跟拍到他上車。賽事總監帶著司機和兩名志工，也想親自歡迎納達爾。志工們協助納達爾將行李推到風情迷人的入境航廈，放入後車廂。

納達爾一走到外頭，就感受到布里斯本的夜晚有多炎熱。這像是個警告，告訴他接下來這幾天得忍受的氣溫有多高。一月的澳洲是酷熱的同義詞。球迷在皮膚塗上防曬霜，在看台撐傘抵禦烈陽，選手則是不斷補充水分，不時在脖子掛上大包冰塊，緩解令人窒息的暑氣。初次來到澳洲看球的觀眾會被南半球的夏天嚇一跳，但像納達爾這種經驗老道者，則是將這過程視為另一項例行公事，沒什麼好大驚小怪的。

在空蕩蕩的公路上奔馳半個小時後，納達爾踏進令人驚豔的斯坦福德廣場飯店，走向接待櫃檯辦理入住，上樓進房睡覺時，時間已將近清晨三點。套房的大面玻璃窗正對著布里斯本河，吸引了他的目光，雙眼瞪得有如樹梢上的貓頭鷹。這晚，納達爾在床上翻來覆去，無法連續休息兩小時以上。躺在他身旁的西絲卡也同樣輾轉難眠。

隔天早上，納達爾趁著拜訪俱樂部前的時間，搬了幾盆植物搭電梯下樓，然後躲入健身房，試著做些溫和的熱身運動。要對抗時差（這次是阿布達比與布里斯本之間相差的六小時），不能等待奇蹟發生，但有加快過程的方法，納達爾也駕輕就熟，這些年的經驗早給了他解答。

其中一個擺脫時差的方法就是運動，不必花費很多力氣，不必苛求自己，但已證實有助於加快適應時差，就像是輕輕推了身體一把。

熱身完畢，納達爾前往飯店露台吃早餐。自助吧供應的餐點琳瑯滿目，他手持餐盤東看看西看看，決定夾一些清淡的食物，接著在露台的柳條編織椅坐下。接下來得面對緊湊的一天，納達爾自座位看著迷人又充滿生命力的布里斯本河，心思全飛到九霄雲外。

納達爾在布里斯本用完早餐的同時，費德勒人在數千公里之外的伯斯，驚訝得眼珠子都快掉出來。前一天，他預約了中央球場一小時練球，但他萬萬沒想到，踏入伯斯體育館——霍普曼盃的主要比賽場館——的那一刻，全場看台上共有超過六千球迷正等著他，歡迎場面之盛大，令他驚訝不已，頻頻以笨拙的手勢表達感激，但不足以說明他此刻有多興奮。

費德勒一路走來，什麼場面沒見過，更何況他在職業網壇可是闖蕩了近二十年。然而，有一次令他大吃一驚的是二〇一二年的溫網決賽，他和莫瑞（Andy Murray）交手，聽見觀眾在聲援他。這怎麼可能，當時他可是在對手的家鄉爭奪世上最具名望的冠軍頭銜，而觀眾卻高喊他的名字，在他進球得分時鼓掌叫好，處於劣勢時更替他加油打氣。

費德勒的心揪了一下。

溫網冠軍盃最後一次被本土選手抱走時，比賽用的還是黑色或白色的球及木製球拍[4]，許多選手還留著八字鬍。自從佩里（Fred Perry）一九三四至三六年在溫網奪冠後，英國還無人有本事接棒封王。許多選手鍥而不捨地嘗試，都沒有成功。

莫瑞躋身頂尖選手行列，令網球傳統歷史悠久的英國重新燃起希望。專家很快就認定這位出身格拉斯哥的男孩可望贏得溫網金盃。莫瑞的成長最終證明了他生來注定某天要在全英網球俱樂部的草地球場上爭奪勝利。

當然，費德勒也不是不知道過去英國曾為溫網心碎了多少次。因此，儘管他的勝利意謂英

4 譯註：傳統草地球場網球，根據場地顏色不同，使用黑色或白色橡膠球。1972年國際網球總會開始採用黃色球，方便在電視畫面中更容易看到。而溫布頓網賽則是在1986年開始使用黃色網球。

國將再次失去打破魔咒的機會，與莫瑞交手時英國球迷竟然挺他奪冠，令他感覺自己很特別。那天事實擺在眼前，無論觀眾是討厭或是鍾愛他的對手，每一場球賽上，費德勒總是受到地主選手般的愛戴。

暫別球場六個月後，費德勒決定不要過度苛求自己，逐步回歸網壇。許多人意外他選擇在霍普曼盃復出，因為該賽事的時間點是年度賽季第一週，日期與卡達公開賽、清奈公開賽及布里斯本網賽強碰，但跟這三項賽事相比，霍普曼盃有個很大的不利條件：它不是正式的賽事。

霍普曼盃的主辦單位企圖透過帶給費德勒一段愉悅的不同體驗，來彌補該賽事不隸屬於ATP巡迴賽這點。伯斯是澳洲人口第四多的城市，是西澳最大的城市，擁有許多吸引人的觀光名勝，如國王公園、聖瑪麗大教堂和天鵝鐘塔，光來伯斯參觀這些景點便值回票價，再加上霍普曼盃活力四射的比賽氛圍，這些誘因最終促使費德勒接受把這裡當作二〇一七年賽季的第一站，放棄選擇卡達或布里斯本網賽展開賽季。

霍普曼盃的比賽形式是將來自不同國家的八支隊伍分成兩組，每個國家由男女選手各一名代表，單打比賽（男子組和女子組各一場）結束後，組隊打一場混合雙打，淘汰賽部分便算完成。每個國家的搭檔組合，尤其是男女混雙比賽，不同國家間的對戰組合，激盪出多采多姿的對決，令全場觀眾陷入瘋狂。在其他賽事根本不可能看到這種比賽，球迷可是樂得很。

霍普曼盃總監基爾德里（Paul Kilderry）沒花太大工夫，便說服費德勒。二〇一六年一月，基爾德里在澳網選手餐廳吃著豐盛沙拉，恰好看見費德勒手持餐盤走向露台，便上前打招呼，絲毫沒有和他談及霍普曼盃的打算。接下來發生的事並不在他的計畫內。費德勒主動聊起天來，大力讚揚霍普曼盃，坦承自己是該賽事不折不扣的粉絲，因為場上氛圍非常棒。費德勒也強調，打從二〇〇一年他與辛吉絲（Martina Hingis）搭檔奪冠後，霍普曼盃各方面的水準都已大幅提升。

基爾德里突然靈光一閃。費德勒上次參加霍普曼盃已是十四年前的往事，再次邀請他出賽也許並非不可能的任務。

那場非正式的交談幾天後，基爾德里與澳洲網球協會和澳洲政府開了一場會，規畫出詳盡的提案，誘導費德勒參賽。基爾德里與團隊曉得霍普曼盃的獎金無法與卡達或布里斯本網賽相提並論。這兩項賽事的資源比他們多得多，能夠祭出高額獎金拉攏網壇巨星出賽。他們最後將提案的重點放在邀請費德勒與家人來伯斯遊玩幾天，盡情享受這座城市的魅力。

寄出提議幾個月後，有一晚基爾德里的手機螢幕亮了起來，通知他有一通來電。費德勒的經紀人戈席克（Tony Godsick）的名字出現在螢幕上，好消息馬上就傳來：費德勒將再次參加霍普曼盃。

費德勒三十六歲了，金錢已不是他職業生涯最重要的東西。他賺了很多錢，非常非常多，因此決定去何處參賽時，也得衡量其他因素。正如同費德勒慢慢體會到的，霍普曼盃提供的額外福利實在叫他無法婉拒。

費德勒最後接受出賽，且不後悔做下這個決定。

休兵六個月後開始打球，費德勒對自己沒有把握。然而，在伯斯初次練球期間發生的事，給了他繼續走下去的能量，一掃他心中的疑慮。他過去生涯都是為了自己，為了不斷累積冠軍頭銜而比賽。第一次在伯斯體育館練球那天，他發覺自己是為了他千百萬的球迷打球。這件事不只是愉悅，更成了他職業生涯最後階段最重要的動力之一。

「你會愛死這裡的，等著看吧。」

司機在布里斯本網賽的管制門入口旁放下納達爾。每次想要取悅選手，司機總會拋下這句，但納達爾馬上就確定對方此話不假。他與布里斯本網賽的關係是一見鍾情，就像近距離中了愛神一箭，想躲也躲不掉。

納達爾聽人讚美過布里斯本網賽、派屈克．拉夫特中央球場，以及澳洲球迷營造的比賽氛圍。來到俱樂部沒幾個小時，納達爾便確定這三點了，不過由於睡眠不足，他三不五時會不小心打哈欠。

布里斯本網賽的場館設施特別吸引納達爾的注意。賽事目前的級別是ATP 250分級巡迴賽，但硬體設施看起來更像是更高級別的賽事。納達爾在導覽人員陪同下參觀俱樂部內部，熟悉這個地方，認識這座接下來將舉行他每場比賽的體育館，並認識賽事主辦單位人員。

納達爾在俱樂部內四處參觀，一刻也沒停下腳步，任何合照要求也都來者不拒，親切答應。參訪結束後，他與ＡＴＰ駐布里斯本的傳播行銷部經理尹文斯（Richard Evans）會合，進行主辦單位替他準備好的大活動，每年籤表上最突出的選手都要進行的活動。

納達爾來到場館外的一片大草地。各家電視台已經在一塊起伏不平的地面上，沿著納達爾的進場路徑架設好二十多台攝影機。納達爾繞著攝影機群前進，蛇行穿過圍觀人群，看見一位飼養員懷裡抱著一隻無尾熊走向他。

「納達爾先生，我向您介紹迪恩。」女子邊說邊溫柔輕撫著無尾熊的頭。

起初，納達爾十分小心，緊抓著無尾熊，彷彿手裡接過的是剛出生的小嬰兒。迪恩漸漸不再害羞，用小小的爪子鉤住納達爾的白色球衣。納達爾往後退了兩步，而迪恩則窩進他懷裡。全場鎂光燈閃個不停，替這一刻捕捉最美的照片。

歡迎會很快結束，納達爾馬上移駕到更衣室，準備與球場接觸。

布里斯本主辦單位為了慶祝納達爾大駕光臨，決定開放讓有興趣觀賞他首次練球的球迷免費入場。現場觀眾的熱情回應超乎執行委員會預期的盛況。納達爾預約傍晚六點在十號球場練球，早在他開始前兩個小時，看台就已座無虛席。

納達爾肩上扛著網球拍袋，在托尼和馬伊莫的陪伴下現身球場。兩名志工拚命向排隊等候入場的人潮解釋現場已一位難求。二十多名球迷得知無法見到偶像，採取了前所未聞的辦法。他們趴到地上，身體緊貼地面，試著透過底部柵欄沒遮住的縫隙往裡頭瞧，聊勝於無。

最後這些球迷只隱約看見納達爾那雙後面印有獨特公牛標誌的螢光橘色球鞋，但足以讓他們開開心心回家。

「退役？我這幾個月都在休兵養傷，就是因為還想再打個兩三年。」

費德勒在霍普曼盃最後一場比賽對上加斯凱（Richard Gasquet）。賽後，他輕鬆自若地接見媒體，一再表示來到伯斯比賽有多棒，但記者們不斷用問題轟炸他，詢問他未來有何規畫。費德勒還是用那句老話澄清：他壓根兒沒想過退役的事。

費德勒自從二〇一二年最後一次拿下溫網冠軍後，的確已經很久沒在大滿貫賽事封王了。最近這幾年他打得的確很辛苦，漸漸失去競爭優勢，暫時退出戰場第一線。他的身體問題確實更讓人覺得他年紀大了。

然而，這些問題完全沒有讓他失去繼續嘗試贏球的欲望。

費德勒利用二〇一六年休息了六個月，利用這段時間療養好所有傷勢。休兵期間，他理解了一件他以往沉浸在激烈比賽時無法領悟的事：不是只有贏得冠軍頭銜才會快樂。

布里斯本八強賽上，納達爾以六比四、三比六和四比六敗給了拉奧尼奇（Milos Raonic）。兩人戰得難分軒輊，最終納達爾犯了兩個失誤，決定了勝負結果。他非但沒將這場敗仗視為失敗，反而試著客觀分析局勢，接著離開他這年度賽季的第一項正式巡迴賽。他堅信自己狀態良好，若能夠繼續保持身體健康，而不像前陣子那樣頻頻受傷，就有本事問鼎重要頭銜。

回到飯店，上樓進房前，納達爾駐足接待櫃檯旁，開始翻閱起擺放在木頭陳列架上的每一本布里斯本觀光手冊。他的三位同伴托尼、馬伊莫和西絲卡則在幾公尺外等待他，讓他好好研究這些手冊。

納達爾絕非偶然才翻閱觀光手冊的。隔天前往雪梨參加Fast 4網球表演賽前，納達爾有點空檔，計畫到布里斯本四處走走。自阿布達比匆忙趕來，他都還沒有時間認識這座城市。

試著混入人群悄悄觀光前，納達爾整理了行李，並在飯店大廳接受雜誌記者採訪。這段訪問將於幾天後澳網會外賽開打時刊登。

「你竭盡全力追求勝利，但從二〇一四年後便沒有贏過大滿貫。若一直無法封王，你還會全心全意比賽嗎？」

「要看。」

「要看什麼？」記者追問下去，「取決於什麼？」

「要看我快不快樂。看我對奪冠是否懷有希望，看我還有沒有封王欲望。」納達爾思索了一下，用一個問題回擊對方，「費德勒多久沒有贏過大滿貫了？」

「二〇一二年溫網奪冠後就沒贏過了。」

那個酷熱一月的上午，納達爾坐在黑色皮革椅上，沒料想到那位記者仔細挖掘的大滿貫失利紀錄就要中斷，即將改寫網球的歷史。

5 王者回歸

墨爾本 *Melbourne*

澳網選手餐廳前的電梯門開啟。費德勒的雙胞胎女兒米拉・羅絲和夏琳・黎娃牽著他的手，一起步出電梯。這對姊妹出生於二〇〇九年，一如往常開心地穿著雙胞胎裝亮相，身穿藍色圓點白洋裝，腳踩相同顏色的涼鞋，頭髮上綁了幾個紅色蝴蝶結，固定住兩道可愛的馬尾。這一幕就像是有貴客上門拜訪時，爺爺奶奶會從家裡最寶貴的箱子掏出、驕傲地給客人看的溫馨相片。

「把拔！我可以吃冰淇淋嗎？把拔，拜託！我想吃冰淇淋！」夏琳一面用緩慢的英語說，一面使出她近幾個月學會的表情，一雙楚楚可憐的眼睛直盯著費德勒。

「用法語問我，就讓妳吃。」費德勒回答她，忍不住笑了出來，右邊嘴角微微上揚。

「法語？把拔，她的法語有得練了啦。」米拉插嘴。開口前她在一旁靜觀其變，等著看看是否能夠不費吹灰之力，就讓冰淇淋落入自己手中。

「那妳的法語呢？」費德勒反問米拉，用右手食指戳了戳她的手臂。米拉癢得微微扭了一

Moyà to Rafa：

> 你只要想著你擊球時打得好不好，其他都沒差。你很快就會調整好，到時候就會打進界內了。重點是要好好打出去。

下。

「我越說越好了啦。」米拉一臉自負地向他保證，令費德勒停止搔癢攻擊。

「來吧，我們去吃冰淇淋！」費德勒一口答應，牽住兩位女兒的手，消失在選手餐廳的喧鬧人群間。澳網過幾天就要開打，每逢這時候餐廳總是人聲鼎沸。

費德勒對兩位女兒發起的語言遊戲可不是沒來由的心血來潮。他出生的瑞士擁有四種官方語言（德語、法語、義大利語和羅曼什語），母親是南非人，而妻子有斯洛伐克血統。一路走來，費德勒領悟到語言是讓人理解世界的鑰匙，讓人與人接觸時可以打破文化的藩籬，而這世界競爭越來越激烈，語言也能讓人在職場上達到更高的成就。

因此，打從兩位女兒出生，費德勒便試著讓她倆精通所有有機會接觸到的語言，嘗試讓她們從小學起，因為根據專家的說法，小時候學習事物的過程比較簡單。而就學習多國語言來說，精通越多越好。

八年前，費德勒日復一日的生活就此改變。雙胞胎女兒誕生，翻轉了他的優先事務，使他不得不以父親的身分，面對四處旅行出賽的挑戰。許多運動員為人父母後，體育生涯隨之中斷，歷史記載了無數例子，可以證明這一點。費德勒的妻子米爾卡的協助是他輕鬆度過這個全新處境的關鍵，也是一種鼓勵，讓他倆決心再生小孩，最終於二〇一四年喜獲另一對雙胞胎兒子，李歐和藍尼。

李歐和藍尼出生時，費德勒的比賽生涯恰好碰上大危機。二〇一二年溫網決賽他擊敗莫瑞，摘下又一座大滿貫金盃，替他個人大滿貫封王紀錄再添一筆（十七次冠軍），實在了不起。然而，費德勒從那之後受到諸多打擊，漸漸在他的不朽天才光環上鑿開深深的豁口。

費德勒之後三度闖進大滿貫決賽，卻三度與冠軍失之交臂，二〇一四和一五年的溫網決賽敗陣，也輸掉了二〇一五年美網決賽。這三場決賽的對手都是喬科維奇。那幾年的喬科維奇簡直強得不像人類，讓費德勒這三場決賽都鎩羽而歸。費德勒心中的無力感與另一個更令人擔憂的感受混合在一起：他感覺自己一再錯過列車，而且這些列車也許永遠不會再回頭了。

費德勒幹了只要是人都會幹的蠢事，問自己好幾個明明有解答的問題，要是他戰勝喬科維奇這三場比賽，會發生什麼事。首先，他的大滿貫冠軍會累積到二十座，這數字無論是寫起來、讀起來、念起來或在搖滾演唱會上唱起來，都很響亮。再者，他就不必在暴風雨中重拾失去的信心。最後，幾乎是百分之百確定，他的水準就不會下降，或者至少不會掉得如此之猛。

持續關注費德勒的愁雲慘霧後，納達爾的叔叔兼教練托尼認為他永遠不會再奪下大滿貫冠軍了。托尼認為費德勒已三十五歲，沒辦法重起爐灶，而五盤三勝制的比賽就更不用說了，選手在五盤制的比賽消耗的體力更多，需要保持更長時間的專注力。

許多網球名宿在電視賽後分析節目上評論球賽，或在世界上最重要的報章雜誌撰寫專欄，或只單純親臨現場觀賽，被問到時會直言不諱地提出對比賽的看法。他們都贊同托尼的見解。

但大家都錯了。

前世界排名第一的球王莫亞就是不敢輕言斷定費德勒已沒戲唱的人。澳網開打前一週的星期一，莫亞搭機飛抵墨爾本，沒什麼時差問題，很快便適應了澳洲與西班牙之間相差的十小時。他通過入境檢查，領取行李，接著搭車離開泰勒馬林國際機場，前往皇冠塔飯店。他利用半小時的車程時間，上網查詢這天下午雪梨 Fast 4 網球表演賽，納達爾對上基瑞爾斯（Nick Kyrgios）的比賽結果。莫亞查到的結果並沒有令他太意外：他新收的徒弟敗給了天賦異稟、不按牌理出牌的基瑞爾斯。

莫亞加入納達爾團隊一事，早在十二月初新加坡舉辦的國際網球超級聯賽（每年賽季末於亞洲數個城市巡迴的一系列表演賽，將現役選手和傳奇名將混合組隊）期間便悄悄醞釀。季前準備期開始前，莫亞就神不知鬼不覺地被召募進納達爾團隊。在團隊成員這一點上，納達爾生涯一路走來一向因循守舊，選擇莫亞加入，可說是踏出勇敢的一步。

二〇一五年，前世界排名第一、七座大滿貫冠軍得主馬克安諾（John McEnroe）叫納達爾清醒一點，請他去聘請新教練，找回失去的水準。他大膽批評托尼，甚至毛遂自薦擔任新教練一職。納達爾好幾次都沒將馬克安諾的忠告聽進去，優雅地拿記者問過的問題回答他，然後繼續走自己的路。

馬克安諾的請求實現了，不過花了快兩年才成真。

莫亞當時在亞洲比賽，接到一通他意料之外的來電。礙於經費，以及合約和贊助商的問題，國際網球超級聯賽（IPTL）的主辦單位不得不採取多項措施，其中包括減少巡迴停靠站，並改在東京、新加坡和海德拉巴這三個截然不同的城市舉辦比賽。

莫亞生涯中最大的挑戰來得突然。他忘不了自己接受入團擔任教練的那幾天。莫亞曾於一九九八年法網封王，儘管他和納達爾是摯友，他總以為納達爾這一生會跟同一支團隊征戰到尾，不會有成員變動，而有意加入者完全不得其門而入。

認識納達爾的人都非常清楚他才不會接受陌生人加入他的例行訓練，這也是令許多球迷幻想破滅的主要原因，害他們沒機會看見如馬克安諾這種重量級名宿，在納達爾職業生涯的某個階段指導他練球。納達爾需要信任，需要一切自然運行，唯有與他最親近的人才做得到這點。

就教練這點，納達爾跟勁敵們相比，還真是獨特的案例。舉例來說，費德勒對更換教練這件事沒問題，還換過好幾次，在他身旁待過的盡是網壇名將，比方艾伯格（Stefan Edberg），或現任教練留比契奇（Ivan Ljubicic）。喬科維奇也接受過許多球王的指導，一開始他曾向貝克（Boris Becker）討教，之後與合作了十年以上的老團隊分手，最後於二〇一七年年中聘請阿格西（Andre Agassi）擔任教練，試圖扭轉他一厥不振的戰績。莫瑞也做了一樣的事，跟恩師藍道（Ivan Lendl）分手，要知道，他生涯最重要的冠軍頭銜都是在藍道的指導下贏得的。

但納達爾不這麼做，他從二〇〇五年就開始跟托尼叔叔和羅伊格合作。這兩人可說是他教練團的兩大支柱。

因此，莫亞接到托尼自世界另一端打來的電話時，才會如此不安。托尼稍微詢問莫亞的狀況後，向他提議以教練身分加入納達爾團隊，並擔任納達爾網球學院的一線教練。

什麼時候收到這種邀請都很棒，但這次來得還真是時候。

莫亞剛與拉奧尼奇結束合作關係。拉奧尼奇是莫亞首次擔任教練指導的選手，成績好得不得了。二〇一六年賽季開始時，拉奧尼奇排名世界第十四位，年終則攀上世界第三，而且還在溫網打入生涯第一場大滿貫決賽，但不幸敗給莫瑞。

莫亞心中有件擔心的事，足以決定成敗，接受托尼的提議前，他先找了納達爾談談，化解這份顧慮。他需要知道納達爾是否願意不惜一切找回競爭優勢。當然，「不惜一切」是很籠統的字眼，其中包括重大的改變。然而，莫亞從前不時公開提起的疑問，被納達爾的回應一掃而空：若納達爾成功保持身體健康，若連續折磨他兩年的傷勢暫緩發作，那他將能夠再次角逐網壇最重要的頭銜，也能夠重返世界第一寶座。

莫亞輕鬆空降納達爾團隊核心。他曾與這支團隊所有成員在網壇共度無數時光，又是納達爾家族的好友，根本不需要適應期，加入團隊第一天就和大家打成一片。這也是納達爾接受莫亞加入的原因，因為多了莫亞的協助，並不意謂他必須調整團體生活模式。

但大部分的例行訓練倒是變得不一樣。

首先，莫亞提出不同的訓練方式，即便納達爾這輩子都只用同樣的方法鍛鍊，也不跟他討價還價。納達爾的打法一直以來傾向於死守底線，長時間在底線位置擊球，用這招成功調整他的回球落點，快速建立起他的球風。莫亞建議他進行更專項的訓練，藉由多元的體能訓練加強他需要改善的面向。

納達爾的訓練中加入了塑膠三角錐這種無比簡單的道具。他嘗試遵從新教練的指示，自球場不同位置將三角錐擊倒。

擔任拉奧尼奇的教練時期，莫亞就是採用專項訓練法，成功提升對方的實力。如今與納達爾展開新的冒險，他也決定把這方法搬到他身上試試，成功讓納達爾樂意接受嘗試新的練球方法。納達爾看到莫亞的訓練方法奏效後，甚至要求他往後都要用此方法訓練。莫亞很有成就感，儼然贏了一場小戰役。

加入納達爾團隊初期，從一開始在馬納科的季前準備期，到後來的澳網會外賽，莫亞經過分析，看出許多納達爾需要矯正的毛病，但也許其中最引人注目的，是降低納達爾訓練時自我要求的程度。

莫亞從簡單的基礎出發。如果你因為微不足道的失誤而狠狠懲罰自己，那你什麼問題都改正不了。莫亞努力讓納達爾理解這句話，試著讓他忘記結果，專注在他嘗試讓他改掉的打法，總是要求他打得更具侵略性一點。

澳網首戰前的那個星期二，陽光熾熱，納達爾和莫亞在墨爾本公園三號球場快速談了一下。這段對話完美反映出莫亞是個怎麼樣的人，以及他嘗試把納達爾變成什麼模樣。

「卡洛斯！」納達爾自後場打出一記恰到好處的正手抽球，接著對莫亞大喊，「這球打得好還是不好？」他的問題指的是球落在界內還是出界。

「拉法，好或不好都沒差！」莫亞一面回答，一面用球拍自地上拾起兩顆網球。

「好還是不好？」納達爾執意追問。

「你只要想著你擊球時打得好不好，其他都沒差。你很快就會調整好，到時候就會打進界內了。重點是要好好打出去。」

另一件莫亞從一開始就想強調的事情，就是飲食。納達爾一直以來都不是那種會特別在意自己吃什麼的選手。身為頂尖運動員的他，還是照吃橄欖和巧克力，照喝可口可樂。其他選手，比方喬科維奇，注重飲食的程度可說是無微不至，因為他們確信飲食對球場上的表現有正面影響。納達爾沒這麼做，到了二〇一七年季前準備期開始才有所改變。

薩爾瓦-維達（Bartolomé Salvá-Vidal）是納達爾的好友，也是同儕（同一時期於馬約卡島嶄露頭角）。他好幾年前就親眼見過納達爾在飲食上有多隨便。有項比賽送了一堆贊助商品牌的巧克力棒給納達爾，而他從小就禁不起巧克力的誘惑，大快朵頤了一番，吃得他整個人身體浮腫，當晚甚至呼吸困難。他隔天還有比賽要打，但這時胃撐得快爆了。全身沉甸甸的，十分難受，因此他採取偏激的解決方法：繼續吃巧克力吃到吐，以擺脫消化不良的問題，然後隔天若無其事地上場比賽。

年輕的納達爾想出那個妙計逃過一劫，沒被自己暴飲暴食的壞習慣害死。二〇一五年，將近二十年後，他的公關經理帕列茲-巴巴迪羅有一回大動肝火，原因也是與食物有關。那年澳網八強賽納達爾的表現不佳，以有史以來最差的成績敗給柏蒂奇（Tomáš Berdych）。賽後，他決定搭乘主辦單位的專車去鄰近的麥當勞吃一份漢堡配薯條。

納達爾外帶一份大麥克和可口可樂這一幕，就算在想像力豐富的人眼中，也難以想像，但又是如此真實，就跟店員隔著取餐窗口看見他時一樣，驚訝全寫在臉上，完全假不了。

帕列茲-巴巴迪羅出身赫雷斯（Jerez），對吃無比講究。他嘗試讓納達爾改變心意，並動用他的人脈資源，出動熟識的餐廳，建議納達爾換個場所用餐，以扭轉他大剌剌上麥當勞引起的軒然大波。然而，納達爾不願讓步。那年一月的那個晚上，他感覺柏蒂奇是僥倖贏過他，但怎麼說對方就是贏了。

安排二〇一七年的訓練計畫時，莫亞一下子終結了納達爾對飲食不忌口的壞習慣。從此以後沒有飲料。從此以後沒有橄欖，也沒有巧克力。納達爾的反應沒有很劇烈，他想要維持完美體態，不想再受傷，承諾會均衡飲食，稍微降低體重。考慮到傷勢復原和體力耗損的問題，已年過三十的納達爾終於醒悟，比從前更加注重飲食。

莫亞一開始做的第三件大事，可能是所有改變中最有貢獻的。他的正向思考堅不可摧，感染了納達爾，說服他只要好好盡自己的本分，就可以把很多他這陣子沒能贏下的通通贏回來。重要的事要說三遍：欲成大事，先立大志；欲成大事，先立大志；欲成大事，先立大志。

又被莫亞說對了，納達爾在二〇一七年澳網拿下的頭三場勝利（以六比三、六比四和六比四擊敗邁爾〔Florian Mayer〕；以六比三、六比一和六比三戰勝巴格達蒂斯〔Marcos Baghdatis〕；以四比六、六比三、六比七、六比三和六比二擊退小茲維列夫〔Alexander Zverev〕）證明了欲成大事者，必先立大志。

第三輪比賽納達爾對上小茲維列夫。這場比賽是他在這年澳網的第一個轉折點，他一路過闖斬將，十六強賽送走了孟菲斯（Gaël Monfils，六比三、六比三、四比六和六比四），八強賽將拉奧尼奇淘汰出局（六比四、七比六及六比四），挺進準決賽，碰上了第二個轉折點。

納達爾於準決賽險勝迪米特洛夫（Grigor Dimitrov，六比三、五比七、七比六、六比七和六比四）。這場比賽是本屆澳網的另一個轉折點，也是二〇一七年賽季最精采的比賽之一，無庸置疑。

離開球場時，納達爾意識到，也許接下來幾個月的比賽，才會被廣大觀眾記住，但他很清楚自己與迪米特洛夫的對決值得在年終回顧占有一席之地，因為他倆發揮出高超的網球水準，一起打造了一座藝術品。

費德勒在澳網第三輪戰勝柏蒂奇，開始令人懷疑他是否還保有出人意料的水準。他展現驚人球技，只花了不到兩小時，便以六比二、六比四和六比四制伏柏蒂奇。對費德勒來說，柏蒂奇的確一直以來都是簡單的對手，但那晚他所展現的球技（「我好想坐在觀眾席看他打球。」柏蒂奇說）可是讓對方吃足苦頭。對上柏蒂奇這場比賽費德勒實力大爆發，十六強賽對上錦織圭更證明自己寶刀未老，以六比七、六比四、六比一、四比六和六比三拿下勝利，跌破眾人眼鏡。

費德勒休兵長達六個月，復出後第一項正式比賽就是澳網，就算是最死忠的球迷也沒料到他有機會闖進第二週賽事。總之，球迷害怕費德勒早早吞敗，進而影響他接下來幾個月的表現。

費德勒用球拍證明他的實力，澳網首戰以七比五、三比六、六比二和六比二戰勝梅爾策（Jürgen Melzer），之後又以七比五、六比三和七比六擊敗魯賓（Noah Rubin），之後一路扶搖直上，接連擊退柏蒂奇和錦織圭。

參加二〇一七年澳網時費德勒排名世界第十六。這個排名提升了他頭幾輪比賽的難度（名次較高的選手在決賽前會避開奪冠呼聲最高的選手），讓他陷入危險。要是費德勒在頭幾場比賽中落敗了——這可不是胡扯，那他將掉出排名前三十名以外。

這頭幾場比賽費德勒並沒有吞敗，默默挺進第二週賽事。而這時，莫瑞和喬科維奇都已不在籤表上（莫瑞意外敗給大茲韋列夫〔Mischa Zverev〕，慘遭淘汰，而費德勒則於八強賽以六比一、七比五和六比二戰勝大茲韋列夫；喬科維奇則是早在第二輪就被伊斯托明〔Denis Istomin〕送走），因此開了一扇有趣的窗，決賽將不上演近幾年過於頻繁重複的大戰。

費德勒在準決賽對上同胞瓦林卡（Stan Wawrinka），鏖戰五盤才分出勝負（七比五、六比三、一比六、四比六和六比三）。他通過了問鼎冠軍的最後一道考驗，激起人們的幻想。這場比賽幾天前，大家已紛紛盛傳納達爾和費德勒可能會在決賽碰頭。這場對決彷彿時光倒流，在現在回到過去。費德勒戰勝瓦林卡後，期待已是一發不可收拾。所有身在澳洲的人嘴裡只談論著一件事，幻想現場觀看費納在決賽對決。

就算短短一天之內，事情也可能突然一百八十度大轉變。納達爾就非常清楚這點。

「我是昨天到的，但我覺得我明天就得打包回府。」

二〇一二年一月，納達爾深陷程度不明的危機，令人擔憂，他的父親塞巴斯蒂安當時說過這段話。前一晚才剛搭機抵達墨爾本，隔天塞巴斯蒂安與舟車勞頓後的身體搏鬥，起了個大早，前去觀看兒子練球。當時納達爾賣力準備兩天後的首戰。

塞巴斯蒂安在那兒碰上前所未聞的事。「前所未聞」就足以形容一切，因為納達爾幾乎什麼問題都發生了。

訓練期間，納達爾的右腿僵硬得跟棍子沒兩樣，動彈不得。他的膝蓋彎不下去，沒辦法讓關節乖乖聽話。

納達爾團隊的警報大肆作響。物理治療師馬伊莫攙扶他回到房間，之後澳網主辦單位指派專車，送他就醫。醫師也給不出個合理解釋，說不出納達爾的腿為何無法彎曲，但還是向他保證幾小時後就沒事了。

那天晚上，納達爾的膝蓋果然開始彎得下去。他還能夠出戰澳網，把這個機會當作是天上掉下來的禮物，因為不久前他還確定自己得買張機票飛回馬約卡。

重拾出賽機會，令納達爾許下承諾，而團員也笑著接受了。

「拿下澳網冠軍，我就燕式跳水。」納達爾對團員說，許諾以這個有名的特技跳水姿勢跳入雅拉河中。但跳河一事最終無緣兌現，因為他在決賽敗給喬科維奇。他倆的這場比賽是大滿貫賽史上耗時最久的決賽（五小時五十三分鐘），之後將流傳千古。

於是，有人想起二〇〇五年贏下生涯首座法網冠軍時，納達爾也曾對父親許下過另一個承諾，且最終也實現了。他和父親約定好一起登上馬約卡的高山慶祝奪冠。要知道納達爾可不喜歡高的地方，更別說登山了。

納達爾也不是很喜歡這些象徵性的慶祝活動。這點與團隊最大膽的成員完全相反。塞巴斯蒂安、帕列茲-巴巴迪羅，以及納達爾在NIKE的夥伴、外號「圖茲」的羅伯特（Jordi Robert），曾在他贏得四大滿貫冠軍後，跳入舉辦城市的河中。

這三人曾在納達爾奪冠沒幾個小時後，縱身跳入墨爾本雅拉河、巴黎塞納河、倫敦泰晤士河和紐約哈德遜河。納達爾曾拿下一次澳網冠軍（二〇〇九年），十度法網封王（二〇〇五年、二〇〇六年、二〇〇七年、二〇〇八年、二〇一〇年、二〇一一年、二〇一二年、二〇一三年、二〇一四年和二〇一七年），兩次摘下溫網桂冠（二〇〇八年和二〇一〇年），三度登上美網冠軍寶座（二〇一〇年、二〇一三年和二〇一七年）。

在雅拉河下水那次比預期還來得困難。二〇〇九年，納達爾擊敗費德勒奪冠後，隔天這三人小組從墨爾本海洋生物水族館那側跳河，因為從那裡比較容易下水。三人罩著浴袍走出飯店，不吸引民眾的目光也難。

有位正在吃早餐的男子看見此景，忍不住詢問三人：

「你們要去哪裡啊？」他問眼前這三個正在狂奔的浴袍男。

「下水啊！」三人組異口同聲回答。

「你們瘋了嗎？雅拉河是世界上污染最嚴重的河吔！」男子堅稱，試圖勸阻他們。

「非下水不可！」三人堅定地說，接著便跳入河內。

三人跳河慶祝納達爾擊敗費德勒拿下澳網決賽，度過愉快時光。八年後的二〇一七年，三人組沒料到這年的決賽會跟當年一樣。不過，結局大不同。

二〇一七澳網決賽於傍晚七點正式開始。開打前三十分鐘，托尼用馬約卡方言大聲吆喝，打破更衣室的沉默，替賽前最後一場會議開場：

「記得你得打得有略性一點！」托尼站在木頭長凳旁，劈頭就說，「吊高球，把球打到他反手後場的位置，但別一昧使出這招。」他接著說下去，「勇敢一點。機會來了，但你永遠不曉得錯過以後，機會還會不會回來。」

二〇一七年說出這席話的托尼，無須像二〇〇九年的他一樣說重話。當年他不得不對納達爾精神喊話，成效驚人，最終幫助他摘下桂冠。

那天在澳網更衣室發生的事，是托尼的最高傑作之一，表現出他一路帶領納達爾攀上巔峰的教頭哲學。

二〇〇九年澳網決賽的那個星期天，納達爾早上起床時全身痠痛。星期五他才剛打完準決賽，與同胞沃達斯科（Fernando Verdasco）打了一場歷時五小時十四分的馬拉松大戰，最終戰勝對方時已是奄奄一息。

這場激戰的後果很快浮現。納達爾遵循醫師的建議，無所不用其極地試圖恢復體力，決賽不久前一刻他的狀態還是糟糕透頂，油盡燈枯。

與他角逐金盃的對手費德勒，先前的比賽可說是毫髮未傷，精力比他充沛（星期四晚上打了準決賽），身體耗損得沒那麼嚴重（直落三打敗羅迪克〔Andy Roddick〕），做好準備應戰。當然，馬不停蹄地比賽了兩週，他所累積的戰鬥力不容小覷。

賽前熱身時納達爾感到頭暈目眩。他全身上下都疼，從肩膀一路痛到小腿後肌，整個人僵硬得跟棍子沒兩樣。狀態如此之糟，他覺得自己沒有準備好，更別說使出百分之百的實力，就連百分之七十都發揮不了。

要贏球比登天還難。

托尼打斷熱身，領著納達爾來到更衣室。

「我跑不起來！」納達爾的疲勞全寫在臉上，抱怨著說。

「別自欺欺人了。」托尼回他，「每個人都可以超越極限，只是有沒有動力而已。假如現在有人衝進來拿槍指著你，叫你跑步，然後你停下來他就一槍斃了你，你會怎麼做？你死也不會停下來，對吧？別說你跑不動，上帝不會下凡幫助你，你哭爹喊娘也沒用。」

納達爾才剛開始稍微把這席話聽進去，托尼便重新發動攻勢，這次突然拿歐巴馬同年二〇〇九年一月二十日開始他的美國總統之路這件事作為例子。

二〇〇八年十一月四日，歐巴馬贏得三百六十五張選舉人票，在美國總統大選擊敗對手麥肯，成為史上第一位入主白宮的非裔美國總統。

歐巴馬的競選活動以一句口號為中心，這句話最後變得家喻戶曉，傳遍世界每個角落。歐巴馬從民主黨參議員晉升美國總統這段期間打出的口號就是「我們做得到」（Yes we can!），用簡單幾個字表達無論屏障有多高，沒有不可能的事。

托尼在更衣室對納達爾說了好幾次歐巴馬的這句「我們做得到」，要他決賽每次換場休息時只要感到疲累，就對自己反覆默念。

托尼教練的精神喊話，這個解救納達爾，讓他恢復信念的方法，達到預期中的效果。

那天晚上，捱過了四小時又二十三分鐘的苦戰後，納達爾抱得金盃，慶祝戰勝費德勒，將他生平第一座硬地大滿貫冠軍獎盃高舉在墨爾本的空中。出乎意料，跌破眾家眼鏡，比賽拉鋸到第五盤時，納達爾的狀態居然比費德勒還好，成功取得優勢。

納達爾躺臥在羅德．拉沃競技場的水泥地上，得出一個結論。幫助他起死回生，讓他勇敢面對全身疲勞的是那場從未成真的槍擊威脅，以及歐巴馬的那句「我們做得到」。

納達爾又再一次完美展示心志可以打開巧手或強臂打不開的門。

二〇一七年，納達爾一面聽著一身網球選手打扮的叔叔對他精神喊話，一面照著鏡子，繫好頭巾。戰士的身影映照在鏡子上。納達爾沖了個冷水澡，試圖集中精神。上場前他總會這麼做，接著在更衣室跑來跑去，喚醒全身上下每一絲肌肉，手裡拿著網球拍蹦蹦跳跳，頭差點沒撞到天花板。他拿起耳機，把音樂調到最大聲。然而，這一切完全沒用，因為他緊張的心情依舊不受控制。時隔六年，半小時後他就要與費德勒再次於大滿貫決賽上對決。

費德勒坐在距離納達爾和托尼兩公尺外，雖然聽不懂西班牙語，還是有一句沒一句地聽著他倆對話。費德勒當時正和兩位教練留比契奇和路奇（Severin Lüthi）說話，但他也無須過度盤算該如何爭奪冠軍。他的想法非常清楚。計畫，明確。

「別跟他硬碰硬，只管把球打回去就好。放手去打，加油，拿出你的看家本領。」留比契奇說完後，費德勒起身，走過連接更衣室和球場之間的通道。

這時，時間停止流動。五分鐘後澳網決賽就要正式開打。五分鐘後納達爾和費德勒就將再次對決，改寫網壇歷史的走向。五分鐘後全世界將見證新時代的曙光降臨。

費納兩人沒想那麼多，開始展開冠軍爭奪大戰。這場對決中的對決才剛開打，現場觀眾便熱情呼喊，陷入瘋狂，氣氛緊張到連兩位選手的坐椅都在顫動。

一反預期，整場決賽都在費德勒的掌握之中，不得不被牽著鼻子走的人是納達爾。費德勒從來沒打得如此有侵略性，縮短了來回對抽的時間，擊出的球比劍刃還銳利，直擊納達爾的要害。

這場比賽和二〇〇九年那場決賽一樣，打到第五盤。然而，兩場比賽發展原本極為相似，結局卻大不相同。

費德勒率先拿下第一盤，納達爾不甘示弱，拿下第二盤。接著費德勒搶先贏下第三盤，而納達爾扳回第四盤，將比賽帶入第五盤。

第五盤，納達爾以三比一大幅領先。這時發生了比電影劇本還精采的事。費德勒以往面臨巨大壓力時，像這次比賽拉鋸到決勝第五盤的時候，都不是納達爾的對手，但這次他打得更加侵略，扭轉比數。費德勒賭上一切，令納達爾目瞪口呆，正拍反拍雙管齊下，發動猛烈攻勢。

激戰三小時後，這場決賽來到決定性的一刻。

球場上鴉雀無聲，只聽見盤旋於墨爾本的海鷗叫聲，以及納達爾每次擊球發出的嘶吼。聽不見費德勒的聲音。即便承受極大的壓力，擊球時連一點聲音都不發出的選手非常少，而費德勒正是其中一位。

費德勒默不吭聲，只在每次得分時握緊拳頭擺出勝利姿勢，原本一比三落後，後來連拿四局，連續破發納達爾兩次，急起直追，以五比三的優勢領先。

令人難以置信，費德勒儼然化身成納達爾。

這場決賽結束時，記分板上的六比四、三比六、六比一、三比六和六比三令費德勒心頭揪了一下。幸虧他這場比賽打得毫無保留，大膽強勢，且比以往來得直接，才能反敗為勝，擊敗最大宿敵，成為這場對決的獲勝者。

費德勒最後奮力衝刺，擊敗納達爾，開心地哭得像個孩子：他拿下生涯第十八座大滿貫冠軍，也是他所有大滿貫金盃中最特別的一座。

6 並非夢一場
杜拜和阿卡普科 *Dubai & Acapulco*

兩位球王的成功祕訣，在於無論發生什麼事都絕不停下腳步，繼續前進。

澳網決賽敗給費德勒後，納達爾當晚離開墨爾本返回西班牙。他的團隊成功找到還有空位的末班飛機。在澳洲待了一個多月，他們毫不猶豫，立刻搭上這班飛機，盡早返家。

下個週末就是台維斯盃西班牙對克羅埃西亞的淘汰賽，納達爾原訂到奧西耶克出賽，但他一飛抵馬約卡，卻馬上宣布退賽。他在澳網未能如願奪冠，如今這消息可說是一點也不令人意外。西班牙網球協會醫療部主任，也是深受納達爾信賴的醫師科托羅通過納達爾的退賽申請，由羅培茲（Feliciano López）替補參賽。

二月二日星期四晚上，正在使用納達爾網球學院健身房的人必須捏自己一把，才能確定自己不是在作夢。

三天前納達爾才剛在澳網決賽敗給費德勒，此刻便現身健身房，登上滑步機，喚醒他的肌肉。物理治療師馬伊莫陪同他一起健身，在一旁對他下指示。

Rafa：

二〇一七年唯一的願望就是保持健康，不出毛病，其他別無所求。

這還不是全部，還差得遠呢。

那晚也在健身房鍛鍊的人，隔天若起了個大早，肯定會震驚得說不出話來。早上九點鐘，寒氣逼人，納達爾身穿藍色連帽外套，遮著頭，肩上扛著網球拍袋，走向學院的唯一一座室內球場。

澳網決賽被費德勒打敗不過是七十二小時前不到的事，納達爾為什麼開始練球？不去度個假嗎？休息一下也無妨吧？

當然，這是納達爾一路走來成就豐碩的關鍵之一。賽季開打就拿下亮眼的成績，換作是其他選手都會暫時脫離網球，暫時將網球拍拋諸腦後，當作是自己應得的犒賞。納達爾不這麼做，只要還有地方需要改進，他就不會稍微喘口氣。

身體消耗的問題使得納達爾退出台維斯盃，也迫使他調整參賽行程。他原本預計打完澳網後，要再次參加鹿特丹公開賽，如今也一併取消。如此一來，近期納達爾的行程只剩下阿卡普科舉辦的墨西哥公開賽。重新站上墨網的球場，他將義無反顧地求勝，接著再到美國巡迴，參加印第安泉大師賽和邁阿密大師賽。

退出鹿特丹網賽後，納達爾把原本應該正在比賽的這幾天拿來練球，收拾在澳洲輸球的受挫心情，並在馬約卡處理一些待辦事項。

二月十五日，納達爾抽空去了一趟馬德里，觀賞歐洲冠軍聯賽皇家馬德里對拿坡里的十六強淘汰賽。抵達巴拉哈斯機場時，他遇到不愉快的意外插曲，再次展現出他那跟場上球技一樣令人佩服的耐心。

「你好，拉法，午安，歡迎。」一名女記者正在入境大廳等著納達爾，邊說邊將麥克風往他嘴上湊。

「妳好，午安。」納達爾回答，腳步沒停下，繼續推著黑色小行李箱，走向第一航廈出口。

「可以請你稍微停下來嗎？」記者詢問他，一面倒退走，以驚人的俐落身段閃過好幾個障礙物，「你來看球賽嗎？」

「嗯，還有處理其他事。」

納達爾的臉色開始慢慢改變，彷彿早已預料到會碰上這場亂入，而且對方不會輕易放過他。

「你出境的時候，身旁都是拿坡里隊的義大利球迷，不知道你注意到了嗎？」記者改變話題，「前面那頭很熱鬧。」

「啊，沒有，我什麼都沒注意到。我從馬約卡過來的。」

納達爾繼續前進，此時好幾位剛抵達馬德里的拿波里隊球迷發現他人在機場，紛紛衝過來要求合照。

「你對今晚比賽的預測為何？」

「沒有想法，希望我們可以順利贏球。」

「你對昨天巴薩發生的事有什麼想法嗎？」記者的問題是指昨晚巴黎聖日耳曼隊在王子公

園體育場以四比〇重挫巴塞隆納隊。

此時，許多拿坡里隊球迷將納達爾團團圍住，要求與他合照。記者慌了，心想自己跟納達爾聊天的機會就要被這些人搶走了。

「稍等一下，大家先讓我問幾個問題，好嗎？」記者堅持問，「拉法，你覺得昨晚巴薩的表現如何？」

記者努力不失去主導權的同時，好幾位拿坡里隊球迷試著替納達爾圍上一條拿坡里隊的圍巾。

「喂！喂！」記者焦急地大喊，「看在老天的份上，讓我問問題！」

「妳讓我招呼他們，再說。」納達爾打斷她。

「拉法，你覺得昨天巴薩的比賽如何？」

「嗯，他們運氣很背，對手又很強，兩件事同時湊在一起……慘不忍睹。」

距離出口大門還有短短幾公尺，納達爾持續前進。妹妹瑪麗亞走在他右側，驚訝地看著這名記者死纏爛打。

「我猜你對台維斯盃的比賽結果很滿意。」

「嗯，一切我都很滿意。西班牙隊今年整體來說有個好的開始，我當然很高興看見我們又再次打進八強。」

「可惜……」記者又突然開口，但這次沒能把話說完。

「好了，夠了，夠了。」納達爾對這段莫名其妙的訪問感到厭煩，對話結束。

此時，一位也正走向出口的男子將這一切看在眼裡，毫不猶豫加入這一幕。

「妳站住。」男子對記者說。記者正擋著納達爾的路，「站住，讓他過。」

「嗯，謝謝你，拉法，謝謝。」

然而，這位女記者不但沒打消追問的念頭，就此撤退，反而命令攝影師繼續跟拍納達爾。納達爾正在排隊等計程車，一面跟妹妹說話，一面替幾位粉絲簽名，這時注意到記者的這個舉動，叫她別得寸進尺。

「不好意思！」納達爾氣沖沖地對她大吼，「夠了！」

對納達爾或費德勒這種頂尖運動員來說，「隱私」是一種不存在的概念，他們只要走在街上，就會被大眾認出來。

想跟他們拍照或索取簽名的人之多，使得上超市購物、去加油站加油、喝杯咖啡、到公園散步等日常活動變成可怕的歷險記。

隱私是人與生俱來的東西，許多人都享有，但對納達爾這種去到哪都是眾所矚目焦點的網球巨星，簡直就跟無價之寶沒兩樣。縱使他已學會以平常心看待，依舊得無奈接受現在這個時代，要低調過日子，根本是不可能的事。

狗仔隊已差不多絕跡，但智慧型手機讓人人都具備成為狗仔隊的潛力，每個人都能夠偷拍，不消一秒鐘，偷拍照可能就在社群網路上瘋傳了。

納達爾和其他知名公眾人物一樣，除了忍受，別無他法。

二〇一六年九月，納達爾做了個實驗，證明缺乏隱私是何等嚴重的問題。這個實驗既簡單又發人深省。納達爾在世界兩大龍頭社群網站Facebook和Twitter都有帳戶，最近用戶數激增，在威脅這兩大社群網站地位的Instagram上也有帳戶。他在Instagram上傳照片，向球迷更新他的最新動態，分享比賽消息和球場外的日常大小事。

但這不是他在Instagram上唯一的帳戶。

三年前，納達爾開了另一個帳戶，單純為了上傳他想上傳照片，不受到大眾意見的批評。只有不到七十位追蹤者在這個帳號上關注他的一舉一動，追蹤人數那麼少，可能是因為沒有人知道管理者的真實身分是誰。

這個例子完美說明了什麼比賽都贏過，締造無數成就的運動選手，是如何因為在Instagram創建能夠隨心所欲使用的帳號而找到快樂的。

納達爾在馬納科度過二月上半旬，而費德勒則是展開了他意料之外的旅程。

知名求生冒險專家吉羅斯（Edward Michael Grylls），更為人熟知的名字是貝爾・吉羅斯，收到了出乎意料且無法拒絕的提議。他在美國國家廣播公司NBC主持的節目《荒野求生全明星》（Running Wild）來了一位非常特別的嘉賓。

澳網封王幾週後，費德勒一把抓起冠軍獎盃，跟貝爾一起帶著獎盃登上阿爾卑斯山，去了好幾個稀奇的地點「遛」獎盃。

這幾天，費德勒的生活完全離不開這座金盃。獎盃牌子上鐫刻著完整名稱「諾曼・布魯克斯挑戰盃」，他便替自己這座獎盃取名諾曼。澳網為了紀念活躍於二十世紀初的偉大澳洲網球選手諾曼・布魯克斯（Norman Everard Brookes），特別如此命名男子單打冠軍獎盃。

與諾曼和貝爾一起完成阿爾卑斯山冒險後，費德勒開始練球，準備回到賽場上。

要不是費德勒下一場要參加的是杜拜網賽，也許他在澳網奪冠後就不考慮重返球場了。他感覺杜拜這座城市就跟自己家一樣。

費德勒和家人住在雄偉的三層樓豪宅。豪宅座落於瑞士施維茨州的沃勒勞，可俯瞰蘇黎世湖，總坪數一百五十一點二五坪，共有六個房間，飯廳有個玻璃穹頂，一旁有壯觀的壁爐，露台還有游泳池。然而，費德勒在杜拜知名摩天大樓第五十層也擁有一間公寓。

這棟大樓叫做夢之塔（Le Rêve），位於現代建築林立的「新杜拜」區，一旁就是杜拜碼頭區。碼頭區附近還有一條長約四公里的人造運河，兩端直通大海，景色優美。

西班牙一級方程式賽車手阿隆索（Fernando Alonso）是費德勒的鄰居。夢之塔還住了其他知名運動員。步行幾分鐘的距離外有一間擁有逾一百七十間商店的購物中心，選手常常在那裡逛街逛到迷路。

費德勒在夢之塔的公寓有六十點五坪。他想換個環境時就會跑來杜拜，也把這間公寓當作開季準備的大本營。

十二月時，費德勒可以來這兒避開瑞士嚴寒的天氣。澳網期間，澳洲正值夏季，而杜拜的炎熱和他幾天後在澳洲碰上的天氣很類似，讓他可以在相似的環境做訓練。

費德勒漸漸愛上杜拜，甚至十二度出戰杜拜網賽，加上二〇一七年這場就參加十三次了。杜拜儼然成了他年度行事曆的重點巡迴站，每年都非來不可。

總之，征服澳網後，費德勒現身杜拜，不曉得如此強迫自己馬不停蹄比賽，身體會有何回應。脫離網壇那麼久，這還真是個未知數。

踏進朱美拉河畔飯店時，費德勒最先回想起他和納達爾在杜拜的唯一那次對決。這段回憶並非不由自主地湧上心頭，是因為杜拜網賽主辦單位成員問起幾週前他在澳網擊敗納達爾的那場決賽，他才回想起來。

與納達爾在杜拜對決已是十幾年前的事，但費德勒對那場比賽的回憶依舊歷歷在目。

二〇〇六年杜拜決賽，費納兩人激戰一小時五十三分鐘，最終納達爾扭轉乾坤，以二比六、六比四和六比四擊敗費德勒。那年賽季才剛開跑沒幾週，費德勒就已拿下卡達公開賽和澳網冠軍，創下開季十六連勝的佳績，而杜拜這場決賽不僅終結了這項紀錄，也是納達爾第一場戰勝費德勒的決賽。

以運動心理學來看，納達爾的這場勝利重挫了他的大勁敵士氣。兩人交戰史上的頭四場比賽，費德勒就輸了三場，就此把納達爾視為死敵。

這場對決也是納達爾第二次在快速球場戰勝費德勒，而快速球場還是最適合費德勒球風的場地。納達爾透過這場勝利，證明了自己只會在紅土球場贏球是天大的錯誤。

當年納達爾還是非常年輕的選手，年僅十九歲，但已高踞世界第二，還兩度在快速球場擊敗費德勒（二〇〇四年邁阿密大師賽和二〇〇六年杜拜錦標賽），在在都預示著他未來在紅土以外的場地也能創下佳績。而他早已在紅土球場大放異彩，二〇〇五年已在法網封王。

二〇一七年重返網壇，費德勒在杜拜首戰對上法國選手帕爾雷（Benoît Paire），以六比一和六比三拿下勝利。他的表現猶如搖滾巨星，全場球迷紛紛獻上最高敬意。

觀眾第一次看見費德勒出場的反應之熱烈，令杜拜中央球場的地板為之震動。費德勒在澳網擊敗納達爾奪冠一事，早就讓球迷興奮不已，現在有機會欣賞他在這座熟悉且七度高舉金盃的球場打球，更是為之瘋狂。

二〇一七年，費德勒在意想不到的時候突然意外落敗，無緣舉起第八座杜拜金盃。

第二輪比賽的第二盤搶七局，費德勒一度握有三個賽末點，第三盤還以五比二領先，之後的搶七決勝局也曾將比分拉開至五比一。這些致勝良機最終付諸流水。世界排名第一百一十六位的俄羅斯選手多斯科伊（Yevgueni Donskoï）最終克服無數逆境，擊敗費德勒。他無法相信自己竟然戰勝球王，高興得將球拍拋到半空中。

這場比賽很奇怪，多斯科伊一度快要輸球，最後以三比六、七比六和七比六的比分戰勝費德勒。這天是多斯科伊職業生涯最重大的日子，對費德勒則是難以言喻的一天。跟團隊一起回到更衣室後，他甚至不曉得該如何分析方才球場上發生的事。

敗陣後幾個小時過去了，費德勒沒過度思索他的失利，很快就開始想著印第安泉和邁阿密大師賽。這兩項賽事是每年的頭兩場1000分級大師賽，費德勒的期望非常高。

費德勒啟程離開杜拜前幾個小時，納達爾在墨西哥公開賽打了首戰，以六比四和六比三擊敗大茲韋列夫。這是他繼澳網決賽後的第一場球賽，發揮出良好的水準，身體耗損低，但右膝纏上繃帶，引發各界擔憂。

膝傷問題是某場賽前訓練產生的。當時納達爾察覺右膝髕骨韌帶的位置有些不對勁。打從他成為職業選手以來，過去該部位就受傷過好幾次。

納達爾的兩位教練莫亞和羅伊格也一起來到墨西哥，此時連忙趕來他身旁。納達爾立刻停止練球，檢查膝蓋，做了好幾個不同的動作，同時用右手觸摸關節處，莫亞則用網球拍框指著那一區。

納達爾顯然非常擔心，從他面無血色的表情就看得出來。

納達爾二〇一七年唯一的願望就是保持健康，不出毛病，其他別無所求。他的職業生涯深受傷勢影響，近兩年因這些身體上的問題受盡折磨，只祈求新的一年能夠無病無痛，希望疼痛不會制約他打球時的表現。

三月，賽季剛開打不久，膝蓋發出的警訊令納達爾直冒冷汗，一度想像自己又要經歷苦難，而且這回可能捱不住了。

納達爾與膝傷搏鬥，纏上繃帶，為的是做好保護措施，而不是因為他痛得受不了。他在墨網十六強賽擊退洛倫齊（Paolo Lorenzi），比分六比一和六比一，接著以七比六和六比三戰勝日籍選手西岡良仁。與西岡良仁交手時，納達爾已拆下右膝上的綳帶，戰勝頭幾輪比賽時害怕自己會受傷的那份恐懼感。

三月三日星期五，晉級準決賽後，納達爾在去記者會途中搞丟選手證。雖然幾分鐘後證件出現在他的球袋旁，問題也解決了，但這個小插曲可不是什麼新鮮事，反映出他糊塗的個性一直沒改變過。

納達爾天生粗心大意，總是丟三落四。

二〇〇五年，納達爾擊敗同胞蒙塔涅斯（Albert Montañés），贏下他生涯首座墨西哥公開賽冠軍。賽後他火速離開下榻的費爾蒙酒店，搭計程車前往機場趕飛機。羅伊格陪同他一起過去，兩人不斷催促司機加快油門，但司機也是愛莫能助，因為交通壅塞到了極點，回堵的車陣蔓延好幾公里長，計程車幾乎無法前進。

現任納達爾團隊公關經理帕列茲-巴巴迪羅，當年在職業網球協會（ATP）工作，恰好認識納達爾要在墨西哥城國際機場搭乘的那班班機機長，成功說服對方，讓所有人等待納達爾。若這件事發生在二〇一七年，帕列茲-巴巴迪羅根本無需費吹灰之力，便能讓班機延後起飛，但二〇〇五年的納達爾仍名不見經傳。儘管如此，幸好帕列茲-巴巴迪羅與那名機長相熟，才成功讓班機原地等待納達爾抵達。

正在趕路的納達爾和羅伊格對這項安排毫不知情。全程塞得水泄不通，卡在計程車內能做的實在不多。車子終於在出境區打開車門時，兩人才鬆了一口氣。

納達爾和羅伊格踉蹌下車，拿起行李，飛奔進機場，完全沒發覺納達爾幾小時前高舉的冠軍獎盃，被他們遺忘在計程車上。

墨西哥網賽金盃因造型獨特而聞名，是葫蘆造型，這種墨西哥果實的外殼從前拿來盛水用。墨網主辦單位不曉得納達爾把獎盃忘在計程車上，四年後，納達爾在《太陽先驅報》（*Herald Sun*）回答球迷提問，他是否曾在旅行途中搞丟過重要物品，這件事才傳進主辦單位耳裡。

墨西哥賽會總監蘇魯圖沙（Raúl Zurutuza）透過媒體得知此事，下令替納達爾製作復刻版獎盃。後來納達爾在馬納科島收下獎盃，終於拾回這個對他而言珍貴的東西。

二〇一七年墨網公開賽準決賽，納達爾以六比一和六比二戰勝契利奇（Marin Čilić），再次闖進決賽。這場決賽是他本賽季的第二場決賽，也是繼澳網後連續第二度問鼎冠軍。因此，納達爾有機會挽回澳網奪冠失利的遺憾，但又再一次與這機會失之交臂。

美國選手圭里（Sam Querrey）以六比三和七比六擊敗納達爾，打贏這場冠軍爭奪戰。縱使如此，全世界還是不免抱持相同的想法。

時間來到三月，二〇一七年過了兩個月，如今已經隱瞞不住：費納經典宿敵已重返網壇一線戰場，來勢洶洶，封王的決心不亞於昔日。

7 在天堂打網球

印第安泉 *Indian Wells*

今日，印第安泉大師賽是網球天堂。

也是費德勒最喜歡的賽事之一。對納達爾也是。兩人都不太記得了，但印第安泉大師賽是他們初次在網球場上碰頭的地方。二〇〇四年，費納之間還未產生所謂「宿敵」的關係，曾在一場雙打比賽交手過。納達爾與羅布雷多搭檔，以五比七、六比四和六比三擊敗了費德勒和瑞士同胞艾利格羅。印第安泉大師賽永遠能夠吹噓兩位球王是在他們這裡首次對決的，但史書並不承認這一點，因為大家都認為費納首次交鋒是在二〇〇四年的邁阿密大師賽。

加州小城印第安泉位於科切拉谷，隸屬河濱郡的一部分。最初在亞利桑那州土桑市舉辦的美國航空網球賽多次遷移比賽地點，最終在一九七六年落腳印第安泉，賽事冠上城市名，小城搖身一變成為享譽國際的網球勝地。印第安泉大師賽是網壇最知名的賽事之一，自從那年美國選手康諾斯擊敗同胞坦納後，冠軍榜上也刻上許多名將的大名，如貝克、艾柏格、庫瑞爾、娜拉提洛娃、莎莉絲、張德培、葛拉芙和山普拉斯。那是印第安泉大師賽的黃金時代。

Rafa：

冷靜點，他也是血肉之軀的平凡人，就跟我一樣。

印第安泉大師賽是每年春季北美賽季的1000分級大師賽，然而，這項賽事禁不起時間考驗，開始走下坡。相較於邁阿密大師賽，印第安泉越來越不被選手、教練和球迷重視。場地年久失修，各方面造成選手諸多不便，許多硬體設施也都過時。撇開這幾點不說，有哪項賽事比得上邁阿密大師賽？

這個情況一直到艾利森（Larry Ellison）買下經營權才有所改變。

艾利森是知名通訊業大亨，一九九七年僅出資一千四百美金，共同創立甲骨文公司。他一直以來都非常熱愛網球，很熟悉這項運動，與球員關係密切，且一心想提升印第安泉當地的經濟狀況。以上種種促使他在二〇〇九年以總價七千多萬歐元的價格，買下比賽經營權。印第安泉在美國以全國每平方公尺富翁密度最高的城市聞名，但沒有哪位富豪熱愛網球的程度比得上艾利森。

艾利森的資產估計上看五百九十三億美元，晉升近十年全世界最有權有勢的人之列。科技業中，唯有蓋茲（微軟）、貝佐斯（亞馬遜）和祖克柏（Facebook）等三人能夠自恃財力勝過艾利森。商業和金融界信任的指標《富比士》指出，艾利森的資產甚至比許多通訊業大亨高，如佩吉和布林（Google創辦人）、馬雲（阿里巴巴集團創辦人）和巴默爾（微軟公司前執行長，紐約尼克隊現任老闆）。

艾利森買下印第安泉大師賽以來，不吝於支出各項開銷，意圖將賽事再次推向地表最棒的網球巡迴賽之一。他言出必行，不出十年時間，印第安泉大師賽便重新被世人視為「第五項大滿貫」，且連續四年獲得由選手投票選出ATP世界巡迴賽年度最佳1000分級大師賽的榮譽。

除了網球，高爾夫球也是連結納達爾和艾利森的共通點。

棕櫚泉擁有全世界最有名的高爾夫球場，其中一座的主人正是艾利森。二〇一一年，艾利森斥資四千三百萬美元，買下豪豬溪高球俱樂部。根據知名雜誌《高爾夫文摘》，全加州最棒的十座高爾夫球場之一，就位於豪豬溪高球俱樂部。納達爾對那座球場再熟悉不過了。

艾利森不只在占地二百四十九英畝的土地上建了一座擁有十六間房的豪宅，另外也蓋了八棟供來賓住宿的小屋。三月，其中一間小屋以納達爾的名字預訂下來。一百名員工收到明確指示，務必讓納達爾和其團隊過得比在自己家還舒服。俱樂部小屋附有各式奢華設備，納達爾等人想吃什麼都吃得到。

但納達爾最重視的還是高爾夫，他和團員都曉得在這座球場打起球來有多麼舒適，其他賓客未必察覺得到這點。球場的每個拐彎處都有一流的園丁鉅細靡遺地養護，每一洞提供的球桿都是全新最好的牌子！俱樂部的目標是讓來到這兒打球的貴賓，可以根據自己的水準和技巧使用適合自己的球桿。納達爾的差點為二點八，相當於職業選手的水準，每次來到俱樂部球場打十八洞都打得不亦樂乎，球技一年比一年完美。

「我每次打高爾夫，要是某一洞打爛了，我甚至會捧腹大笑，但他不會。」同胞選手洛佩斯（Marc López）說，「納達爾只要失誤一次，就會開始研究現在可以打出柏蒂嗎？這球進了沙坑還救得回來嗎？我總是心想：『拜託你放輕鬆一點好嗎！』。」

納達爾透過手機上安裝的應用程式，密切關注美國高爾夫球錦標賽（PGA）的動態。他替老虎伍茲缺席賽事感到惋惜，也注意到西班牙球員拉姆（Jon Rahm）的實力大為進步，強勢勇闖高爾夫球壇。

納達爾一向認為以職業水平來說，高爾夫跟他打的網球相比，有很多較為正向的東西。在網球世界，每次踏上球場都可能會輸球，一旦落敗比賽也就結束，令人心情難受。高爾夫球賽恰好相反，就算今天打得不理想，還是有機會繼續比賽，重振旗鼓，接下來三天的比賽甚至有可能扳回一城。此外，納達爾也認為高爾夫球賽還會頒發第三名、第四名或第五名，完賽總令人感覺打了一場好比賽。網球則不，只要沒奪下冠軍盃就等於輸了，就是輸家，不管是在八強賽、準決賽還是決賽落敗，輸了就是輸了。納達爾還有一些與時間有關的想法：打高爾夫需要極高的專注力，選手每次擊球都可以花時間準備。納達爾給予這點非常正面的評價。比賽生涯一路走來，他多次遭批評花太多時間發球，因此，他喜愛在高爾夫球場揮桿沒有時間壓力的感覺。

沒錯，無論是打網球、玩印度十字戲或是打高爾夫，納達爾都一樣好勝。

「你打了幾桿？」納達爾問洛佩斯。

「柏忌。」好友回答。

「才怪，你打出雙柏忌。」他堅稱。

這段對話雖只是一則趣聞，但也說明球賽的每個細節都逃不過納達爾的眼睛。

「我是想要作弊才刻意謊報的，但這小子非常注意你的一舉一動。他什麼事情都要跟人家比，我覺得這樣很好，這才是進步的方法。所以他才什麼事都那麼成功。」洛佩斯最後說。

然而，納達爾來到印第安泉，可不只顧著打高爾夫球。

艾利森也在俱樂部建了一座紅土球場和兩座快速球場，納達爾可以在他的莊園為印第安泉網賽做準備。艾利森的家距離印第安泉網球花園只有十四公里，納達爾還是想在「家裡」練球。跟羅伊格一起來到艾利森的球場時，映入眼簾的場地和硬體設施獨一無二，簡直不像是非職業級的球場。瓶裝飲用水、法網公開賽的毛巾、防曬霜、ＯＫ繃……艾利森的網球場可謂應有盡有。

印第安泉除了單打比賽精采可期，雙打比賽也娛樂性十足。比賽為期近兩週，一流選手每場比賽之間有更多時間充分休息，還能同時參加單打和雙打比賽。增進截擊技術的同時，也挑戰拿下1000分級大師賽的雙打冠軍，何樂不為呢？

二〇〇四年首次參加印第安泉大師賽，納達爾便和羅布雷多搭檔雙打試試手氣，後來止步八強。接下來幾年他換過幾位搭檔，先後與尤茲尼（Mijaíl Yuzhny，二〇〇六年）、羅培茲（Feliciano López，二〇〇七年）和費雷爾（David Ferrer，二〇〇八年）等人合作。二〇〇九年，納達爾決定與摯友洛佩斯合作。這年兩人在卡達公開賽就嘗過勝利滋味了。

納達爾和洛佩斯第一次合體登上印第安泉的舞台，在第二輪就被布萊恩兄弟淘汰出局（當年布萊恩兄弟可是雙打世界排名第一），但他倆意識到兩人搭檔有無可限量的潛力，這個想法並沒有錯。

「多虧有你。」洛佩斯對納達爾說，「多虧有你，我才有機會經歷這一切。」

「少在那邊拍馬屁啦！」納達爾謙遜地回答，試圖輕描淡寫帶過這段令他不自在的對話。

「我一生都很順利，某種程度上也是多虧了你。」洛佩斯最後拋下這句話。

洛佩斯怎麼會覺得自己的體育生涯欠了納達爾很多人情？這份感激又是打哪來的？洛佩斯曾和格拉諾勒斯（Marcel Granollers）一起拿下二〇一二年ATP年終總決賽雙打冠軍，二〇一六年更與羅培茲搭檔奪下法網雙打金盃，同年也和納達爾合作摘下里約奧運金牌，展現過人天分，說他是西班牙網球史上最強的雙打選手之一也不為過。即便如此，他還是覺得自己欠了納達爾很大的人情？

「我曾經有一段時間差點就要放棄網球。」洛佩斯坦言，「嘗試參加單打比賽後，我差一點就可以打入世界排名前一百位，有點快打不下去了。我的排名很後面，失去繼續打網球的希望，二〇〇八年的年終排名非常糟。拉法之前總是和薩爾瓦-維達爾搭檔打雙打，但薩爾瓦-維達爾決定放棄網球，當時，他問拉法為什麼不跟我組隊。跟他聊過後，我就去參加卡達公開賽，然後我們在決賽擊敗當年世界排名第一的組合。我發現自己雙打打得還不差。當時，我繼續參加單打比賽，同時也打雙打。多虧卡達網賽的積分，我可以參加許多錦標賽，隔年跟拉法一起贏了印第安泉的雙打冠軍。我打進雙打世界排名前三十強，從此便放棄單打。要是當年薩爾瓦-維達爾繼續打球，要是我沒有和拉法搭檔雙打，我不曉得事情會變得怎麼樣。但我現在在這裡。」

二〇一〇年納達爾和洛佩斯回歸印第安泉大師賽，第一輪對上雙打界體格最健壯的雙人組，帕斯（Leander Paes）和德勞希（Lukáš Dlouhý）。他倆無所畏懼，在決勝超級搶七局克服困境，以十比六取勝。第二輪對上費利西亞諾和沃達斯科雙人組的比賽也贏得不容易，但納達爾和洛佩斯默默地證明兩人在球場外的默契，讓他們在球場上的配合也天衣無縫。幾天後，兩人對上當時雙打最強的內斯特（Daniel Nestor）和施蒙積（Nenad Zimonjić）。比賽結果令他們藏不住笑容，這場勝利意謂著：他倆成為印第安泉雙打冠軍了！納達爾當年的個人封王紀錄已是輝煌得令人稱羨，看見摯友拿下職業生涯最重要的冠軍頭銜，他享受這一刻的方式也很特別。對納達爾而言，高舉冠軍獎盃一直都很特別（而且還是1000分級大師賽的金盃！），但看見洛佩斯喜不自勝的表情才是真正的無價之寶。

二〇一二年，納達爾與洛佩斯的戰友之情變得更為緊密，與印第安泉的緣分也更加深厚。兩人征戰雙打比賽，在決賽擊敗大砲組合伊斯納和圭里，再次奪冠。

不過，二〇一一年的印第安泉發生了什麼事？他倆沒能摘下桂冠。為什麼洛佩斯對比賽的記憶如此清楚鮮明？那年是洛佩斯第一次在球場上與費德勒四目相接。

當時納達爾和費德勒已交手過二十二次，而且多是在大滿貫、1000分級大師賽或ATP年終總決賽等賽事的決賽。然而，在洛佩斯眼裡，兩位球王場上相遇的畫面令人肅然起敬。費德勒在印第安泉的雙打從沒抱走過冠軍，但他的戰績上已有八次男子雙打冠軍。費納在二〇〇四年的雙打比賽已交手過，但當年納達爾還是無名小卒，那場比賽因此沒有成為鎂光燈的焦點，沒有被媒體放大檢視。二〇一一年的這場比賽將決定哪組人馬得以勝出，挺進年度第一場1000分級大師賽的雙打決賽，氣氛截然不同。

時隔七年，但那天的每分每秒、種種思緒，洛佩斯仍歷歷在目。習慣與納達爾一起享受人生和網球的他，明明也是無比尊敬崇拜費德勒，無法理解面對他的壓迫感怎麼會那麼重。「拉法跟我說：『冷靜點，他也是血肉之軀的平凡人，就跟我一樣』。」洛佩斯既懷念又羞赧地回憶當年。

那場比賽兩方人馬勢均力敵，但洛佩斯記得比賽的氣氛緊張得不得了。

「我們一如往常地迎戰，但那場比賽特別是場硬仗。費德勒和瓦林卡在二〇〇八年曾贏下北京奧運雙打金牌，此外，全世界引頸期盼費德勒大戰拉法。參加這場比賽的有他倆，還有瓦林卡，我不禁自忖：『我跑來這裡做什麼？』比賽開局時，我非常畏懼費德勒。我在電視上看過他發球，我知道我的發球會被他回擊……二〇一一年，我的雙打打得很好，但經驗不如現在豐富。我當時非常緊張，不太能享受比賽。最後我們被他們擊敗了。」

幾年後，二〇一五年的印第安泉又將納達爾和洛佩斯湊在雙打場上，但兩人這回不是搭檔，而是對手。三年前洛佩斯開始與格拉諾勒斯搭檔參賽，戰果豐碩，兩人二〇一二年以前八強雙打組合之姿進攻ATP年終總決賽，一起在O2體育館勇奪雙打冠軍，聲名大噪。馬克・洛佩斯和馬塞爾・格拉諾勒斯被世人稱為「M&M拍檔」，晉升網壇新「大師」，征服球迷的心。

「我倆誰也不想輸給對方，那傢伙使出渾身解數，要是他輸了那場比賽，我現在一定還會拿出來酸他。」洛佩斯邊笑邊回憶。

納達爾完全清楚，要是他那場比賽敗給洛佩斯，可是會被人冷嘲熱諷好幾年。他身上的好勝基因不允許犯下敗給好友這種失誤。這場比賽非贏不可，納達爾是這麼告訴他的搭檔卡雷尼奧（Pablo Carreño）。

「對上拉法時，我感覺和對上費德勒有些相似。」洛佩斯謙虛地承認，「會覺得自己差他們一截，看見他們這種強者站在眼前，感覺很震撼。」

連身為納達爾摯友的洛佩斯都有這種感覺，那其他選手面對費德勒和納達爾這種等級的網球好手時，又有什麼感覺呢？

六年後，二〇一六年夏季舉辦的里約奧運上，洛佩斯和納達爾替大會最感人的一刻留下濃墨重彩的一筆。

納達爾躺臥在球場上，像個孩子般啜泣不止，接著跪在綠色水泥地板上，仰天振臂。他先是確定洛佩斯還仰躺在地上，用他汗濕的雙手遮住淚水快要潰堤的臉，跑向洛佩斯，兩人緊緊相擁，留下歷史性的一刻。兩位好友一生相擁過無數次，但沒有一次是躺在地上，沒有一次是在贏得金牌後。西班牙舉國上下雖然常看到兩人封王，屢屢立下里程碑，這回也被他倆的真情流露征服。納達爾與洛佩斯一同實現了新的夢想，用新的戰績證明兩人的友誼牢不可破，感情好得不得了。這段友情的歷史由兩人熱愛的網球鑄造而成，無法動搖。

納達爾和洛佩斯相擁的畫面，也讓成千上萬熱愛網球的球迷回想起二〇〇八年的北京奧運會。當年也上演過同樣令人動容的場景，只不過主角來自不同國家。

八年前，費德勒和瓦林卡身穿類似納達爾與洛佩斯在里約奧運的紅色球衣，強勢進軍北京奧運雙打決賽，與瑞典雙人組阿斯博林（Simon Aspelin）和約翰森（Thomas Johansson）角逐金牌。費德勒和瓦林卡連下兩盤，但第三盤被對手拿下，戰局緊張白熱化[5]。費德勒備感壓力，他想贏下這面金牌，為國爭光，也想為自己的獎盃櫃添上一筆戰績。他什麼比賽都贏過了，只差法網金盃和一面奧運金牌。他的心跳越來越快，幾乎無法控制。因此，最後以一記強力發球結束這場比賽時，費德勒的身體有如彈簧跳到半空中，高度之高都可以參加跳高比賽了。他擁抱瓦林卡，兩人在場上亂蹦亂跳，最後相擁倒在北京國家網球中心中央球場的地板上，慶祝摘下金牌。隔天，納達爾於男子單打決賽擊敗智利選手岡薩雷斯（Fernando González）時，也是倒臥在同個位置上。

雙打比賽的確在納達爾和費德勒的職業生涯留下許多重要時刻，但二〇〇四年這場雙打的首次交火，不過替這段印第安泉交戰史寫下序章罷了，往後兩人將在此地多次交手，譜寫更多歷史。二〇一二年，費德勒先是在準決賽擊敗納達爾，最終打贏決賽，在科切拉谷高舉他的第四座印第安泉金盃。而二〇一三年，納達爾於八強賽擊倒費德勒，之後更於決賽勝出，第三度封王。

二〇一七年，歷史改寫。再一次。

5　編按：2008年北京奧運男子網球雙打，初賽到四強以三盤分勝負，決賽才以五盤分高下。2012年倫敦奧運這屆開始，男子網球雙打所有比賽皆採三盤兩勝制。

二〇一七年的澳網除了結局經典，也終結了費納兩人為期一年多的無直接交手紀錄。印第安泉則成了兩位球王相遇的第二項年度賽事。納達爾巡迴澳洲時耗費了許多精力，身體不堪負荷，二月份宣布退出鹿特丹公開賽，如今剛打完墨西哥公開賽，從阿卡普科來到加州。費德勒雖然還走不出杜拜網賽落敗的陰影，但依舊認真替爭奪網壇「陽光雙冠」——三月份舉辦的印第安泉大師賽和邁阿密大師賽——佳績做準備。

費德勒雖然在澳網封王，但僅以大會第九種子回歸印第安泉，納達爾則是第五種子。身為費德勒好友的印第安泉新任總監哈斯（Tommy Haas）祈禱千百萬遍，祈求費納兩人若一路順利過關斬將，可千萬不要在決賽前碰頭。然而抽籤變幻莫測，兩人可能會提早在十六強賽交手。

納達爾在第一輪和第二輪接連戰勝佩拉（Guido Pella）和沃達斯科。他在心中回顧澳網決賽發生的事，試著研究辦法，找出費德勒的弱點。而費德勒對上納達爾前，先後擊敗斯羅伯特（Stéphane Robert）和約翰遜（Steve Johnson），兩場比賽一盤未失。網壇對費納的第三十六度宿敵對決抱有超高期待，但這場比賽完全不像先前的澳網決賽，一點都不波瀾壯闊，而是依照費德勒精心策畫的劇情發展。納達爾總是穿著自信和勇氣的甲冑應戰，但費德勒技藝高超，劍劍刺在他身上，隨著比賽一局一局過去，納達爾贏球的機會逐漸瓦解。納達爾沒把握住他擁有的唯一一個破發點，面對占盡上風的對手，只能俯首稱臣。最終費德勒只花了六十八分鐘，以六比二和六比三擊潰納達爾。納達爾輸得心甘情願，謙卑地接受比賽結果。

「我認為拉法在場上的動作有問題，比平常稍微慢了一些。他大概永遠不會告訴我們為什麼，但我認為他發生了什麼事。」賽後費德勒承認。

納達爾與托米奇（Bernard Tomic）搭檔的雙打冒險也玩完了，代表他得向印第安泉道別。再見了，高爾夫球場。再見了，沙漠中的極樂綠洲。再見了，艾利森，以及他熱情好客的豪宅。再見了，羅傑。或者應該說，後會有期。

戰勝納達爾令費德勒受到鼓舞，基瑞爾斯在八強棄賽也讓他喘了一口氣。準決賽上，費德勒把索克逼得走投無路，最終站上決賽舞台，與好友瓦林卡爭奪冠軍頭銜。

費德勒和瓦林卡都是來自瑞士，兩人的搭檔關係有些摩擦（主要是因為媒體過度渲染的關係），但一直以來無論在場內場外，都是真誠、戰友情誼和友情的典範。兩人的搭檔關係在二○○八年北京奧運打下基礎，二○一四年決定合力出戰台維斯盃，關係也變得更加緊密。若不是這兩位國家史上一流的男子網球選手同心協力，瑞士根本不可能贏得總冠軍。冠軍賽上，瓦林卡與費德勒對上法國隊的加斯凱和貝內托，打了一場完美的雙打比賽，大獲全勝，替那個週末劃下句點，再次為國爭光，實至名歸地將「沙拉盤」獻給瑞士。鮮少有機會見到費德勒贏得比賽後倒臥在地上，但十一月二十三日那天，費德勒掩面趴在里爾的紅土球場上。近幾年紅土球場讓費德勒吃了那麼多苦，這回終於讓他嘗到無盡的喜悅。擁抱瓦林卡和其他隊友時，費德勒的淚水奪眶而出，在心中思量方才打下的戰果：全國人口不到八百萬人的小國瑞士，已搖身一變成為網球世界第一強國。

無論在奧運或台維斯盃，費德勒和瓦林卡都是平起平坐的隊友。但需要在球場一決高下時，可就不是這麼一回事。兩人曾二十二度交手，也建立起宿敵關係，但瓦林卡只戰勝過費德勒三次，而且都是在紅土球場贏的。儘管兩人在比賽中展現的實力不分軒輊，比方二〇一七年的澳網準決賽（費德勒花了五盤才戰勝他），但勝負數字讓兩人的宿敵關係越來越沒有分量。二〇一七年的印第安泉決賽，統計數據又再次證明預期的結果，費德勒最終以六比四和七比五擊敗瓦林卡，拿下兩人交戰史上第二十勝。在頒獎典禮上致詞時，費德勒對亦敵亦友的瓦林卡說了幾句鼓勵的話，並感謝艾利森和哈斯：「我已迫不及待再回來參加明年的比賽了，想看看印第安泉大師賽哪裡又變得更棒了。」

費德勒在印第安泉又完成了一件出色的大事。二〇一七年到目前為止，他參加了三項錦標賽，已抱得兩座冠軍，接著啟程前往邁阿密。

他已經開始想念印第安泉了，網球的天堂。

8 一切開始之地

邁阿密 *Miami*

納達爾和費德勒剛打完過去稱為印第安泉大師賽的法國巴黎銀行公開賽，分別從加州科切拉谷出發，抵達歷史悠久的威爾科克斯航空站（現今的邁阿密國際機場）。賽季才開跑不到三個月，兩人的成績極其優異，但納達爾（世界排名第五）和費德勒（世界排名第十）仍來不及打進世界排名前四位。若兩人的排名都在世界前四，至少到準決賽之前都一定不會碰頭。但印第安泉大師賽的抽籤結果變換莫測，偏偏讓兩人在十六強賽交手。這是費納第三十六度對決，費德勒只花了不到六十七分鐘，就以六比二和六比三擊潰納達爾。這不是兩人交戰史上最刻苦銘心的比賽，但無疑大大提振了費德勒的士氣，使他接下來在準決賽擊敗索克，並於決賽戰勝瓦林卡，奪下生涯第二十六座1000分級大師賽冠軍。

下一站：邁阿密。

一切都是從這裡開始的。或者幾乎一切。

網球巡迴賽在全球各地舉辦，選手四處征戰，這站剛比完，緊接著又要去隔壁的城市參

Roger：

他的攻勢非常凌厲，我跟不上他的節奏。他不只會打力道強勁的平擊，也加入許多旋轉效果，讓球彈得很高，很難對付。我盡力了，但心有餘而力不足。他的擊球簡直不可思議。

賽。而每年在邁阿密的巡迴站總是與眾不同，有許多選手必訪的行程，像是到下城區中心、小哈瓦那和南灘散散步，或是順便參觀溫伍德牆，與塗鴉牆拍照。邁阿密堪稱全球最大的休閒娛樂之都，世界排名名列前茅的選手每年都有機會來到這裡享受城市風情。

比方現場觀看NBA球賽的機會就很難得（辛辛那提大師賽和美國網球公開賽比賽期間，NBA賽事剛好「放假」），而美國航空球場宏偉奢華，可容納超過兩萬名觀眾，因此每當主場的邁阿密熱火隊登上鑲木地板比賽時，許多網球選手會把握機會到場享受精采的球賽。

在納達爾和費德勒眼裡，邁阿密不光是賽季巡迴站這麼簡單。一切都是從這座城市開始的。他倆傳奇性的宿敵關係就是在這裡開始建立的。

二〇〇四年那個炎熱的三月已是十三年前的往事，但費德勒和納達爾至今仍無法忘懷。怎麼可能從記憶中抹除！

二〇〇四年非常特別，不僅是他倆首次在單打比賽交手，當年的時空背景也叫人難忘。西班牙民主轉型以來第九次大選的三天前，馬德里發生慘絕人寰的三一一連環爆炸案，重重傷了西班牙人民的心。聖戰組織的恐怖份子在馬德里近郊鐵路的四列列車上引爆炸彈，奪走一百九十一條人命。人民傷心難過，舉國哀悼，更多的是不理解為什麼會發生這種事。一整年大部分時間都在海外比賽的納達爾，總是非常關注西班牙國內的政治社會文化時事，這起西班牙史上最殘忍的事件之一也引起他的關心。

而在瑞士，戴斯（Joseph Deiss）當選聯邦主席的同時，瑞士全國正沉浸在熱諾利耶（佛德州）最傑出的國民彼得•尤斯汀諾夫（Peter Ustinov）逝世的悲傷中。尤斯汀諾夫雖出生於倫敦，在電影《暴君焚城錄》和《萬夫莫敵》中演技精湛，生涯曾榮獲兩座奧斯卡小金人、一座艾美獎和一座金球獎，傑出表現讓瑞士人民視如己出。尤斯汀諾夫在《暴君焚城錄》中飾演尼祿，一時心血來潮想譜一首曲子未成，竟為了取材下令放火燒掉羅馬城。尤斯汀諾夫的暴君形象家喻戶曉，成為影史上傳奇的一頁。費德勒也對瑞士國內發生的一切大小事特別敏感。當時他沒料到自己的名字會與十七世紀巴洛克建築師博羅米尼、建築大師柯比意、攝影大師羅伯特‧法蘭克和心理學家榮格等人一起收錄進史書，沒想到自己會被視為瑞士史上最傑出的人物之一。

鏡頭轉到美國，凱瑞剛成為民主黨總統候選人，克林‧伊斯威特執導的《登峰造擊》、馬丁‧史柯西斯的《神鬼玩家》和迪士尼發行的《超人特攻隊》票房賣座。菲爾‧傑克森和柯比‧布萊恩所屬的洛杉磯湖人隊過去四年總冠軍賽戰績四勝一敗，踏著堅定的步伐前進，追求下一枚總冠軍戒指，球迷充滿期待。

當時是三月，二〇〇四年。西班牙、瑞士和美國就要匯聚在一起，引發一場結果不可逆轉的體育大爆炸。

納達爾當年年僅十七歲，在莫亞平時的教練波爾塔（Jofre Porta）的陪同下，抵達邁阿密（莫亞也隨納達爾參加這項比賽，自己當週的教練是波希〔Joan Bosch〕），準備參加他生涯第五項1000分級大師賽。當時，他的1000分級大師賽比賽經驗只累積了十場，戰績六勝四敗，二〇〇三年蒙地卡羅大師賽和二〇〇三年漢堡大師賽皆止步第三輪，想要突破這個瓶頸。一個月前於布爾諾展覽中心舉辦的台維斯盃，納達爾擊敗史坦帕尼克（Radek Štěpánek），替西班牙隊拿下第一輪淘汰賽關鍵的一分，戰勝捷克隊。儘管他比賽時低調且畢恭畢敬，但這個渾身肌肉，身穿NIKE無袖球衣的小子已引起網壇注意。

二〇〇四年儼然成了雲霄飛車，害納達爾的心情七上八下的。他微微打開記憶的門扉，喚醒一段令他懷念的過去，除了回憶起贏球的快感，也回想起負傷的不快。

「那時是二〇〇四年，我正開始進入職業網壇，對我來說是重要的一年。打完二〇〇三年的比賽後我便受傷了，二〇〇四年一開始在澳網的表現很好，覺得自己做好準備，接下來一整年都可以發揮還不錯的比賽水準。愛斯多尼公開賽上，我的舟狀骨壓力性骨折受傷，當時我還沒有打過半場紅土球場的比賽，世界排名就已經在第十七名的位置了，所以算是相當順利，年初的表現很樂觀。之後我受了傷，那年最後跟二〇〇三年一樣，排名下降到第五十名。」

納達爾在這個他所謂開季表現看好的時空背景下，飛抵邁阿密。

這時的納達爾沒有明星光環，練球或比賽時不會被鎂光燈閃得備感壓力。他看著《邁阿密先驅報》、環球電視網和世界電視台等媒體的焦點全落在費德勒、羅迪克、科里亞、阿格西和莫亞身上。這些選手當年還活躍於邁阿密大師賽上。

納達爾不必參加第一輪比賽，但首戰碰上伊凡尼塞維奇（Goran Ivanišević）。伊凡尼塞維奇是這十年間最出名的選手之一，因為肩膀開刀暫別球場兩年，這年術後復出，正走在職業生涯的最後幾個月。他曾摘下一九九二年巴塞隆納奧運會男單和男雙的銅牌。二〇〇一年，若不是溫網以外卡形式邀請伊凡尼塞維奇，否則他根本沒資格出賽，但他一路過關斬將勇奪冠軍，震撼全世界。前三次打進溫網決賽都鎩羽而歸的他，和拉夫特（Pat Rafter）交手的決賽大大感動世人，成為運動家精神和互敬互愛的典範。

然而，一九九四年與山普拉斯爭奪世界第一的那個伊凡尼塞維奇，和在邁阿密與納達爾較量的伊凡尼塞維奇，已經不可同日而語。第一輪對上艾斯庫德的比賽（六比四、五比七、七比六）耗損了他許多精力，害他與納達爾交手時已是油盡燈枯。因此，納達爾以六比四搶下第一盤時，伊凡尼塞維奇走向球網，告訴他自己撐不下去了，決定棄賽。納達爾晉級下一輪。四個月後，伊凡尼塞維奇在溫網第三輪的比賽不敵休伊特，隨後正式退役。

二〇〇四年邁阿密大師賽，前三十二名種子選手可以直接晉級第二輪。因此納達爾只打了一盤比賽，在場上只花了三十六分鐘，就準備角逐晉級十六強的門票。

就這樣，納達爾的職業生涯才剛起步，就準備與費德勒第一次一較高下。當時費德勒世界排名第一，最近一屆的溫網、ATP年終總決賽和澳網等三項賽事皆封王，上星期才在印第安泉接連擊敗帕維爾（Andrei Pavel，六比一和六比一）、岡薩雷斯（六比三和六比二）、費許（Mardy Fish，六比四和六比一）、切拉（Juan Ignacio Chela，六比二和六比一），並於決賽戰勝韓曼（Tim Henman，六比三和六比三），一路過關斬將輕鬆寫意，幾近羞辱對手的地步，替他的網球霸業再添佳績，唯有準決賽對上阿格西時幾度陷入困境，最終逆轉獲勝（四比六、六比四和六比四）。

費德勒無疑是最被看好有機會在比斯坎島岸邊封王的選手，但他在邁阿密首戰對上達維登科（Nikolay Davydenko）的那場比賽雖然獲勝（六比二、三比六和七比五），但過程苦不堪言，差點就提早淘汰。

ATP球王即將面對的下一個挑戰，是個身穿無袖球衣的左撇子年輕小夥子。費德勒還記得那個年輕有衝勁的納達爾的什麼？他眼中的納達爾是位靦腆，但畢恭畢敬、和藹可親的選手，無論他提出什麼想法或提議，納達爾都一概同意。納達爾身上見不到一絲漫不經心或高傲的姿態，總是專心聆聽，默默學習，知道自己是剛踏入網壇的菜鳥，該吸收資深選手的知識和經驗。費德勒就是欣賞他這點。有些年輕選手（也許費德勒自己過去可能有時候也是）年紀輕輕贏下珍貴勝利，便會擺出傲慢自負的態度。但納達爾不會。

費德勒當時還不曉得的是，在球場外的納達爾個性親切謙遜，很明顯看得出來沒自信，並不代表他上了場發揮不出強大的球技、如電光般的速度和堅不可摧的意志力。

托尼叔叔這次沒有陪納達爾一起來邁阿密參賽，上場前還是打了通電話給他。叔叔的忠告、加油的簡訊和意見對納達爾是萬無一失的羅盤，無論在個人層面或是職業生涯都指引他成長茁壯。

納達爾只花了一小時又十分鐘，便以六比三和六比三擊敗費德勒，生涯首度戰勝世界第一的選手。費德勒第一盤一開始便破發，第二盤局數二比三時再度破發成功，本足以拿下這場對決，但納達爾頻頻打出強勁的發球和抽球，就是不肯乖乖認輸。參加邁阿密大師賽前，費德勒最近的二十九場比賽只輸過一場，但那天的表現可用黯然失色來形容。「我曉得重點在於不要放任他引導比賽走向。若讓他稱心如意，他會以六比一、六比一或六比一、六比二打敗你，今年他的比賽都是這樣，網球史上從未發生過這種事。所以我從第一局開始便知道自己必須在對抽時壓過他，阻止他引導局勢。」納達爾賽後馬上接受採訪，如此告訴在場瞠目結舌的記者群。

納達爾這場比賽打得無所畏懼，堅決果斷，發球無懈可擊。「我的表現幾近完美，因為比賽時我徹底投入在球場上，來回對抽時的節奏在我的掌控之中，對他施加壓力，讓他無法引導比賽走向。我今天發球發得好極了，也許這輩子從來沒發得這麼好過，這也是這場比賽真正的關鍵。」獲勝後，納達爾分析幾分鐘前的球賽。記者接二連三地發問，他以仍不甚完美的英語表達贏球的喜悅，以及對對手的無比謙恭與尊敬。

納達爾在這場穩固的勝利背後，悄悄在心裡模擬了一場充滿無限恐懼的會外賽。與費德勒比賽前夕，納達爾十分擔憂，覺得費德勒會以六比一和六比一或者六比一和六比二擊敗他。然而，他一心想擊倒世界第一球王，激昂的鬥志戰勝了他的憂慮，最終懷著正向的態度登場比賽。他從來沒抱著只嘗試贏個兩三局的心態面對這場對決。

然而，納達爾不只贏了兩三局比賽，而是十二局。一個選手沒兩把刷子想見報絕非易事，但十二局這個數字足以讓納達爾隔天獨占邁阿密各大體育媒體頭條新聞。納達爾感覺自己打了這輩子最棒的比賽之一，但同時他謙卑的個性也讓他意識到對手並沒有發揮出最佳水準。對上費德勒這種等級的頂尖選手，機會來了就要好好把握，而納達爾也確實把握住了。因此，他的喜悅難以言喻。

費德勒是當年網壇最令人聞風喪膽的選手，但那個三月二十八日，他遇上了一個不知恐懼為何物的小夥子。這個年輕人曉得只要拿出所有本事，沒有他打不贏的對手。在網球這項運動，能夠碰上可敬的對手，是最珍貴的事。費德勒眼睜睜看著自己的十二連勝紀錄中斷，不假遲疑立刻讚美這位年輕對手的球技。

「他的攻勢非常凌厲，我跟不上他的節奏。他不只會打力道強勁的平擊，也加入許多旋轉效果，讓球彈得很高，很難對付。我盡力了，但心有餘而力不足。他的擊球簡直不可思議。」

納達爾已經引起西班牙媒體的注意，但他個人的形象和球技在美國仍不太有名氣。因此，在邁阿密現場的記者請他介紹自己。那天，年僅十七歲的納達爾這麼定義自己，也成為他往後人生的選手介紹：「比賽打得好時，我的攻擊性很強，正手威力驚人，在場上鬥志高昂。」任何以納達爾的比賽作為主題的博士論文或賽後深度分析，都可以把這短短四句話的描述拿來當作摘要。納達爾的這段聲明以「比賽打得好時」這個假設起頭，而根據他無可辯駁的好成績得到的結論，可以回頭驗證這個假設。「攻擊性」和「鬥志」可以總結納達爾的球風和應戰方式。網球，就蘊含在納達爾的DNA裡。

時間一年一年過去，這段預告性的描述也越來越令人震驚。納達爾生涯早年被貼上「紅土型選手」的標籤，非要等到他在溫網、澳網和美網封王，才還他公道，他在速度較快的場地上的表現才受到認可。職業網球之路初期，納達爾便很清楚未來不論遇到哪種場地、哪個對手、傷勢和難關，都無法阻礙他追求目標。

「的確，今年賽季我信心滿滿，知道自己能在這種水準的賽事比賽，知道自己是一流選手。去年我贏球贏得很辛苦，今年也一樣，但我也接連獲勝，因為我的球技提升了，也因為我確信自己是頂尖選手。」納達爾當時根本尚未在世界網壇的大舞台上磨練多久，便如此斷言。「是啊，我只參加過溫網，而且只打進第三輪。還有美網，只晉級第二輪，還有之後的澳網，休伊特花了三盤就擊敗我了。我只差法網還沒參加過，就可以四大滿貫到此一遊了。那裡可就不一樣，因為是紅土球場。不過，就體能來說，我並不弱。」納達爾最後說。

納達爾最後這幾句話，今日任誰聽了都會垂頭喪氣。體能弱？納達爾？有誰指責他體能不夠強？他為什麼會假定自己體能弱，再說出那些話替自己辯護？二〇〇四年三月二十八日那天，他的那句話沒人當做一回事。接下來的十五年間，若誰指責納達爾體能不夠強，就等於批評塞萬提斯的《唐吉訶德》寫得不夠好，或批評麥可·喬丹在重要時刻不夠果斷，簡直就是不折不扣的褻瀆。不過，納達爾才剛打敗費德勒，重要的是他贏得的成就和展現出的堅韌意志，而不是需要改進的弱點。那天晚上，納達爾無疑是邁阿密大師賽的主角。

「這項成績會被全世界看見。你覺得今晚你的電話會被祝賀的來電和訊息打爆嗎？」一名記者問他。

「不會吧，西班牙現在才凌晨四點，大家都還在睡覺。明天報紙也還不會刊出這條新聞。不過也是有可能，也許這消息已經在網路和電傳文訊上傳開了……這樣的話就會開始有人打給我。」

電傳文訊是可以透過電視查詢的免費訊息系統，八〇年代末期成為觀眾第一手的資訊來源，家家戶戶都開始負擔得起網路後，才逐漸沒落。納達爾說得一點也沒錯，他贏球的消息的確出現在電傳文訊上，但延誤了非常久才刊登出來。電傳文訊和《世界報》網站等數位媒體一樣，非要拖到賽後近二十五小時後，才刊登各家通訊社發來的新聞。而在綜合報紙上，納達爾戰勝費德勒則成了當日最重大的新聞之一。「納達爾年僅十七歲，同年齡的朋友收集知名選手的球員卡和簽名，他則寧可擊敗自己的偶像，收集聲名遠播的勝利。」佩雷茲（Domingo Pérez）撰寫的報導開頭如此寫道，洋洋灑灑地占了《阿貝賽報》三欄版面。沒錯，他贏球的消息是上報了，刊登於三十日的報紙上，整整晚了一天半。

「戰勝費德勒那次？」時隔近十三年，納達爾回憶那個無比特別的日子，「那是我生涯的第一場大勝利，是一段美好的回憶。當時沒有人看好我會贏球，也沒有人料到我倆往後會共同譜寫如此精采的歷史。那場勝利是一段時代的開端，我想那時代會長存於網球史的回憶中，希望也對所有運動的歷史有所意義。」

當年費德勒才二十二歲，不到一個月前已爬上世界排名的頂端，但這會兒遇到他的剋星。這人將成為他生涯中最令他傷腦筋的對手，一生最重大的比賽都將與他相遇。二〇〇四年邁阿密大師賽就像是網球史上最重要且記載了最多大事的史書之一，費納兩人在不知情的狀況下，已在克蘭登公園網球中心寫下後記。

一年後，歷史重演。

邁阿密，二〇〇五年。同樣的舞台，同樣的敵手。

不同輪比賽。

過去十二個月，費德勒征服溫網和美網，替自己增加了兩座大滿貫金盃，並贏得第二座ATP年終總決賽冠軍，有幸穩坐世界第一寶座。卡達公開賽、杜拜錦標賽、漢堡大師賽、哈雷公開賽、瑞士格施塔德公開賽、加拿大大師賽和泰國公開賽也見證了他無可辯駁的網球霸業。還有他上一項征服的賽事，印第安泉大師賽。邁阿密大師賽開打前幾天，費德勒就跟前一年一樣，攻下印第安泉大師賽的城池。

二〇〇五年歷史重演，但費德勒身上看不見疲勞或身體耗損的跡象，輕易突破好幾輪，彷彿這些比賽跟紙糊的牆壁沒兩樣，不堪他一擊，羅庫斯、薩巴萊塔、安契奇和韓曼等人皆成了他的手下敗將。就連阿格西也不是費德勒的對手，準決賽時被費德勒直落兩盤擊敗。但費德勒並不自在，心思紊亂，偷偷觀察去年終結他的劊子手在籤表的另一區接連戰勝舒特勒、沃達斯科、留比契奇、約翰森和費雷爾，一路晉級決賽，中途只輸了一盤。

費德勒知道，雖然過去十二個月納達爾的排名沒什麼改變（只上升五個名次），他的成熟、球風和體能已是不折不扣的定時炸彈。首次與費德勒對決後，納達爾也打敗過留比契奇、卡尼亞斯、切拉和尤茲尼等網壇最具份量的選手，二〇〇四年在波蘭索波特公開賽拿下生涯第一座ATP巡迴賽冠軍，引起矚目，二〇〇五年巴西公開賽和墨西哥公開賽的亮眼成績也是有目共睹，二〇〇四年台維斯盃為了西班牙隊兩肋插刀的英雄形象更是眾所皆知。那年十二月台維斯盃的決賽在西班牙塞維亞舉辦，納達爾在星期五的第二場比賽上擊敗世界排名第二的羅迪克（隊長阿雷斯豪賭了一把，徵召納達爾代替費雷羅出戰），助西班牙隊擊敗美國隊，拿下總冠軍。這場勝利令他一夕之間聲名大噪，以一位人生才剛起步的選手來說，他的名聲和威望還真是高得不相稱。這一切費德勒全看在眼裡。

二〇〇五年邁阿密決賽開打，費納勁敵交戰史的第二章也拉開序幕。但這回事情變得不一樣，現在費德勒認識納達爾，心中已有盤算。

費德勒的狀態好得不得了，但他曉得自己得發動更猛烈的攻勢，心中已擬定好策略，要讓納達爾打不出上旋球，讓他無法對正手球施加旋轉力。費德勒知道控制納達爾的上旋球極為重要，有信心自己的實戰經驗會在這場五盤三勝制的比賽帶給他優勢。當年十八歲的納達爾成了邁阿密大師賽史上最年輕打進決賽的選手，而二〇〇五年四月三日星期日這天，他力爭成為第一位登上該賽事冠軍寶座的西班牙選手。一九九七年布魯格拉（Sergi Bruguera）不敵穆斯特（Thomas Muster），二〇〇三年莫亞也敗給了阿格西，兩人皆與這項網壇知名賽事的金盃錯身而過。

而他，納達爾，闖進決賽，準備好要不屈不撓再下一城，延續他在巴西和墨西哥封王時打下的十五連勝紀錄。「我在南美洲的比賽表現非常好，我想贏下這幾場巡迴賽令我信心大增。」納達爾回憶，「而我在邁阿密首戰的對手是舒特勒，老實說還真有些緊張。第二場對上沃達斯科的比賽一點都不容易，因為他前一場表現亮眼，重挫羅迪克。對上費雷爾時我沒有發揮出最佳水準，但我認為對上留比契奇和約翰森時我倒是打得不錯。我只是嘗試發揮最佳實力，每場比賽都盡全力拚鬥。我很滿意自己的表現，而且一天打得比一天好。」

決賽前的賽前訪問上，媒體採訪廳發生令人爆笑的狀況。一名記者詢問納達爾會不會回想起去年跟費德勒對決的那場比賽。

「我想每場比賽都不一樣。今年是不同的一年。現在我十九歲了……」納達爾說道。

「十九？你才十八歲吧！」記者回答他。所有人哄堂大笑。

納達爾說錯了，也許是因為緊張，或是因為說英語的關係才一時口誤，但他也笑個不停，承認自己搞錯了，前一年在邁阿密對決費德勒時自己的確才十七歲。他繼續回答媒體的提問：

「許多選手對上費德勒時，上場都會害怕。」記者對他說。

「這很正常吧？費德勒戰無不勝。希望明天他不要發揮出最佳表現，如果他打得不是非常非常好，而我又拿出最佳實力，我想我有機會贏他。去年的比賽我發揮了生涯以來最佳水準，但他沒有。費德勒是世界第一，打得好，就一定會贏。」

儘管納達爾這個名字在全球越來越有名，仍有人為他的穿衣美學感到詫異。

「你穿的到底是什麼褲子啊？是過膝褲[6]嗎？」

6　作註：過膝褲是一種長度超過膝蓋的褲子，50和60年代風行於美國。歌手卡爾．帕金斯1958年甚至寫了一首〈粉紅過膝褲〉（Pink Pedal Pusher）向這種褲子致敬。

「我喜歡這種褲子，很舒服，穿起來很棒。我一整年都會穿它上場比賽。」

「你怎麼叫這種褲子？」

「海盜褲。」

這條海盜褲又一次闖入邁阿密大師賽的中央球場，與力求一雪前恥的費德勒較量。宿敵關係才剛開始不到一年，兩人就已經在爭奪冠軍了。

大敵手總是會在大比賽上碰頭。費納第二次在邁阿密交手就是在決賽上對決。這場比賽兩人旗鼓相當，但最終結果出乎許多人意料。納達爾以六比二和七比二連贏兩盤，第三盤也主宰局勢，比數來到四比一，再拿下兩局便可抱走冠軍。反觀費德勒，簡直就像是必須登上聖母峰，才有機會高舉金盃。然而，來自巴塞爾的費德勒熱愛山脈，非常熟悉瑞士阿爾卑斯山周圍的登山路徑，他套上冰爪，用力握緊冰斧，開始急起直追。比斯坎島至今還記得他那天反敗為勝的那一幕。

這條艱辛的逆轉之路上發生了一件意想不到的事。第三盤，一切好似無力回天之際，費德勒將比分拉至四比四平手。他想再次破發，然後發球拿下這盤，但隨後一球簡單的扣殺超出底線，拿下這場勝利的機會也隨之灰飛煙滅。費德勒咒罵了一聲，情緒快要失控，把威爾勝網球拍猛力扔到場中央。當年邁阿密的中央球場場內場外都是深綠色，瀰漫著費德勒的緊張心情。「費德勒把球拍摔壞了，他居然會把球拍扔出去，真是令人驚訝，但他這個舉動看得出來他很挫敗，讓人覺得自己距離勝利又更近了。」納達爾在賽後記者會上說道。

但事情並非如此，納達爾並沒有獲勝。費德勒看見米爾卡露出體諒又緊張的眼神，按捺住心中剛燃起的怒火，用白色護腕擦拭汗水。費德勒的舉手投足一向優雅，是個身材結實的衣架子，這週穿著一件寬鬆的黑袖紅衫上場比賽。他克制住想大發脾氣的衝動，在椅子上坐下，雙眼凝視遠方，接著回到球場上，從納達爾手中搶下搶七局的勝利，接著替納達爾上了一課，讓他知道薑還是老的辣。費德勒花了三小時又四十三分鐘完成這場絕地大反攻，最終以二比六、六比七、七比六、六比三和六比一擊敗納達爾。

費德勒獲勝後欣喜若狂，精疲力竭，告訴費南德茲（Mary Joe Fernández，前女子職業網球選手，當年負責採訪贏家）自己費了多大工夫才繼續比賽下去，並坦白告訴她原本以為這場比賽輸定了。訪問的同時納達爾正在收拾球拍，費德勒用餘光瞄了一眼納達爾，說出了一句意味深長的話。這句話造成的迴響大得超乎他的想像：「我想未來我們會常聽人提起他。」

這時上演了一幕經典場景、一個名垂青史的時刻。納達爾和費德勒椅子靠著椅子坐在一起，一面評論方才的決賽，一面等待頒獎典禮開始。一般來說，選手通常會在主審裁判椅左右兩邊各自的長凳上等候，但費納兩人的這段宿敵關係才剛萌芽，一個不嫉妒對方的天分，另一個不吃味對方奪冠。納達爾與冠軍失之交臂（只差兩分！），肯定痛心不已，但與當時世界最強的選手交流意見時，他並沒有感到不自在，反倒是露出誠摯謙遜的笑容。

「我對自己的表現很滿意。我進步很多，覺得自己當前的表現非常好。但今天我連贏二盤還四比一領先，第三盤四比一吔。四比三時我以〇比三十落後，費德勒一個正手球出界，但主審判他得分。搶七局比分五比三時，他有一記正手球不偏不倚壓在線上。難怪他是世界第一，對吧？他贏了這場比賽，我滿意自己的表現，但最後的結果讓我開心不起來。」

要是1000分級大師賽的決賽都維持五盤三勝制[7]，納達爾和費德勒兩人的宿敵關係會變成怎麼樣？兩人每次在決賽上碰頭、每次爭奪冠軍，對決時間都會拉得更長嗎？史詩般的結局那麼多，能夠被量化嗎？舉例來說，二〇一七年邁阿密大師賽的決賽會有什麼改變嗎？很難得出答案，要解開這個未知數，簡直是不可能。

可以確定的是，二〇〇四年和二〇〇五年的納達爾，與二〇一七年的納達爾不可同日而語。他改變了，變得成熟，有選手的樣子，長大成人：「拉法成長的同時也養成更加堅強的個性，開始擁有自己的意見。看著他一路成長茁壯，成為今天的冠軍球王，實在很有趣。」費德勒比較這十三年的光陰，賞識地說。

有些偶然事件必不可少。緣分讓費納兩人的人生變得錯綜複雜，充滿巧合，讓兩人在二〇一七年邁阿密大師賽進行第三十八度對決，讓兩人再次在決賽上對戰，這場比賽是納達爾和費德勒第二十三度爭奪冠軍！曾有一段時期，特別是二〇〇六至一〇年間，費德勒和納達爾每個星期天都在爭奪金盃。

宿敵關係成了一項傳統。球場上的針鋒相對成為習慣。

若說二〇〇五年邁阿密決賽的情節如史詩般驚心動魄，那二〇一七年的決賽並不是特別高潮迭起。費德勒瓦解了納達爾四個破發機會，輕鬆保發（這場比賽他的一發得分率為百分之八

7 譯註：直到2007年，1000分級大師賽的大多數決賽仍採用五盤三勝制，2008年起已全部改成三盤兩勝制的比賽。

十七）。比賽結果（六比三和六比四，歷時一小時三十五分鐘）讓費德勒摘下生涯第二十六座1000分級大師賽冠軍，與納達爾交戰紀錄來到四連勝（二〇一五年的瑞士室內網賽、二〇一七年的澳網公開賽、印第安泉大師賽和邁阿密大師賽）。兩人對決的勝負差距稍微拉近了一些。二〇一四年，納達爾戰績二十三勝，而費德勒只贏過對方十次，差距懸殊。二〇一七年邁阿密大師賽後，這紀錄改寫為二十三比十四。

數字沒那麼重要。還是說有呢？但經歷和回憶依舊比數字來得重要。二〇〇四年至二〇一七年，經歷所疊砌出來的山脈未受侵蝕，反倒增高了，高得幾乎直達天際，來到過去的體育之神居住的奧林帕斯山。費德勒和納達爾無需回首過去，他們還很年輕，還不是時候提當年勇。

宿敵關係在邁阿密這個一切開始之地延續下去。

9 沙堡

蒙地卡羅和巴塞隆納 *Monte Carlo & Barcelona*

若納達爾沒有活躍於網壇，也許費德勒早就制霸紅土，但與史上最強的紅土選手同處於同一個世代，害他收穫的冠軍數目大幅縮水。

帕列茲-巴巴迪羅是在二〇〇二年馬約卡公開賽偶然認識納達爾的。他起初並沒有規畫出席這賽事，但一連串狀況使他來到馬約卡出差。帕列茲-巴巴迪羅目前擔任納達爾團隊的公關經理，一九九六年進入ATP傳播部工作，負責的業務之一是扮演選手和記者間的橋樑。

帕列茲-巴巴迪羅在ATP的職位扶搖直上，達到和阿札尼（Nicola Arzani）平起平坐的位置。他和阿札尼成為工作搭檔，主要負責賽季中的大部分賽事。最後帕列茲-巴巴迪羅離職，留下阿札尼獨自一肩扛起這份工作。

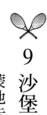

帕列茲-巴巴迪羅出生於赫雷斯，精通四國語言，程度堪比母語者，可在政治或經濟議題的辯論上面對任何對手。他的語言天賦異稟，切換語言的能力異於常人，可以從英語切到義大利語，再從義大利語切換成法語，又不失對話的脈絡。

想當然耳，這點正是帕列茲-巴巴迪羅在ATP內快速竄起的優勢。服務於ATP的那些年，他與所有西班牙和南美網球選手的關係都很好，因為大家都講相同的語言，民族性也相像。

帕列茲-巴巴迪羅與西班牙語裔的選手關係密切，本來就有機會認識納達爾，但他與拉丁裔選手的親近關係，才是加速促成他和納達爾首次見面的原因。

巴西選手庫爾頓（Gustavo Kuerten）曾在一九九七年、二〇〇〇年和二〇〇一年三度於法網封王，因臀部和背部受傷暫別了網壇一陣子，二〇〇二年春天在馬約卡公開賽復出。比賽開打前一週，恰逢蒙特梅洛一級方程式賽車大獎賽，一大票巴西記者來到巴塞隆納報導這項賽事。庫爾頓這位巴西史上最重要的網球選手的復出消息一出，大部分記者都改變原先的行程，延後返國時間，來到馬約卡島現場報導網球賽。

當然，帕列茲-巴巴迪羅也得跑一趟馬約卡，管理大批湧入的媒體。媒體接二連三取得採訪證，有意出席庫爾頓復出後的第一場記者會，花個幾分鐘跟他聊聊他是如何在上次法網封王短短一年就走出傷勢陰霾。

帕列茲-巴巴迪羅抵達馬約卡島，檢視完待辦事項後，在馬約卡的籤表上看到主辦單位以外卡形式邀請納達爾出賽。他無需查詢納達爾的資料，因為納達爾在兩個不同的場合上，早已成為人人口中的話題。

納達爾十二歲那年，剛開始打破所有青少年組賽事最年輕奪冠紀錄時，一名馬約卡記者便跟帕列茲-巴巴迪羅大力稱讚過他。

「有個馬納科的選手，將來會成為了不起的奇才。」該名記者如此告訴帕列茲-巴巴迪羅。

「是喔？」帕列茲-巴巴迪羅雖然每個月都會聽到類似的評價好幾次，這番話還是引起他的興趣。

「嗯，他的名字是拉斐爾・納達爾。他是巴塞隆納隊和馬約卡隊的足球選手米格爾・安赫爾的姪子。」記者補充說明，告訴帕列茲-巴巴迪羅更多這位前途看好的選手的資料。「你一定要持續關注他的發展，因為他將成為非常厲害的選手。」

緣，妙不可言。帕列茲-巴巴迪羅在基茨比爾公開賽遇見了安赫爾，忍不住將自己聽到年輕納達爾的事全盤托出，但安赫爾不想過度吹捧納達爾，只告訴帕列茲-巴巴迪羅他的教養很好，其餘一概隻字不提。

納達爾受邀參加馬約卡公開賽，二〇〇二年四月二十九日打了他生涯第一場ATP比賽，對手是當時世界排名第八十一位的巴拉圭選手德爾加多（Ramón Delgado）。當時納達爾十五歲九個月又二十六天，以六比四和六比四直落兩盤獲勝，就此開始累積他在職業賽事的勝利。

帕列茲-巴巴迪羅坐在看台上，發現這位身型纖瘦、皮膚如煤炭般黝黑，剪了個香菇頭，在場上以超音速移動的年輕小夥子。他常常觀看許多網球比賽，不是很容易為球員的表現感到驚訝，但他看到納達爾的第一眼就很驚豔。

納達爾當時的發球還沒練到爐火純青的地步，幾乎不靠發球就擊敗了擁有許多頂尖賽事經驗的德爾加多，輕鬆挺進第二輪比賽。

許多媒體向帕列茲-巴巴迪羅申請採訪納達爾。他早就料到會發生這種事，因為納達爾很有意思，是馬約卡島土生土長的網球奇才，當地記者當然會有興趣報導他的出身，就怕他未來哪天真的成為耀眼的球星，更何況他們已在場見證了納達爾生涯的第一個大日子。

「嘿，不好意思，我是ATP的貝尼多。」帕列茲-巴巴迪羅上前向納達爾自我介紹，跟他解釋自己負責的工作內容，「你得上記者會，很多當地媒體都想跟你聊聊。」

「什麼？」納達爾回答，彷彿有個外星人將宇宙船停在他身旁，正在用一種完全陌生的語言跟他交談。

「貝尼多，你嚇到這孩子了。」ATP執行委員會的迪帕雷摩（Giorgio Di Palermo）突然插進來說，「你不曉得他才十五歲嗎？」他笑著問。

「抱歉，抱歉。」帕列茲-巴巴迪羅連忙道歉，接著陪納達爾到採訪廳與媒體會面。

納達爾這個年紀唯命是從，不管帕列茲-巴巴迪羅說什麼，他都如實照辦。他接見記者，評價自己打贏的第一場小戰役。然而，第二輪納達爾就敗給了比利時選手羅庫斯（Olivier Rochus）。

賽事結束後，帕列茲-巴巴迪羅仍在為馬約卡島的所見所聞感到驚奇，不曉得一年後在蒙地卡羅大師賽上，這份驚訝的感覺會倍增十倍。

那時納達爾十六歲，突破會外賽，在蒙地卡羅大師賽的籤表搶下一個名額。蒙地卡羅隸屬於知名的大師系列賽，此級別現今已更名為1000分級大師賽。自從在馬約卡戰勝德爾加多後，納達爾並沒有取得其他ATP賽事的勝利，但這點並不礙著他擊倒世界排名第四十九位的庫切拉（Karol Kučera），以六比一和六比二突破蒙地卡羅大師賽的第一輪比賽。

那場比賽結束後，納達爾說的第一句話是「不可能」。他說的是下一場要對上上屆法網冠軍，西班牙選手科斯塔（Albert Costa）的比賽。ATP的工作人員也認為納達爾毫無勝算，因此二〇〇三年四月十七日星期四那天，所有人都跑去參加主辦單位每年於蒙地卡羅舉辦的晚宴，留下許多空蕩蕩的座位陪伴科斯塔和納達爾在中央球場上交手。

幾天前，帕列茲-巴巴迪羅見證了一幕適合當作茶餘飯後趣聞的場面。他去更衣室找某位選手，通知他比賽時間異動，恰好遇見了年輕稚嫩的加斯凱。加斯凱當時是放眼全世界前途最被看好的網球天才之一，正坐在角落，被許多冠軍球王圍繞，如山普拉斯和莫亞，與他們共用空間，看起來有些受不了。

帕列茲-巴巴迪羅穿過更衣室入口的門，這時納達爾突然冒了出來，從一個扶手椅跳到另一個扶手椅，蹦蹦跳跳個不停，正在開莫亞的玩笑。

在帕列茲-巴巴迪羅的家鄉安達魯西亞，常會開玩笑形容靜不下來的人屁股塞了爆竹。他看見納達爾在位子待不到一分鐘，腦裡浮現的就是這則俚語。

球場上的納達爾，時至今日，還是那個老樣子，跟從前的納達爾沒什麼兩樣。當年的他年輕氣盛，如旋風般東奔西跑，強勢進攻下一階段的比賽。

蒙地卡羅距離海邊很近，春季太陽西下後，傍晚通常冷冽刺骨。科斯塔和納達爾在第三輪比賽交手的那一天也不例外。

比賽很晚開始，兩人交戰了幾分鐘，場外裁判下令打開球場人工照明，因為場上的能見度開始變得很低。這一幕發生在蒙地卡羅大師賽還真奇怪，極少有比賽點燈進行，因為六七點鐘時一天的賽事通常早就結束了。

這場對決，科斯塔從一開始發揮他奪冠熱門的實力，率先取得三比一的優勢。他本預計打一場風平浪靜的比賽，但納達爾令他大吃一驚，急起直追，以七比五和六比三戰勝世界排名第七、大會第四種子的科斯塔。

出席ATP晚宴的賓客當時正朝著美味肉排進攻，這時有人捎來納達爾贏球的消息。他擊敗上屆法網冠軍，拿下職業生涯的第三勝，首次戰勝世界排名前十的選手。

當年還不是人手一支行動電話，因此人人口耳相傳，將比賽結果傳遍宴會廳。

「納達爾打贏科斯塔了！」帕列茲-巴巴迪羅和阿札尼的那桌傳出一聲高呼。

「最好是啦。」另一名ATP執行委員自後頭幾桌的位置回答。

「是真的，他真的贏了。」帶來比賽結果的那人堅決地說，「明天第三輪他將與科里亞一較高下。」

納達爾與蒙地卡羅大師賽的故事從擊敗科斯塔那晚開始。接下來幾年贏得的冠軍頭銜塑造出他的傳奇，但從二〇〇二年法網冠軍科斯塔手中贏下的那場比賽突顯出他有特別的本事。

時間證實了科斯塔失利後得出的結論。起初比數領先時，他堅信人們把話說得太誇張，一而再再而三地提醒他這個年輕小夥子有多危險。他的確覺得納達爾很厲害，但也沒那麼厲害。

十五分鐘後，納達爾追平比分，科斯塔這才承認這個擊敗自己的小子有朝一日將會開創新時代。

二〇一七年四月，納達爾寫下他人生故事輝煌重要的幾頁。費德勒則是宣布眾人一直懷疑的消息。他已連續征戰三個月，戰得精疲力竭，拿下澳網、印第安泉和邁阿密等賽事冠軍，此時宣布放棄歐洲紅土賽季，退出蒙地卡羅、馬德里和羅馬大師賽，但吊人胃口不直說是否會出賽法網。然而，幾個月後他還是宣布退賽了。

費德勒只公開說明了一個理由，但他不參加法網的理由其實有二：一來是讓身體好好休息，二來是因為紅土球場上的納達爾實在太強了。

可能許多人的想法恰好相反，但費德勒退役前最終將成為傑出的紅土選手。數字顯示他在紅土球場的戰績為二百一十四勝、七十八敗（勝率七十五點九），拿下的十一座金盃也替他在紅土球場的實力背書。他在紅土球場的問題是納達爾。打從二〇〇五年起，納達爾也是其他無數選手在紅土球場碰上的大麻煩。

納達爾在紅土球場上折磨過費德勒，讓他嘗過無比心痛的失利。兩人在紅土賽事的決賽交手過十三次，費德勒只在二〇〇七年漢堡公開賽和二〇〇九年馬德里大師賽擊敗過他。

費德勒屢次希望破滅，因此也不難理解他與紅土球場的關係會變得冷淡。然而，我們也要就事論事地來討論這點。

首先，紅土球場一直以來都不是費德勒喜歡的場地類型，因為完全不利他的進攻型打法，恰恰相反，紅土球場適合死守底線進行長時間對抽的選手。這種打法需要保持堅強的意志力，需要多次發揮到極限，不是每個選手都承受得住，都想這麼打。

費德勒並非如此，他完全有本事承受痛苦，但他的運氣不是很好，與納達爾在同個時期相遇。若納達爾沒有活躍於網壇，也許費德勒早就制霸紅土，但與史上最強的紅土選手同處於同一個世代，害他收穫的冠軍數目大幅縮水。

費納兩人在紅土球場一較高下時，競爭關係可以說是並不存在，但費德勒在紅土球場從納達爾手中贏下的那兩場珍貴勝利瓦解了這個結論。

二〇〇七年五月二十日，漢堡決賽上，費德勒以二比六、六比二和六比〇擊敗納達爾，中斷他在紅土球場八十一連勝紀錄。從二〇〇五年瓦倫西亞公開賽開始，納達爾就在他鍾愛的紅土球場戰無不勝，連續征服了十三項賽事，滋養著一條如怪獸般巨大的紀錄。這紀錄越長越大，最終被費德勒於漢堡公開賽中斷。

納達爾在紅土球場拿下八十一連勝，清楚表明了他是史上最強的紅土選手，從來沒人創下類似的紀錄，就連邊都沒沾上。

費德勒另一次在紅土球場戰勝納達爾，是在漢堡打贏他的兩年後。二〇〇九年馬德里大師賽決賽上，費德勒連下兩盤，以六比四和六比四打敗納達爾，為他生涯第一座且是唯一的一座法網冠軍打響前哨戰。

然而，蒙地卡羅大師賽一直都是費德勒無緣封王的賽事，納達爾於二〇〇六年、二〇〇七年和二〇〇八年的決賽三度擊敗他，害他連續三年都與冠軍失之交臂。費德勒開始失去信心，感覺自己無緣將蒙地卡羅的金盃納入展示櫃。

不出所料，二〇一七年納達爾抵達蒙地卡羅時摩拳擦掌，迫不及待想展開比賽。除了費德勒，賽季開打之初幾乎別無他人有本事止得住納達爾屢戰屢勝的勁頭。他在這年的澳網和邁阿密的決賽讓納達爾鎩羽而歸，並在印第安泉的十六強賽送走了他。

對納達爾而言，在紅土賽季對上費德勒可能不是太大問題，畢竟在他鍾愛的紅土球場上，他可是刀槍不入，但費德勒今年會待在家裡，能夠在知道他退賽的情況下規畫年度最重要的紅土賽季，也不是個壞消息。

四月十四日納達爾飛抵尼斯機場，搭上蒙地卡羅主辦單位的專車，前往二十八公里外的蒙地卡羅。這趟路車程半個多小時，通往目的地的公路有很多條，但接送納達爾團隊一行人的司機選擇了大峭壁公路。這條公路行駛於山區間，而且緊貼海濱，一路上得以飽覽驚為天人的美景。

濱海自由城、濱海埃茲和卡代等小鎮是蔚藍海岸最有名的地帶，造就了令人心醉神迷的風景，攫獲所有乘車前往蒙地卡羅的旅客目光。納達爾已來過這裡很多次，有一年十一月還來度假，但他全程緊貼著車窗，欣賞這無與倫比的景色，世界難得的一絲靜謐。

納達爾對大海情有獨鍾不是祕密，他無法想像自己過著遠離海洋的生活，這正是他一直以來都住在馬約卡島的原因之一，他能夠恣意享受無邊無際的地中海。

因此，每年一到四月，蒙地卡羅大師賽出現在行程上時，納達爾總是非常開心。從前歐洲紅土賽季對納達爾是捷報的同義詞，而蒙地卡羅不只是歐洲紅土賽季的第一站，知名的蒙地卡羅鄉村俱樂部依山傍海，對選手和到現場觀賽的觀眾而言，每場訓練和比賽都成了無可比擬的特別待遇。

蒙地卡羅1000分級大師賽的比賽場地蒙地卡羅鄉村俱樂部高級又歷史悠久，座落於山腳下，緊連蔚藍海岸廣闊的水域，是個景致壯觀的世外桃源。若有人發起最美球場的比賽，雷尼爾三世中央球場可能每年都可以贏得大獎。

雷尼爾三世球場也是納達爾生涯最重要的球場之一。這座球場看著納達爾成長，看著他一路青雲直上，用指尖觸摸天際。雷尼爾三世球場具備一些非常適合納達爾獨特球風的條件。

蒙地卡羅的海拔很低，納達爾能夠徹底發揮他出名的正手上旋球效果，威力異常強勁，球彈得很高，令對手難以招架，吃足苦頭。

海拔高低聽起來無關緊要，但並非空穴來風。

抵達蒙地卡羅的第一天午後，納達爾趁著黃昏到赫丘利港散步。港口占地四十公頃，錨地可供七百多艘船隻停泊。漫步在蒙地卡羅港的遊艇之間，是納達爾來到摩納哥最喜愛的嗜好之一。

蒙地卡羅港一九九五年被龐德系列電影《黃金眼》選為拍攝地點之一，是該城市最有名且最具代表性的地標之一。

停泊在港口的遊艇數量之多，可媲美全世界最一流的遊艇展。這點問納達爾準沒錯。他從小就熱愛船隻，現在名下擁有一艘義大利 Monfalcone 遊艇公司出產的 MCY 76 型遊艇，船身線條優雅，在馬約卡島他會駕駛這艘遊艇出航。

出於這個原因，納達爾總是喜歡沿著一級方程式賽車大獎賽那道著名的髮夾彎旁的階梯來到海港，行走在滿是遊艇的街道間，佇足分析最吸引他的遊艇，不受時間束縛。

在海港放鬆休息幾天後，納達爾打了他在蒙地卡羅大師賽的首戰，贏得非常辛苦。這場比賽是他的第四百場紅土球賽，另一道證明他歷久不衰的足跡。他以六比〇、五比七和六比三擊敗英國選手艾德蒙（Kyle Edmund），但有好一段時間無法主導這場比賽。艾德蒙的球風很具侵略性，第一盤慘敗他也不痛不癢，輕易突破納達爾的防線，令他傷透腦筋。

吃盡苦頭晉級十六強後，納達爾回味另一個蒙地卡羅他最喜愛的時刻。

蒙地卡羅的採訪廳位於中央球場後場後方的一棟建築樓上，必須走上三段一塵不染的大理石階梯，才可來到記者的工作區。這間採訪廳也是網壇最美的採訪廳之一，透過房間的大窗子，中央球場的一舉一動伴隨著盡頭的海景，全都一覽無遺。

採訪廳往往擠得水泄不通，人人都想探頭欣賞這幅有如動態畫作的景致。然而，那天納達爾結束記者會，走向緊連著媒體吧台的窗戶時，群聚在窗邊的人群馬上閃到一邊。納達爾雙手撐在欄杆上，沉醉於蔚藍海岸壯麗無比的美景之中。

就在此時，一艘巨大的船徐徐穿過球場後方的海面。納達爾一看見船便像個彈簧般下意識地跳了起來。

「好大！」他凝視著湛藍的地平線說，「真瘋狂！是吧？太瘋狂了！」

「肯定很貴……」帕列茲-巴巴迪羅回答納達爾，同時走向窗戶，右手臂靠在納達爾背上，擺出更舒服的姿勢。

「船身……船身一定至少有一百五十幾公尺長。」納達爾一面猜測，一面用手比劃，計算那條船的尺寸，「貝尼多，真是太不可思議了！」

納達爾於蒙地卡羅大師賽首戰敗給艾德蒙的那一盤，是他通往決賽之路上唯一失掉的一盤。小茲維列夫（六比一和六比一）、施瓦茲曼（六比四和六比四）和戈芬（六比三和六比一）都沒本事動到他半根寒毛，不過最後一場跟戈芬的交手倒是讓他嚇出一身冷汗。

納達爾生涯一路走來，鮮少碰過全場觀眾幾乎異口同聲指責他的時候，大家通常都是大力稱讚他的表現。其中一次就發生在二〇一七四月二十二日星期六下午，他和戈芬交手的蒙地卡羅準決賽的第六局。

一個錯誤判決害納達爾意外成為眾矢之的，就算事情發生很快，也說不過去。

納達爾開局表現不穩，一個正手回球出界，線審判定為界外球。此時他以二比四落後，走向球場另一側，準備發球。

法國籍主審穆希耶（Cédric Mourier）跑了個龍套，情勢徹底翻盤，衝突一觸即發。

穆希耶爬下裁判椅，檢查球印，認定這球壓線，便更正了線審的判決，信誓旦旦說出界的是另外一球，而納達爾的回球進了界內。因此，穆希耶下令此分重打，這可讓戈芬氣炸了。要知道，戈芬可是常被視為網壇個性沉穩的選手。

主審的介入成了這場比賽接下來發展的關鍵。這件事之後戈芬注意力渙散，接下來的十局只拿下一局，告負離開球場，但博得看台上熱烈的掌聲，而沒有人為納達爾鼓掌。

整整一個多小時，納達爾必須冤枉地忍受觀眾的噓聲。回到更衣室，他和團員為自己辯解。觀眾指責他缺乏運動家精神，說他違背了他一直以來極力維護的價值。

「要是這球落在我這邊，我看起來是界內，就算他界內。」納達爾說，「我這麼做過好幾次了！但我距離那球二十五公尺遠，哪看得到。」他補充說，「觀眾的反應很奇怪，但戈芬知道我沒耍什麼手段。」

「別擔心，不是你的錯。」通常托尼都是第一個反對納達爾的人，以往都站在輿論那一邊，但這回他認同納達爾的看法。

決賽前夜，納達爾與團員聚在一起，替經紀人哥士達舉辦了一場氣氛平靜療癒的慶生會。沒有人會認為這位一身老百姓穿著，邊吃海鮮邊聊足球的傢伙，跟隔天以六比一和六比三擊敗拉莫斯（Albert Ramos）、高舉生涯第十座蒙地卡羅金盃的選手是同一人。這座冠軍也讓納達爾打破僵局，超越阿根廷選手維拉斯（Guillermo Vilas）創下的五十座紅土賽事冠軍紀錄。

納達爾有生以來第一次在同一項賽事達成十度封王的魔幻數字。又開始有人開玩笑問他把太空船停在哪裡了。

納達爾獲勝幾分鐘後，頒獎典禮隨即在球場上舉行。典禮上，摩納哥亞伯特親王告訴納達爾沒有人可以超越他自二〇〇五年起創下的佳績，當年納達爾摘下他第一座蒙地卡羅大師賽冠軍，從此在摩納哥公國快速達成一系列戰績。二〇一七年成功於決賽戰勝拉莫斯奪冠，圓滿成為十冠王。

納達爾這年賽季算是有好的開始，前四個月參加的各項賽事表現不俗，但都未能如願奪冠，不然就更完美了。因此，蒙地卡羅大師賽金盃捧在手裡時，他的感覺與其說是解脫，更趨近於滿足。

即便他在蒙地卡羅拿下今年的第一座冠軍，那晚他依舊是氣沖沖地上床睡覺，隔天早上出發前往巴塞隆納參加公開賽時，仍無法消氣。

足球比賽時間九十二分鐘時，梅西進球得分，帶領巴塞隆納隊在這場德比大戰中擊敗皇家馬德里隊，以三比二勝出，在賽季關鍵末段將巴塞隆納隊送上聯賽積分排名榜首。

納達爾是白衣軍團的死忠球迷，對巴薩贏球很不是滋味，花了一段時間才恢復心情。抵達巴塞隆納的埃爾普拉特機場時他心情愉悅，準備迎戰年度賽季下一項賽事。

有一段時期，納達爾總是自蒙地卡羅搭車前往巴塞隆納參加公開賽。他通常星期天傍晚會先拿下蒙地卡羅冠軍，接著幾分鐘後再啟程前往巴塞隆納；奪冠、夜車趕路、一大清早抵達西班牙，簡直就是例行公事。

近幾年納達爾選擇搭飛機。二〇一七年，他也是搭機離開尼斯機場，回到巴塞隆納皇家網球俱樂部。他是俱樂部的資深會員。

但他從沒在那兒與費德勒交手過。

費德勒只參加過一次巴塞隆納公開賽，就那麼一次，但若有人提起他在這項歷史悠久的比賽幹的事，他至今仍會羞愧不已。

那是二〇〇〇年賽季。那年費德勒決定來到舊稱伯爵城的巴塞隆納參賽，打算順便好好準備法網，因為巴塞隆納的環境跟巴黎十分相似。然而，他的盤算很快便煙消雲散。

第一輪比賽，兩屆法網冠軍布魯格拉下手毫不留情，狠狠教訓了費德勒一番，比分六比一和六比一。

這些年，費德勒已承認自己那天對布魯格拉有失尊重，從踏上球場的第一刻，他便認定自己可以輕易取勝。比賽開始前，他想起前幾天的卡薩布蘭卡挑戰賽，想起布魯格拉在八強賽被格羅尚（Sébastien Grosjean）打得潰不成軍，連續兩盤抱蛋吞敗。費德勒覺得自己接下來的比賽簡直是易如反掌。

因此，費德勒以為勝利已是囊中物，以自負的姿態上場應戰，最終付出慘痛代價。布魯格拉擊潰費德勒，讓他吞了一場恥辱的敗仗。費德勒這場比賽輸得顏面掃地，並不是因為差距懸殊的比分被歐洲體育頻道（Eurosport）全程現場轉播，而是他那副趾高氣昂自以為勝券在握的模樣，全被攝影機拍了下來。

一直以來，納達爾無論在場上還是場外，態度都親和得無可挑剔。費德勒跟他不同，過去曾有過黑暗的時刻。從前費德勒有著叛逆的靈魂，若比賽打得不順，他會大爆粗口，勃然大怒地摔壞球拍，只管宣洩怒火，其他一概不在意。

青少年時期，費德勒非常欠缺專業素養，甚至有次在瑞士網球協會練球時還被趕下場。這件事是某天在佛德州埃居布朗的網球學校發生的，因為那天費德勒的舉止非常沒有禮貌。

「要我滾出去？」費德面對警告屢勸不聽，最終遭受懲罰，以極其挑釁的姿態問其中一位教練。

「我不想再見到你了。」網球協會的教練回答，口吻如刀鋒般銳利。

「太棒了！」費德勒高興地說，要去沖澡時心裡已想著返家的那班公車。

乍看之下，當年那個易怒的費德勒，與現在彬彬有禮的費德勒不可能是同一人。然而，二〇〇〇年雪梨奧運他開始有所改變，接下來幾個月圓滿蛻變為成熟的選手。

瑞士代表隊數名選手（辛吉絲、羅塞特〔Marc Rosset〕和許奈德〔Patty Schnyder〕）不克參加雪梨奧運，費德勒和米爾卡臨危受命。那個時候，費德勒雖在許多賽事巧遇過米爾卡，但還不曾和她連續說話超過五個字。

沒多久，戰友情誼便有如馬達，驅動兩人的感情。他倆開始在選手村促膝長談，奧運會最終日上演的一記愛之吻更讓這段戀情正式拉開序幕。

米爾卡的本名叫米洛斯拉娃．瓦瑞尼奇（Miroslava Vavrinec），出生於捷克斯洛伐克的歷史古城博伊尼采，一九九七年入籍瑞士。她在女子單打排名一直跨不過前七十名的藩籬，但從前父母的諄諄教誨，讓她保持對網球的熱情，有好幾年也曾躋身頂尖選手之列。二〇〇二年布達佩斯女子網球大獎賽上，米爾卡腳部受了重傷，職業生涯就此告終。然而，腳傷也替米爾卡開啟了一扇門，她退居二線，展開了一段嶄新且前途看好的階段。

費德勒的形象變得更加冷靜沉穩，都是拜米爾卡這個幕後功臣所賜。她也讓費德勒的商業代言收入大為成長，甚至把他打造成取之不盡的金雞母。

二〇一七年十一月，費德勒超越高爾夫選手老虎伍茲，成為世上獎金收入最高的運動選手，職業生涯二十年來的總獎金收入高達九千三百五十萬歐元，打破老虎伍茲保持至今的紀錄。

這項排名採計了選手用網球拍掙來的獎金，但與各家贊助商的合約收入則不計算在內。說到贊助商，米爾卡在接洽贊助這方面也是立了大功。

放下網球拍後，費德勒的賢內助米爾卡成了他的公關，鉅細彌遺地照料他的行為舉止，上至穿搭，下至髮型，媒體訪問也大多由她一手安排。米爾卡包辦了從前費德勒團隊無人打理的事，將她的職責做得盡善盡美。

二〇一七年，費德勒賽季初的成績好得不得了，納達爾持續征服紅土賽事的同時，他偃旗息鼓，稍作休息。費德勒已徹底撇除自己最黑暗那一面的污點，商業代言如日中天，在某種程度上也是拜米爾卡的建議和經營所賜。

蒙地卡羅大師賽後，納達爾一盤未失，摘下巴塞隆納公開賽的桂冠，一路上遭遇的五名對手就連他的一根寒毛也沒傷到。

席瓦（Rogério Dutra Silva，六比一和六比二）、安德森（Kevin Anderson，六比三和六比四）、鄭泫（七比六和六比二）、澤巴洛斯（Horacio Zeballos，六比三和六比四）和蒂姆（Dominic Thiem，六比四和六比一）全乖乖閃到一旁，讓納達爾高舉他第十座巴塞隆納公開賽金盃，追平幾天前在摩納哥創下的蒙地卡羅大師賽十度封王紀錄，設立了另一道幾乎無法超越的鴻溝。

然而，這次拿下的勝利比起任何一項勝利都來得特別，但並不是因為他成功達成十冠王的挑戰，或者連續第二週達成單項賽事的雙位數冠軍數。

巴塞隆納公開賽開打前幾天，主辦單位宣布中央球場將改名為拉法．納達爾球場。自從納達爾二〇一四年贏得第九座法網冠軍，就預料得到有一天巴塞隆納公開賽主辦單位會這麼做。阿古斯蒂（Albert Agustí）為首的巴塞隆納皇家網球俱樂部領導委員會一致通過，決定透過這個方法向納達爾致敬，送給他一份無法量化的大禮。一般來說，要等到選手退役後，委員會才會做出這種決定或替球場命名，但巴塞隆納皇家網球俱樂部認為納達爾值得以現役選手的身分在拉法．納達爾球場上打球。賽事總監科斯塔負責致電給他多年的好友、納達爾的經紀人哥士達，通知他巴塞隆納公開賽的這項安排。納達爾知道這件事將名垂青史，謙虛又感激地接受這份殊榮。他從前在巴塞隆納達成許多成就，九度高舉沉重輝煌的金盃，如今這項極具歷史和傳統的賽事決定以他之名命名球場，令他無比驕傲。四月二十六日，納達爾首次登上他的球場比賽，戰勝巴西選手席瓦，三十日擊敗奧地利選手蒂姆後，對著巴塞隆納的天空高舉冠軍獎盃。在紀念自己的球場上比賽的感覺令納達爾百感交集，但也令他興奮至極，程度不亞於奪冠。納達爾不只是在巴塞隆納奪冠，不只是在以他名字命名的球場上奪冠，不只是當著家鄉觀眾的面奪冠，更是在這個與他的關係緊密得有如家人的俱樂部奪冠。

納達爾和巴塞隆納的球僮一起跳入俱樂部的游泳池，完成冠軍的例行傳統時，心中的感受便是如此。依照傳統，冠軍離開球場後，必須跟球僮一起跳水。納達爾當著馬德里大師賽總監桑塔納和數名俱樂部執行委員的面脫去上衣，請哥士達替他保管他當時穿著的黑色外套，身上只剩白褲黑襪，開始助跑，一頭栽入網壇最具象徵意義的泳池之一。他潛水游到泳池中央，與球僮們玩了幾分鐘的水。球僮們喜不自勝，慶祝納達爾再創佳績。

納達爾總是沒有太多時間慶祝，腦子裡盡是方才比賽場上發生的一切。但他也想著巡迴賽的下一站，馬德里。

10 魔幻的一週

馬德里 *Madrid*

納達爾啟程前往馬德里，紅土賽季的另一站，他的比賽行事曆上劃著的另一個大叉叉。儘管巴黎理所當然已成了納達爾網球生涯最重要的城市，他總是承認這些年來，來到馬德里最令他感覺受人愛戴。

二〇〇三年，納達爾第一次踏上馬德里大師賽（現今稱為Mutua Madrid Open，馬德里公開賽）。那已是十四年前的往事，馬德里大師賽的第二屆，當年比賽場館為田園之家展覽館的舊攀岩場，場地為室內硬地。那年，桑塔納邀請納達爾以外卡形式出賽。納達爾只是年僅十七歲的年輕小伙子，但桑塔納聽人稱讚過他的球技。抽籤結果讓納達爾首戰對上了同胞選手科雷查（Àlex Corretja）。他打了一場硬仗，以二比六、六比三和四比六敗陣，但留給人良好的印象。這場比賽的贏家得面對當時世界排名第三的瑞士人費德勒。

科雷查在不知情的情況下，害網壇史上最重要的宿敵組合的首次對決無緣成真，害史上第一場費納之戰無緣在馬德里實現。

Rafa：

馬諾洛，我不曉得什麼時候，但有一天我會在這項賽事封王。

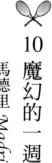

輸球後，納達爾的姿態謙遜得令人震驚，青春又帶點羞澀。他走向桑塔納，彬彬有禮地向他道謝。這次多虧了馬諾洛的邀請，他才有機會參賽。

「非常對不起，馬諾洛，我沒能贏球。」

「沒什麼好對不起的，你打得很棒！」桑塔納鼓勵他。

當下，納達爾說出了一句樂觀進取、放眼未來的話：

「馬諾洛，我不曉得什麼時候，但有一天我會在這項賽事封王。」

納達爾只花了兩年便實現他的諾言。

二〇〇五年十月，納達爾在馬德里決賽上和留比契奇打了一場五盤大戰，經過一番死鬥最終拿下史詩般的勝利。納達爾與馬德里無需經過交往期，就直接結為連理。馬德里體育館舉行的這場決賽就是不折不扣的求婚大作戰，納達爾前兩盤以三比六和二比六落後，最終扭轉乾坤，以三比六、二比六、六比三、六比四和七比六拿下勝利，高舉他在首都馬德里奪下的第一座金盃。

每一年來到馬德里參賽都帶給納達爾非常非常多的回憶，但他最愛的時刻還是二〇〇五年的這場決賽，他成功在室內球場逆轉兩盤劣勢，士氣大振，獲得面對未來的動力。納達爾明白當時觀眾的支持是何等重要。每場比賽觀眾都在看台上無間斷且無條件地替他加油打氣，一有機會，納達爾也不會忘記謝謝他們。

二〇一七年紅土賽季納達爾戰無不勝，但他得面對一道巨大的衝擊、一項新的挑戰、一顆檢驗他網球實力的試金石。他在馬德里準決賽的對手是喬科維奇，一位他從二〇一四年法網決賽後就沒戰勝過的對手。過去三年，喬科維奇和納達爾交手七戰七勝，狠狠教訓了他，有些勝利還是在傳統上對納達爾有利的主場拿下的，如蒙地卡羅、羅馬和巴黎。這三年間，喬科維奇成了史上第二位有本事在法網擊敗納達爾的選手（先前納達爾只在二〇〇九年被索德林〔Robin Söderling〕打敗），甚至讓兩人「正面對決」的勝負天秤為之傾斜。納達爾原本以二十三勝十九負占上風，喬科維奇後來居上，將紀錄拉到二十六勝二十三負，居於優勢。

這十幾年間，納達爾和費德勒的宿敵關係已超越了純網球的範疇，但數據顯示納達爾和喬科維奇的交手次數，其實比和費德勒對決的次數還多。喬科維奇是近三年最強勢的網球選手，占據ATP排名第一的寶座長達兩百二十三週，也證明了他的實力。喬科維奇和莫瑞憑藉著異於常人的天賦，以及總是不滿足現狀、力求更上一層樓的精神，將費德勒-納達爾的二分天下轉變為網壇稱為「四巨頭」（Big 4，又稱四大天王）的四雄割據局面。

二〇一七年五月十三日的那個下午，納達爾遇上的對手來頭可不小。喬科維奇不僅是納達爾的頭號剋星，而且這次還是來挑戰衛冕。然而，馬德里魔術盒球場再一次產生了對納達爾有利的氛圍，讓他使出最高超的球技。喬科維奇無力抗衡紅土之王，勝利對他就像一塊滑溜溜的肥皂，抓也抓不住。

納達爾並沒有預設贏球時該如何反應，但他本能使然，激烈地比手畫腳，喜悅的程度一覽無遺，簡直得意至極，屈膝蹲著幾秒鐘，擺出一副不加掩飾的暢快表情慶祝自己晉級決賽。無論是蒙地卡羅決賽戰勝拉莫斯，還是巴塞隆納決賽擊敗蒂姆，納達爾都不曾為勝利如此高興。兩人前七次交手，納達爾都不是喬科維奇的對手，七戰七敗，現在終於在馬德里魔術盒球場止敗，找回對自己的努力和球技的信心。

縱使納達爾事先早就知道決賽開打的時間，他還是跑去找桑塔納，有些話想建議他。他一臉笑嘻嘻的，用幽默的口吻拜託桑塔納一件事，但他自己也心知肚明他的這個要求根本沒得商量，因為決賽已售出超過一萬兩千張門票，來自全世界一百七十二家電視台也無法變更轉播時間。不過，納達爾還是很高興自己再次打入馬德里決賽，開玩笑地拜託桑塔納。桑塔納是賽事總監，這些年來也成了納達爾的摯友。

「馬諾洛，比賽時間沒辦法改嗎？」

桑塔納也是笑容滿面，因為納達爾這番話的意圖，他是再清楚不過了。事情是這樣的，星期天晚上八點，皇馬有一場重要比賽，贏了就可以登頂榜首。這場比賽將在聖地亞哥·伯納烏球場舉行，由席丹領軍的白衣軍團的對手是塞維亞隊，需要拿下三分積分，才有機會問鼎冠軍。納達爾無論如何都不想錯過這場大戰，桑塔納也不想！他倆覺得很遺憾，西甲聯賽幾天前才公布皇馬-塞維亞大戰預計於晚間八點開踢，恰好跟他們的決賽相撞！幾天前，馬德里大師賽主辦單位才與電視台達成共識，將決賽時間從原本預定的傍晚六點半提前至六點整，避免和西甲的比賽撞時間，也避免流失觀眾。但這麼做還不夠。納達爾知道就算他快快打完比賽，還得等待頒獎。依照慣例，典禮需費時半個鐘頭，還得算上不得不接見媒體的時間。

納達爾是足球迷，但「足球迷」這個字眼還不足以形容他；他是皇馬的死忠球迷，皇馬的每一場比賽他都不會錯過，無論身處何方，無論在世界哪個角落，他都會看電視轉播皇馬的比賽，要是真的有無法推託的事，他就透過網路追蹤比賽快訊，不過皇馬比賽時他很少碰上這種情況就是了。

納達爾每天都在關心皇馬的動態，追蹤傷兵名單，哪些選手加盟入會，哪些選手轉會離隊，而且與許多一線選手保持聯絡，關係好得不得了。

納達爾的好友、身兼貝因體育（beIN Sports）總裁和巴黎聖日耳曼足球俱樂部主席的阿爾赫萊菲（Nasser Ghanim al-Khelaïfi），為了讓納達爾可以在地球上任一處追蹤皇馬隊，請旗下員工辦了一件好似科幻電影情節的事。他吩咐員工替納達爾在手機內安裝一個管理者應用程式，讓他打破地理位置定位所施加的播映權限制，自世界各個角落都能觀看皇馬隊的比賽。

納達爾生涯一路走來，收過的禮物不計其數，其中不乏超乎想像的東西。就情感層面來說，阿爾赫萊菲的這份禮物比某些他收過的貴重大禮還有價值。

納達爾和阿爾赫萊菲是某年賽季第一週在卡達公開賽認識的，打從初次見面便臭味相投。阿爾赫萊菲也是卡達網球協會的主席，從前嘗試過成為職業網球選手，甚至還突破鴻溝，擠進世界排名前一千位，曾在四十三場台維斯盃比賽為國而戰。之後，他離開職業網壇，在商業領域找到發光發熱的方法，成為今日百大富豪之一。

納達爾和阿爾赫萊菲的友誼始於十多年前，這些年間滋養著兩人感情的主要話題不外乎就是網球和足球。阿爾赫萊菲向納達爾介紹那個魔法應用程式時，納達爾聽得是目瞪口呆。只要網路連線品質不是太差，這個程式可以打破地理限制，觀看全世界的比賽。納達爾下一秒鐘馬上意識到自己渴望擁有這件貝因體育的工具。

貝因體育隸屬半島媒體集團，是一家付費性質的電視聯播網，轉播一流運動賽事，靠著轉播足球比賽發展壯大。頻道漸漸將版圖擴展到全世界最重要的國家，取得主流聯賽的轉播權，奠定足壇頂尖賽事歐洲冠軍聯賽之「家」的地位。當然，西班牙也在貝因體育的擴展計畫內，二〇一五年夏季搶灘伊比利半島，成為所有足球迷的收視首選。

阿爾赫萊菲是貝因體育的幕後首腦，也是負責鐵腕政策主持頻道擴張計畫的人。現今，貝因體育已在歐洲打下一片天，正處於鼎盛時期。對阿爾赫萊菲這種有權有勢的人來說，他送給納達爾的那個能夠隨地觀賞足球比賽的應用程式，不過就是個不足掛齒的小玩具，但許多體育愛好者可願意掏錢買下這項驚奇發明，傾家蕩產在所不惜。

每一支iPhone的設定頁面中都有一個電池的分類，其中有個選項可以查看使用者將電力消耗在哪個應用程式上。選項共有兩個分頁，分別可以檢視過去二十四小時和過去兩天每個應用程式的電池用量，並以百分比顯示最常使用的應用程式為何。阿爾赫萊菲和納達爾分享的發明總是他前五個最常使用的程式之一，打從安裝後使用率一直是名列前茅。

納達爾巡迴世界各地比賽時，若碰上有足球賽事——賽季期間還滿常發生的——一向偏好親臨現場，在團員的陪伴下觀賽。他也常和羅培茲、費雷爾或卡雷尼奧等西班牙網球選手聚在一起評論網球比賽，談著談著就聊到足球去了，樂此不疲。

然而，有時候足球賽和納達爾的比賽時間或日期相撞，他也無法到現場觀賽。這時他會從僅有的兩個選項之中擇一，將iPhone連上電視，透過阿爾赫萊菲的程式全螢幕觀看比賽，不然就是直接在手機上看。不過後者算是非常時期的緊急出口了。

納達爾有時對足球簡直狂熱得不得了。費德勒就沒納達爾那麼熱愛足球，但他是家鄉巴塞爾足球俱樂部的死忠球迷，定期追蹤球隊的比賽成績，與一線選手保持往來，回家時也常跑去巴塞爾足球俱樂部的主場聖雅各布公園，自看台上觀看自己鍾愛的球隊奮戰；這座場館美輪美奐，被歐洲冠軍聯賽列為和倫敦溫布利體育館及巴塞隆納諾坎普球場等知名場館同等級的體育館。

一九九〇年義大利世足賽期間，當年九歲的費德勒發現了自己對足球的愛。當時他正和家人在義大利度假。義大利國家代表隊不斷過關斬將，每場比賽都激起全國人民的熱情與夢想，路上行人都激動不已，令費德勒印象深刻。他無法理解為什麼準決賽義大利隊在戲劇性的PK大戰中敗給阿根廷隊，原本熱情的民眾居然在大街上嚎啕大哭。

日後，費德勒回想起在義大利的那幾天，終於理解那些當地球迷的心情。不過，他流下的是喜悅的淚水。

二〇一三年九月十八日晚上，巴塞爾足球隊在史丹佛橋球場迎戰切爾西隊，以二比一贏下歐洲冠軍聯賽分組賽第一場比賽的勝利。主審鳴哨結束比賽時，費德勒高興得又跳又叫，簡直瘋了一樣。

切爾西隊的奧斯卡（Oscar dos Santos Emboaba Júnior）率先踢進一分，比賽一直到七十分鐘時都還是切爾西隊領先。倒數十九分鐘時，沙拿（Mohamed Salah）和史崔勒（Marco Streller）各進一球，讓巴塞爾拿下經典的逆轉勝，費德勒看得是津津有味。

費德勒曾有一段時期並不支持巴塞爾足球隊，而且還與之為敵。小時候他在巴塞爾隊的死對頭康戈迪亞隊踢過前鋒。兩隊多次交鋒，而且他的朋友丘迪內利（Marco Chiudinelli，日後網壇的戰友）還在巴塞爾隊踢後衛，讓他產生了天真無邪的宿敵情結。但這段競爭關係沒能持續多久，因為十二歲的費德勒必須在足球和網球之間做出選擇，而足球最終被他排在次要地位。費德勒選擇網球的主要原因？他討厭輸。網球是個人運動，勝負只取決於自己，看你是否有本事戰勝對手，但在足球這項競技中，你還得看隊友的素質和天賦如何。一直以來，費德勒都說自己崇拜巴吉歐（Roberto Baggio）和綽號「托托」的斯基拉奇（Totò Schillaci）等義大利足球員，但他也坦承自己過去曾是皇馬的球迷，特別喜歡C羅納度（C羅）、菲戈和席丹組成的經典三叉戟。

二〇一五年，費德勒拿下伊斯坦堡公開賽冠軍。伊斯坦堡公開賽剛好卡在馬德里大師賽前一週，因此費德勒拖到馬德里開打第三天的星期一才抵達西班牙，不克出席傳統的媒體日，但他同意滿足西班牙媒體的請求，抵達時願意接受採訪。這場見面會選在馬德里大師賽的辦公區進行，那兒除了銷售部、行政部和管理部的工作人員，沒有其他人進出。費德勒親切地和工作人員打招呼，接著對其中一位說：

「今天的比賽如何？」

工作人員呆若木雞，不曉得該如何回答自己的偶像，而費德勒得到的答覆只有沉默。

「我說歐洲冠軍聯賽啦。哪幾隊勝出的呼聲最高？」費德勒再次開口問。

「啊！歐洲冠軍聯賽喔！我以為你在說馬德里大師賽！」

「不是啦，馬德里大師賽已經在我的掌控之下了。」費德勒打趣地說。他問的是次回合賽，皇馬是否有望戰勝曼城，或者馬德里競技能否擊敗拜仁慕尼黑[8]。

工作人員驚愕不已，根本不記得那週是歐冠盃準決賽的次回合賽！而費德勒卻瞭若指掌！幸好，這段對話被ATP的阿札尼打斷。阿札尼通知費德勒記者都到了，可以開始訪問。

費德勒最常造訪的足球場是聖雅各布公園體育場，在國外時也喜歡到現場觀看足球賽。馬德里大師賽當週若有足球比賽，主辦單位會協助選手購票，讓他們能夠到現場觀賽。拉莫斯、C羅、格里茲曼（Antoine Griezmann）、巴斯克斯（Lucas Vázquez）、莫德里奇（Luka Modrić）、尼格斯（Saúl Ñíguez）和戈丁（Diego Godín）等足球員只要有空，就一定會來到馬德里魔術盒球場觀看網球賽，而網球員也跟他們一樣，不會放過看足球賽的機會。不只是納達爾，喬科維奇也拜訪過聖地亞哥·伯納烏球場的包廂許多次，其他許多網球選手也來過這座球場觀戰，比方穆古魯薩（Garbiñe Muguruza）、瓦林卡、基瑞爾斯和辛吉絲。但費德勒寧可遠離攝影機和鎂光燈，私下前往比森特·卡爾德隆球場，在一位馬德里大師賽的贊助商陪同下，靜靜地享受西甲聯賽的比賽。

8 譯註：這兩場比賽的時間點分別是2016年5月3日和4日。這裡很可能是作者筆誤，將事件年份相互搞錯。

儘管費德勒和納達爾對足球的狂熱程度天差地遠（納達爾對足球的愛用狂熱不足以形容），足球也成了連結兩人的共通點。

納達爾的個性十分好勝，又熱愛足球，原本有機會成為頂尖足球員嗎？在變項不足的情況下，很難提出假設，但熟悉納達爾長處的人都不敢大膽斷言他在其他運動競技無法取得成功。然而，在納達爾的字典中，謙卑永遠排在妄自尊大之前：

「我以前足球踢得還不錯？」納達爾自問自答，「對，我甚至還跳級，跟年紀比我大的人一起踢球。問題在於我是井底之蛙。我的表現突出歸突出，但我當時是在家鄉的馬納科隊踢球，我的家鄉不過就是西班牙數以萬計城鎮中的一個。我後來的確是在網壇闖出一片天，但這並不代表我對其他事也很在行。」

甚至好幾度傳聞納達爾未來有意成為皇馬俱樂部的主席。二〇一七年初他被問到這個問題，給了一個肯定的答覆。

「那問題是『你願意成為皇馬的主席嗎？』我說願意，當然願意。我說真的。距離我當上主席……還有非常遠的距離，也很可能不會發生。就好比現在有人問我明年的溫網是否想封王，我當然想再次奪冠啊！」

二〇一七年馬德里大師賽決賽，納達爾必須面對他在巴塞隆納決賽打敗的同一名對手，蒂姆。這挑戰可一點都不簡單，蒂姆這一週以來的成績更是證明了這點。

開賽前幾分鐘，所有觀眾都已坐定位，幾位主辦單位的工作人員見證了一個罕見一刻。納達爾正在選手休閒娛樂室專心為上場做準備。他猶如一頭關在籠子裡的雄獅，跳躍、衝刺、對著空氣揮拍，練習正手和反手擊球，一百八十五公分的高大身軀在密閉空間做著這些動作，還真是嚇人，整個房間隨著他震動，彌漫一股壓抑的緊繃感。

這間選手休閒娛樂室距離更衣室只有短短幾公尺，工作人員和幾位好奇心旺盛的記者看見這一幕。

前一年，選手休閒娛樂室引進了納達爾著迷的消遣之一。在納達爾眼裡，馬德里大師賽是熱情好客的賽事，但跟其他賽事相比，他在這裡需要出席的活動和場合整整多了一倍。這幾個月，經紀人哥士達仔細規畫了贊助商的廣告活動，讓他們把納達爾在西班牙的這短短幾週利用得淋漓盡致。再加上許多媒體採訪行程、親朋好友的拜訪，以及平常的工作訓練計畫，以上種種令納達爾喘不過氣。然而，在那間選手休閒娛樂室，納達爾在一級方程式賽車的電玩遊戲中找到抒發管道，每天都玩得不亦樂乎。他催油門、踩煞車，打方向盤，熟練且精確地彎過世界頂級賽道的彎道，藉此逃避現實沉重的壓力。超車、把方向盤打到底、衝出賽道……納達爾徹底投入賽車的世界，反覆練習，就連在電玩遊戲中也追求卓越。這就是拉法，這就是納達爾。

化身一級方程式賽車手成了他每天的例行公事。直到某天，之前身體不適的感覺復發了，害他在二〇一六年馬德里準決賽成了莫瑞的手下敗將。那年，自馬德里動身前往羅馬時，納達爾肯定覺得苦澀難受，也替自己手腕的狀態感到心緒紊亂。

一個月後，手腕傷勢嚴重，害他不得不早早棄賽法網。

但二〇一七年馬德里大師賽的戰況就另當別論了，納達爾的狀態重返顛峰，打完如夢似幻的一週賽程，接連擊敗福尼尼（Fabio Fognini）、基瑞爾斯、戈芬和喬科維奇，讓球迷看見他才是最有希望高舉伊翁．提里亞克獎盃（Ion Tiriac Trophy）的選手。這座尊貴的獎盃實際上是一件由九十六個手工打造組裝而成的巨大珠寶，上頭有三十三顆鑽石，價值直逼兩百萬歐元。馬德里大師賽的冠軍可以帶走獎盃的複製品，但另有一項不成文的規定，誰有本事連續三屆封王，誰就有權把原版獎盃抱回家。納達爾二〇一三年和二〇一四年兩度奪冠，但二〇一五年決賽敗給了莫瑞，距離三連霸只差臨門一腳，機會被攔腰斬斷。冠軍獎盃雖然不是原版（大多數的賽事都是如此），但納達爾還是想把獎盃納為己有，讓它的光芒照亮納達爾網球學院的博物館。

時間拉回二〇一七年。十五天前，納達爾在巴塞隆納公開賽大勝蒂姆，但這回蒂姆可謂是徹徹底底替馬德里魔術盒球場上了一課，告訴眾人什麼叫做自信和勇氣，第一局搶七局甚至一度只差一分便可拿下該盤。這天看台大爆滿，身為馬德里大師賽四屆冠軍得主的納達爾在現場觀眾的加油聲中化險為夷，拿下第一盤，第二盤盤末被蒂姆逼入絕境時，也發揮出更強的水準。

兩人激戰二小時十八分鐘，納達爾轟出一記反拍直線，隨球上網。在那裡，在將球場一分為二的球網邊，他暫停時間，打出一記截擊。蒂姆眼睜睜地看著登祿普網球落地，他奮力衝刺，但他的最高速依然不夠快，只能放棄救球。納達爾再次戰勝蒂姆，再度稱霸馬德里。

納達爾激動得雙手掩面，雙膝跪地，雙臂和頭抵放在馬德里大師賽的紅土上，情緒潰堤，今年賽季還是第一次如此慶祝封王。在家鄉比賽的壓力，以及收割生涯第三十座1000分級大師賽冠軍的機會，都讓這座金盃格外意義重大。起身後，納達爾接受蒂姆的祝賀，視線望向馬德里的天空，朝著遠方高舉雙臂。

場邊的包廂則洋溢無法抑制的喜悅。托尼、莫亞、哥士達和全體團員相互擁抱，鼓掌叫好。納達爾剛剛第五度在馬德里大師賽封王了，剛剛拿下二〇一七年的第三座冠軍了，打平賽季至今失利的決賽（澳網、墨西哥公開賽和邁阿密大師賽），更追平費德勒這年至今摘下的冠軍數。

授獎結束，納達爾準備捧著伊翁．提里亞克獎盃，和球僮、球場維護人員和主審一起進行官方合影。

「拉法，我們領先塞維亞隊，目前比數二比〇。」一名工作人員告訴納達爾。

「對啊，納丘和C羅進的球。」納達爾回答他。

那名工作人員必然是驚愕萬分。納達爾什麼時候有空檔查比數的？他是怎麼知道戰況的？只有一個可能性，就是授獎典禮開始幾分鐘前，納達爾拿出放在網球拍袋中的手機，透過下載好的西甲聯賽應用程式查詢快報。

與蒂姆的那場大戰歷時二小時十八分鐘。這意謂著若一切順利，納達爾還看得到足球賽的下半場。

回到更衣室，納達爾發現了令人愉快的驚喜。他在場上奮戰的同時，主辦單位搬來了一架五十一吋電視，移動了幾張扶手椅的位置，布置出舒適的空間，讓他能夠在好友的陪伴下盡情觀賞下半場的球賽。

從事其他行業或其他運動的朋友總會來馬德里探望納達爾，這回陪伴他觀看下半場球賽的兩位朋友身分十分特別。一位是皇馬的前隊長、白衣軍團的傳奇人物勞爾（Raúl González Blanco），另一位是馬德里賽事總監桑塔納。一九六六年，桑塔納穿著繡有皇馬隊徽的球衣征服溫網，從此他的馬德里主義便是舉世皆知，但他這個宣示的舉動可能違規了，畫面傳遍全世界，高舉金盃、親吻肯特公爵夫人凱瑟琳的手時（此舉也是不合乎禮節），皇馬的隊徽也登上所有新聞節目版面。

納達爾、桑塔納和勞爾在全體團員的陪伴下，坐在距離電視最近的座位上，認真觀看皇馬-塞維亞大戰。並不是所有人都樂見席丹執教鞭的皇馬得勝（哥士達、馬伊莫和莫亞就是巴薩的球迷），但大家都加入了觀球的行列。

更衣室外，國內外媒體正在等候主辦單位宣布冠軍記者會時間。但冠軍正忙著呢，才沒心情回答問題。

C羅將比數拉至二比〇，但塞維亞隊的祖維迪攻進一球，縮短比數差距，不僅延長了在伯納烏球場上奮戰的皇馬的苦難，也延長了這群在馬德里魔術盒球場更衣室內觀戰的群眾的煎熬，非要等到C羅一記左腳射門飛入球門邊角，替皇馬拿下第三分，納達爾、勞爾和桑塔納三人高興慶祝時，大家才安心。之後皇馬的克羅斯踢進第四球，比數四比一，這場足球派對也隨著比賽告一段落。皇馬在西甲聯賽的最大敵人依舊是自己。大夥開心到了極點，桑塔納替皇馬感到高興，也替納達爾開心。他疲憊不堪，露出好似在懷念過去的微笑，偷偷瞄了納達爾一眼，想起那句「馬諾洛，我不曉得什麼時候，但有一天我會在這項賽事封王。」納達爾總是令他驚喜不斷。

「納達爾的記者會馬上開始。」媒體中心的擴音系統宣布。納達爾的DNA具有對新聞從業人員無比巨大的敬意（不過守時就不是他的長處了）。他走出更衣室，在公關經理帕列茲-巴巴迪羅和與他關係友好的ATP成員阿札尼的陪伴下，前往媒體會議廳。

納達爾入座的同時，費德勒透過轉播若有所思地觀察他，同時回憶起自己二〇〇六年、二〇〇九年和二〇一二年封王時的畫面。桑塔納坐在他每次記者會都會坐的那張椅子上，也注視著納達爾。那張椅子來頭可不小，那是馬諾洛．桑塔納的椅子。

「每次參賽我都試著拿出自己最好的表現，我很清楚若每件事都好好做，比方跟今年一樣，我會很有自信，會對自己有把握。」納達爾冷靜地分析，「現在事情都很順利，我很高興，這幾週的比賽叫人血脈賁張，今天是個令人心滿意足、開心的一天，我奪冠了。」

納達爾不管參加世界哪項賽事，都是人氣最高的選手之一，這點無須查證，只消往看台上望一眼便看得出來，甚至他在練球時也是坐滿了人。然而，納達爾也是各大賽事的總監和全體工作人員最喜歡的選手之一。

「我覺得我們三生有幸。」納達爾當著上百名記者的面說，「我們此時此地擁有馬德里大師賽，其他城市可是要砸大筆銀子才辦得起來這種等級的賽事。我們應該知足，應該珍惜它，細心呵護它。我覺得西班牙國內能夠舉辦1000分級大師賽，馬德里這座城市也是貢獻良多。的確，這座城市肯定付出諸多努力才促成這項賽事，但我認為它獲得的回報將比付出的多，不僅在推廣觀光的層面上，經濟層面上也是（稅收、飯店等等）。我們必須感謝馬德里，以及謝謝所有本地贊助單位的支持，希望我們都能好好照料這項賽事，因為今日我們就是供全世界借鏡的賽事。」

納達爾剛公開表明了他全心力挺馬德里大師賽的立場。他讓馬德里大師賽變成他自己的賽事。儘管馬德里大師賽的贊助商是納達爾自己贊助商的直接競爭對手，他仍舊能夠把眼光放得更遠，將賽事本身看得比其他利益更重。馬德里大師賽對他而言不是普通的賽事，他的話語真情流露，說明了這點。

「馬德里大師賽無疑是世界上最偉大的賽事之一。在大滿貫賽事之下，能超越馬德里大師賽的賽事沒幾個。我們必須細心呵護它，希望馬德里市、馬德里自治區和贊助商繼續支持這項運動，讓馬德里大師賽的成就不局限於西班牙選手屢創佳績的時代，而是讓它成為社會事件——雖然我認為它已經是了——就算沒有那麼多西班牙選手封王，也讓它更加茁壯。」

結束最後幾段賽事官方電視採訪後，納達爾結束這個開心的星期天比賽日，心滿意足的模樣，就像是履行了自己說過的話。

納達爾在馬德里實現了他當年對桑塔納許下的諾言。

第五次。

11 永垂不朽
羅馬 *Rome*

許多球迷與納達爾的鬥志、熱情和努力產生共鳴，另一派人則向費德勒的優雅、技巧和天賦靠攏。某些專家研究此現象，將費納的支持者巧妙比喻為兩支死對頭足球隊的球迷。足球迷可是常常做出極端狂熱的舉動，但這兩派人馬並沒有。

沒有人料得到全羅馬最美味的義大利麵，要到距離知名觀光景點特雷維噴泉步行兩分鐘的斯卡沃里諾小巷七十九號才吃得到。納達爾也沒料到，他是碰巧發掘勒塔梅麗奇小館（Le Tamerici）的。有一回，小館的其中一位主人在羅馬大師賽的選手休息區找上他的公關經理帕列茲-巴巴迪羅，毛遂自薦他們的餐廳，建議納達爾團隊找天晚上賞光上門品嘗美食。

在球場外，納達爾也是墨守成規的人，巡迴世界各大城市時，若找到一個他喜歡的用餐地點，他可能會再次上門，而且一去再去。

現在，勒塔梅麗奇小館是納達爾最愛的餐廳之一，更是他多次征戰羅馬網賽的小小博物館。二〇一七年是他第十三次參加羅馬大師賽。

餐廳的負責人兼主廚卡佩里（Giovanni Cappelli）已成了納達爾的好友，這些年來收藏了一系列他的球衣和球鞋，掛在牆上展示，賦予小餐館獨特的網球氛圍，讓顧客用餐時可以沉浸在納達爾的網球世界中。

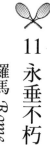

此外，卡佩里無心插柳柳成蔭，建立了一項獨特的傳統，替他的第二個家增添了更為與眾不同的特色。每一年，幾乎每次都是挑納達爾待在羅馬的最後一夜，卡佩里都會請他在使用過的白色餐巾上簽名，然後把這條餐巾加入其他納達爾的個人物品，跟其他寶物一起掛在牆上。

勒塔梅麗奇小館店面很小，常客多是義大利人，代表店內的食物非常美味，這點是個萬無一失的參考指南。卡佩里提供精緻的服務，注意每個細節，供應的料理更是一等一的美味。納達爾特愛卡佩里的拿手好菜義大利麵，但鹽烤鱸魚、窯烤鮮菱魚或生海鮮拼盤這三道招牌菜，更讓熱愛魚肉的他為之瘋狂。

卡佩里總是游刃有餘地端出好菜驚豔納達爾，比方來一場橄欖油品鑑大會、彈牙的義大利麵佐羅勒葉或令人神魂顛倒的義式奶酪。

起初，卡佩里為了表示敬意，每晚都免費招待納達爾，但納達爾訂下條件，若卡佩里還想見到他回來這家餐廳，就要讓他付帳。兩人到了二〇一七年還拿這件事來開玩笑。一晚，納達爾請卡佩里外送餐點到飯店，之後傳了Whatsapp語音訊息給他，笑個不停，說自己欠他錢了。

卡佩里第一次外送晚餐到飯店給納達爾那晚，納達爾在他擁有千百萬追蹤者的Facebook粉絲專頁上發文，感謝卡佩里出動拯救他。

二〇一四年，納達爾於羅馬大師賽第二輪戰勝西蒙（Gilles Simon）。回到客房後，睡前想吃點東西，卻發現飯店廚房已經打烊了。

卡佩里替納達爾提出的解決方案簡直好得不得了。當時時間將近半夜一點，卡佩里準備了一般納達爾最愛吃的義大利麵，派人將餐點送到他下榻的飯店。

勒塔梅麗奇小館就位於羅馬大師賽的比賽場地義大利廣場旁。雖然羅馬城內有許多角落是納達爾只要有空就會試著再訪的地點，行程緊湊就略過，勒塔梅麗奇小館是他少數每年必訪的場所之一。

費德勒也與另一間羅馬知名餐廳的老闆非常友好。

特里盧薩酒館（La Taverna Trilussa）位於波里特阿馬大道上，是間道地的羅馬餐廳。羅馬網賽期間，店內每晚高朋滿座，滿滿都是攜家帶眷上門的選手。

酒館內提供的蔬菜和農產品全是主人特里盧薩（Maurizio Trilussa）自行耕種的，義大利麵也是他親手擀的。這種用愛善待食物的特別方式吸引費德勒，第一次品嘗酒館的菜色時就證實他的期望是對的，但他最後真正愛上的是酒館的招牌菜之一，莫札瑞拉起司。

費德勒和特里盧薩志趣相投。後來有一天，特里盧薩毫不猶豫，突然跑來費德勒在瑞士的家，帶了一點他的莫札瑞拉起司給他。費德勒不曉得該如何感謝他的這件貼心小禮物。

雷利・史考特執導、羅素・克洛主演的電影《神鬼戰士》，是納達爾最喜歡的電影之一，二〇〇〇年讓歷史史詩題材的電影重新崛起。《神鬼戰士》以古羅馬城的中心為背景，納達爾也因此把羅馬競技場這個地名記在心裡，一有機會便偷溜過去。

永恆之城羅馬的景色絕美，要替城內的美景排名簡直難上加難，但納達爾心中的前三名無疑是梵蒂岡的宏偉莊嚴、西班牙廣場的美輪美奐，以及日落時分特雷維噴泉的迷人風情。他常常穿過市中心巷弄，步行前往特雷維噴泉。

二〇一七年納達爾抵達羅馬時已是精疲力竭，畢竟連續在蒙地卡羅、巴塞隆納和馬德里奪冠，累得不成人形也是理所當然。沒有人敢叫他退出羅馬大師賽，但考慮到他星期一一早飛抵羅馬時身心累積的疲倦，棄賽也許會是最明智的決定。

前一晚，星期日，納達爾在馬德里擊敗蒂姆，這年賽季至今已連續三度高舉金盃。賽後他幾乎沒有時間休息，只有短短幾小時能稍微喘口氣，接著搭上飛機，不知不覺就來到義大利廣場。他和同胞好友洛佩斯在五號球場進行一場柔和的訓練，就稍微碰碰球，沒別的意思。

這種形式的訓練一年下來有好幾場，總是安排在艱鉅的巡迴賽季途中，用意是降低選手的訓練強度，藉此舒緩比賽期間的壓力。

這些訓練通常會以某種遊戲結束，比方納達爾和團員那天下午在羅馬的提議就是。差別在於納達爾一行人都不曉得要如何抱著不求勝的心情玩這場遊戲，而遊戲沒多久就成了比賽。

納達爾在後場擺了一張綠色木頭椅子，接著拿著一顆網球來到球網旁，打算用腳把球踢到椅腳中間。

第一腳，納達爾為了提高準確度，大幅放慢了出腿的速度，馬上就惹來其他人的抱怨。

「你那個才不是射門好嗎！」托尼在二十多名球迷眾目睽睽下張開雙臂放聲疾呼。球迷們聚在看台上，等候時機向納達爾索取簽名。「老兄，你踢得未免也太慢了！拜託你用點力好嗎！」

「別哭哭啼啼的好嗎？」納達爾一面回答，一面將球傳給叔叔。其他團員在一旁等候上場試試運氣，接著才魚貫走向更衣室。

義大利廣場是古色古香的世外桃源，每年選手們紛紛齊聚此地，爭奪羅馬大師賽的王座。

廣場座落於羅馬市郊，一九二八年開始興建，一九三八年竣工，最終設計被視為墨索里尼的義大利法西斯建築的最高傑作。

義大利廣場除了舉辦羅馬大師賽的網球中心，還有羅馬奧林匹克體育場、大理石體育場和游泳運動館。納達爾七度征服義大利廣場，前無古人，後無來者。

羅馬網賽是年度賽季的第五項1000分級大師賽，若要說它有什麼與眾不同的地方，就屬比賽當週的氣氛了。除了成人觀眾趕赴現場近距離感受網球的魅力，也可見到上百名孩童在賽事場館寬敞的街道上跑來跑去，或坐滿戶外球場的石階座位，或在選手離場的出口旁排隊，碰碰運氣看看能不能拍到選手的照片。

羅馬大師賽極具歷史份量，一來是它早在公開賽時代（一九六八年）前便存在的老牌賽事，二來是因為許多網壇名宿曾在這裡封王。

拉沃、柏格、諾亞（Yannick Noah）、藍道、韋蘭德、山普拉斯、里歐斯（Marcelo Ríos）、庫爾頓和阿格西等傳奇選手都曾在羅馬大師賽摘下桂冠，後來納達爾、喬科維奇和莫瑞才加入這份赫赫有名的冠軍榜。

因此，大多數史上最強選手都名列羅馬大師賽的歷屆冠軍中。

少數傳奇選手不曾登上義大利廣場的王座。費德勒就是其中最出眾的一位。

和歐洲紅土賽季的其餘賽事一樣，納達爾從俱樂部中心走過時，心裡很清楚自己不會在這裡和費德勒碰頭。費德勒此時此刻仍在養精蓄銳。然而，納達爾放好包包準備前去用餐時，看見了選手區懸掛的巨幅相片，時光機隨之啟動。

二〇〇六年五月十四日下午，納達爾和費德勒在羅馬決賽上對決。這場比賽是兩人對戰史上最精采的比賽之一，是一場原本理當將費德勒送上王座的比賽，一場為未來的一切打下基礎的比賽，一場根據兩人的球風，將球迷分成兩派的比賽。

許多球迷與納達爾的鬥志、熱情和努力產生共鳴，另一派人則向費德勒的優雅、技巧和天賦靠攏。

這些年，費納兩人每次對決，這兩派人馬也吸收新的黨羽，最終創造了兩派截然不同的球迷。網球史上從未發生過這種事，至少從未如此兩極分化過。

某些專家研究此現象，將費納的支持者巧妙比喻為兩支死對頭足球隊的球迷。足球迷可是常常做出極端狂熱的舉動，但這兩派人馬並沒有。

二〇〇六年羅馬大師賽決賽上，納達爾和費德勒打了一場歷時超過五小時的馬拉松大戰。納達爾最終以六比七、七比六、六比四、二比六和七比六擊敗費德勒。費德勒一度只差臨門一腳便可拿下勝利，第五盤時他以四比一領先，後來納達爾逐漸追上，局數來到六比五，費德勒領先比分為四十比十五，手握兩個冠軍點。這些機會費德勒都沒好好把握住，拿下這關鍵的一局便可封王，但他好幾記簡單的正手回球頻頻出界，眼睜睜地看著納達爾反擊。

遭遇困境時，納達爾總會奮力跳躍，用力握緊拳頭，振作起精神，承受難以想像的疲勞。換作是其他選手，早就累死了。

甚至連托尼也以為他的姪子連續贏了五十二場紅土比賽後，會承受不住身體的耗損。然而，見真章的時候到了，這次身體的耗損並不是左右勝敗的因素。

「決賽速戰速決，不然你就完蛋了。」托尼在更衣室曾如此告誡納達爾。之後納達爾上場應戰，向托尼證明他大錯特錯。

「謝謝你的加油。」納達爾用這句話道別，同時挑了個眉，加重這句回覆的嘲諷口吻。

輸掉那場決賽令費德勒很受傷，在他心中留下了關於納達爾的第一道疙瘩。兩人先前六度交手，納達爾贏了其中五次，令費德勒深感技不如人。接下來幾個月，這股自卑的感覺變得更加強烈。

費德勒在羅馬大師賽的表現很好、非常好，這場決賽大部分時候都發揮出他該有的水準。他打得很自在，身體狀態良好，甚至放膽連續上網，一場比賽下來共上網八十多次，而紅土恰好不是適合上網得分的場地。

納達爾這場比賽擊潰費德勒的那套打法，兩人對戰史頭十年，幾乎每次對決都讓他品嘗勝利的喜悅。

納達爾接連以左手打出正手高球，攻擊費德勒的反拍，讓他單手反拍對抽得上氣不接下氣，進而失誤，或者把費德勒逼到後場一端，再把球扣殺到球場另一角得分。

納達爾當年才十九歲，這場勝利再一次展現了他面對最大勁敵時的堅強，也讓他追平阿根廷選手維拉斯於公開賽年代創下的五十三場紅土連勝紀錄。

納達爾覺得自己能夠贏下這場對決簡直是奇蹟，因為那陣子出戰每項賽事前，輸球的念頭一直在他腦海揮之不去，彷彿一名走鋼索的人，已經在鬆弛的繩索上走了太久，越來越覺得自己就要墜入無底深淵。

一年後，二〇〇七年羅馬大師賽，費納再次交手，但這回擂台是雙打項目。他倆都不常打雙打，要在雙打比賽中碰頭的機會非常小。因此，抽籤結果安排兩人在第一輪比賽對壘時，比賽開打前好幾個小時彼得蘭傑利球場便是萬頭鑽動，許多觀眾甚至站著觀戰。

彼得蘭傑利球場是轉型成網球場的藝術品。幾年前條件不敷作為羅馬大師賽的主要比賽場地，但它依舊比義大利廣場的其他球場來得有魅力。球場是個低於地面幾公尺的凹洞，當地特有的松樹四面圍繞，幾尊羅馬帝國時期的雕像戒備森嚴地佇立四周，坐上橢圓形大理石看台的球迷彷彿回到過去，觀賞皇帝下旨舉辦的鬥獸比賽。

這年納達爾和莫亞搭檔，而費德勒則與瓦林卡組隊，四位選手都是單打強手，令這場雙打比賽精采可期。納達爾和莫亞以六比四和七比六戰勝瑞士雙人組。費德勒和瓦林卡這場比賽一度有機會可以獲勝，輸球的結果出來時，費德勒開玩笑地說就算找了幫手，他還是贏不了納達

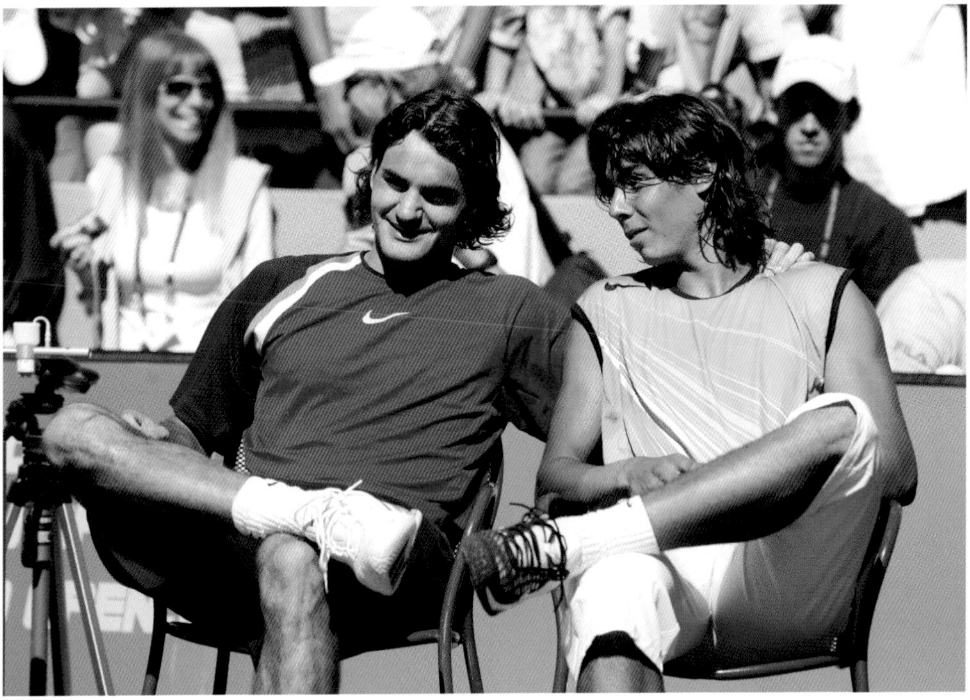

費德勒和納達爾，2005 年邁阿密大師賽決賽賽後。©Miguel Ángel Zubiarrain

2007 年，卡達網球公開賽前活動，費德勒與獵鷹合照。©Miguel Ángel Zubiarrain

納達爾和費德勒，2007 年蒙地卡羅大師賽頒獎典禮。©Miguel Ángel Zubiarrain

費德勒，2007 年溫布頓網球錦標賽冠軍晚宴。©Miguel Ángel Zubiarrain

2008 年法國網球公開賽決賽，費德勒和納達爾於賽後致意。
©Miguel Ángel Zubiarrain

費德勒和納達爾，2008 年溫網頒獎典禮。©Miguel Ángel Zubiarrain

納達爾與桑塔納，2008 年溫網冠軍晚宴。©Miguel Ángel Zubiarrain

2008 年馬德里大師賽，納達爾獲頒世界排名第一的獎座後，咬著獎座。©Miguel Ángel Zubiarrain

2009 年澳洲網球公開賽決賽獲勝後，納達爾安慰費德勒。©Miguel Ángel Zubiarrain

納達爾與 2009 年印第安泉大師賽冠軍獎盃。©Miguel Ángel Zubiarrain

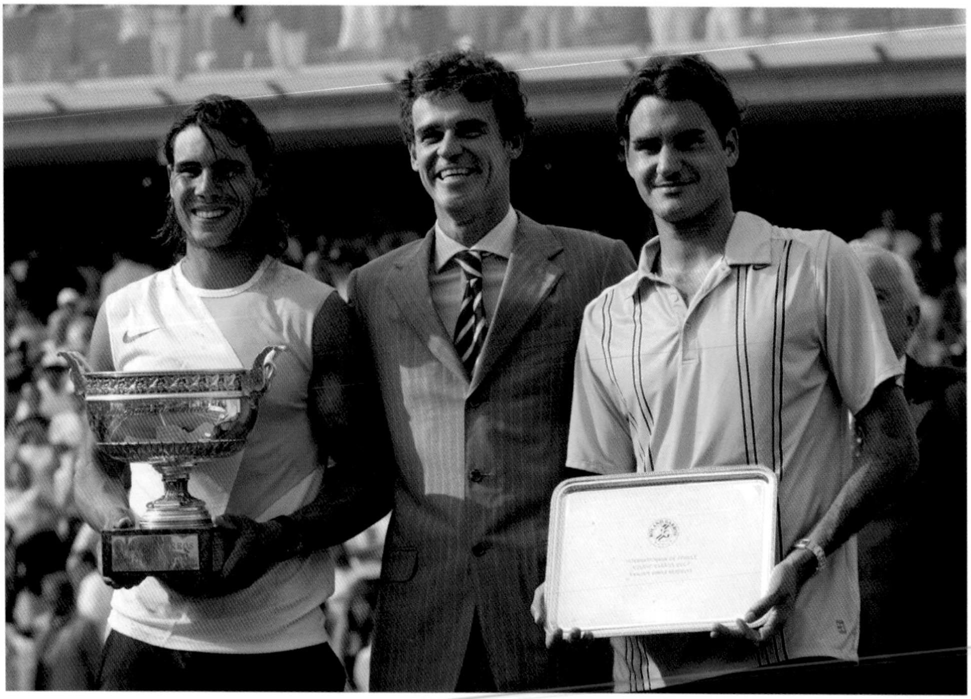

納達爾、庫爾頓和費德勒，2010 年法網頒獎典禮。©Miguel Ángel Zubiarrain

2010 年溫網，納達爾慶祝贏下決賽。©Miguel Ángel Zubiarrain

納達爾與費德勒，2010 年 ATP 年終總決賽頒獎典禮。©Miguel Ángel Zubiarrain

納達爾與費德勒，2011 年馬德里大師賽決賽，賽前熱身。©Miguel Ángel Zubiarrain

費德勒、阿爾赫萊菲和納達爾，2012 年卡達網賽選手派對。©Miguel Ángel Zubiarrain

納達爾與 2014 年法網冠軍獎盃。
©Miguel Ángel Zubiarrain

費德勒與 2014 年瑞士室內網賽冠軍獎盃。©Miguel Ángel Zubiarrain

費德勒和納達爾，2015 年瑞士室內網賽決賽後。©Miguel Ángel Zubiarrain

納達爾、費德勒和西班牙電信執行長阿瓦雷茲-帕耶特，納達爾網球學院開幕式。
©Rafa Nadal Academy by Movistar

費德勒和納達爾，納達爾網球學院博物館，與兩人 2008 年溫網決賽所穿的球衣合影。
©Rafa Nadal Academy by Movistar

納達爾、拉沃和費德勒，2017 年澳網頒獎典禮。©Miguel Ángel Zubiarrain

納達爾和費德勒，2017 年邁阿密決賽頒獎典禮後合影。©Miguel Ángel Zubiarrain

2017 年 4 月，納達爾成為巴塞隆納網賽十冠王後，與球僮一起躍入巴塞隆納皇家網球俱樂部的泳池。©Barcelona Open Banc Sabadell

納達爾與 2017 年馬德里大師賽冠軍獎座。©Diego G. Souto

2017 年，納達爾親吻他的第十座法網冠軍獎盃。©Miguel Ángel Zubiarrain

2017 年，法網奪冠隔天，納達爾與背景的艾菲爾鐵塔合影。©Miguel Ángel Zubiarrain

費德勒親吻 2017 年溫網冠軍獎盃。©Miguel Ángel Zubiarrain

納達爾咬著 2017 年美網冠軍獎盃。©Miguel Ángel Zubiarrain

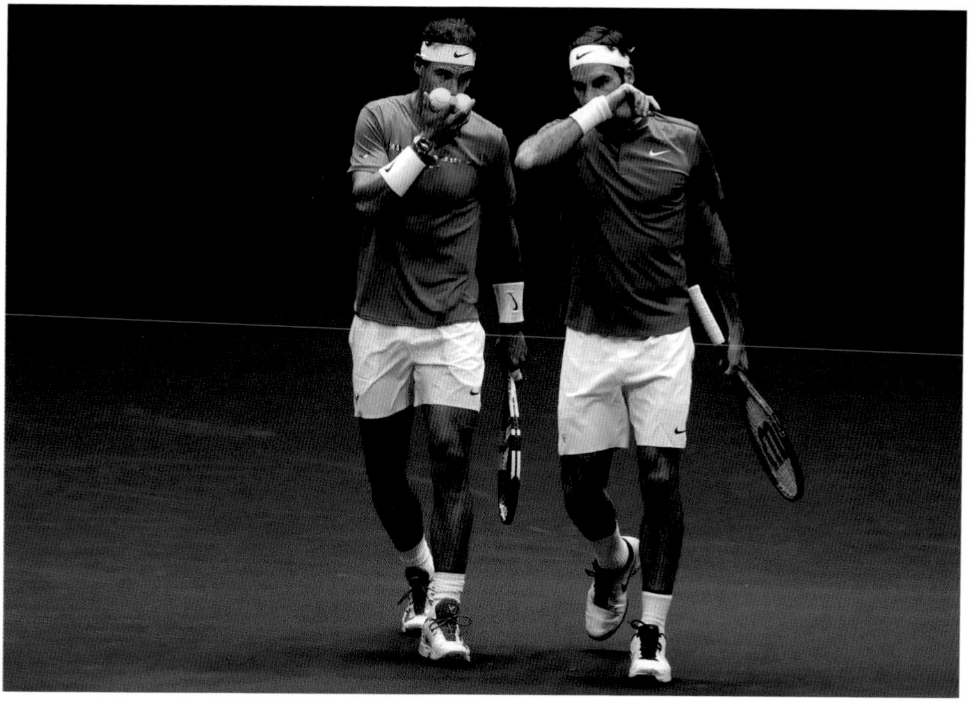

2017 年布拉格，納達爾和費德勒在拉沃盃的第一場雙打比賽。©David W Cerny

2018 年澳網，納達爾在與施瓦茲曼的比賽上慶祝得分。©Miguel Ángel Zubiarrain

2018 年，費德勒贏得澳網冠軍後喜極而泣。©Miguel Ángel Zubiarrain

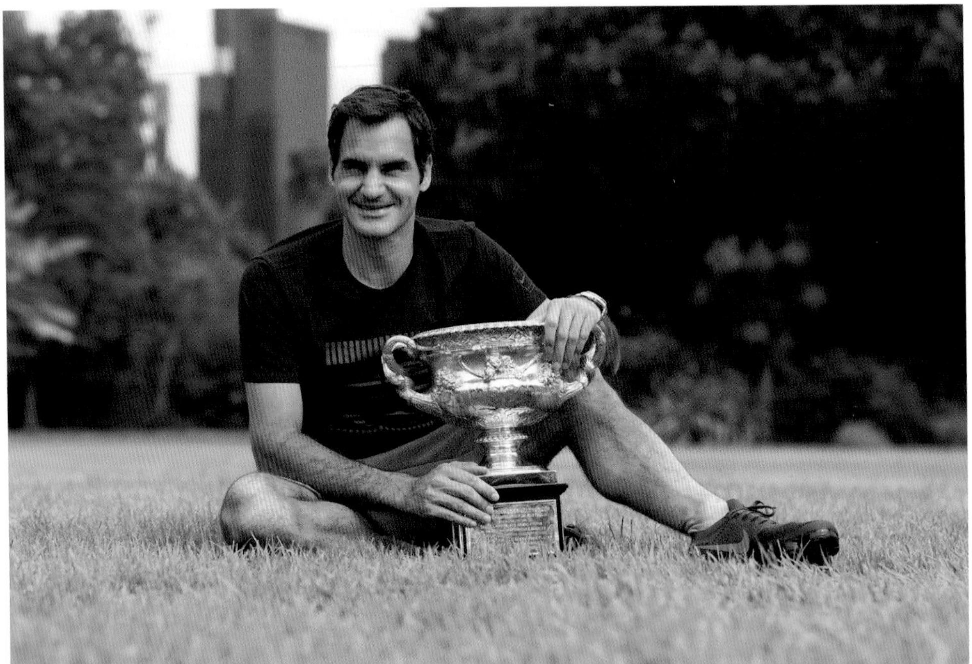

2018 年，費德勒在澳網奪冠後隔天上午，與冠軍獎盃合影。©Miguel Ángel Zubiarrain

爾。

費德勒這番話不無道理，但二〇一三年羅馬大師賽決賽又與納達爾碰頭的他，大概會希望有瓦林卡助陣就好了。

那年沒有人看好費德勒能夠問鼎冠軍，但他跌破眾人眼鏡，闖進決賽，碰上了納達爾。這是兩人第二十次在決賽上一較高下。

那場對決納達爾把費德勒打得潰不成軍，以六比一和六比三拿下勝利。這場比賽前，兩人交戰紀錄中納達爾的戰績為十九勝十敗，遙遙領先費德勒。反觀費德勒，甚至還有名觀眾提醒他大夥可是掏了大把銀子入場看球。他抱著奪冠的希望上場應戰，七十九分鐘後夾著尾巴落荒而逃。

兩人光是對抽了三球，費德勒便意識到自己根本不可能贏過納德爾。他無力招架納達爾極度凶狠的擊球力度，最終成了手下敗將。這場決賽費德勒一共只拿下三十六分，簡直就像是納達爾手中的玩偶，被他玩弄於股掌之間。

二〇一七年五月十六日上午，那場決賽的三年多後，納達爾走進羅馬大師賽的採訪廳，二話不說先親吻好幾個星期不見的克莉史汀森（Linda S. Christensen）的臉頰兩下。

這件小事可能無關緊要，但完美說明了納達爾有多注意自己的一舉一動。

克莉史汀森任職於《ＡＳＡＰ體育》，網壇許多賽事都聘用這家公司，精確又快速地抄寫選手在記者會上的發言。速寫紀錄之後會透過電子郵件寄給有採訪許可的媒體，也會列印出來交給記者運用。

非常粗略地分析克莉史汀森的生活，概括來說她的工作行事曆跟選手的行程一樣緊湊。她奔波往返各大城市，接下來的幾天，記者會的主角接受採訪時，她就坐在發言台一旁的椅子上，使用一台特殊打字機抄下他們所說的話。這台機器小巧玲瓏，底部加裝了一個踏板，十分吸睛。

這份工作非常耗費精力，做克莉史汀森這一行的速寫員，工作一整天下來待命時間很長，不過薪水優渥、職位穩定，待遇可謂是好得不得了。

《ASAP體育》的速寫紀錄對記者是最珍貴的寶物。他們通常前腳剛離開採訪廳，信箱收件匣就收到選手方才發言的內容了，或者是記者會結束的當下，馬上就可以在書桌外幾公尺的地方領取列印好的書面紀錄，帶回去好好查閱。

《ASAP體育》的員工與網球選手幾乎是朝夕相處，因為大家常下榻同一間飯店，在同樣的選手餐廳吃飯，幾乎每場記者會都會見面。這並不代表他們是朋友，完全不是，但他們與選手之間的關係通常是若即若離。

說到與每天都會見到面的人保持良好關係，拿納達爾當作範例再理想不過。他第一次踏入採訪廳進行首戰前的賽前訪問那天，還是離開那天，無論是抱得金盃歸，抑或是慘遭淘汰，總是親切地問候記者，在女性工作人員臉上吻兩下，說幾句友善悅耳的話。

網壇這個圈子說來複雜，克莉史汀森什麼風浪沒見過。她總是感謝納達爾的這些貼心小動作，每當有人問起鏡頭外的網球員都是怎麼樣的人，她也不吝替納達爾美言幾句。

摩羅柯（Jaime Morrocco）也在《ASAP體育》工作，他的處境卻完全相反。他和克莉史汀森不同。克莉史汀森很久以前就對納達爾的感覺很好，而摩羅柯卻沒辦法和費德勒和睦相處，而且費德勒還是速寫員最常在採訪廳遇到的選手之一。摩羅柯常說他覺得費德勒太完美了，好不真實。他特別注意到費德勒從不停下腳步與人打招呼，照理來說，費德勒知道是哪些速寫員替他的記者會做書面紀錄，卻依舊連一聲問候也沒有。

納達爾輕鬆打進羅馬的八強賽。第一場比賽，對手阿馬哥羅（Nicolás Almagro）的左膝蓋動彈不得，只能以〇比三棄賽，送納達爾晉級十六強。十六強賽上，納達爾擊敗美國選手索克，以六比三和六比四再下一城。

下一場比賽，納達爾嘗到了今年紅土球場的第一場敗仗。幾天前他才在馬德里擊敗蒂姆，現在兩人狹路相逢，又要在八強賽一較高下。上場應戰時，他的精神疲勞，很快便反映在他的肌肉上，害他的動作不靈活，移動緩慢。

這場比賽，蒂姆利用羅馬中央球場後場和左右兩側的空間比馬德里球場小這點，決定要打得比馬德里大師賽時還有侵略性。這套作戰策略加上納達爾的行動不靈敏，令他如虎添翼，以六比四和六比三淘汰了奪冠大熱門納達爾，終結了他的十七場紅土連勝紀錄。

羅馬大師賽淘汰出局這件事，在納達爾看來不但不是問題，反倒是個機會，讓他有連續四天的時間可以在馬納科重振旗鼓，為進攻法網公開賽做好準備。

納達爾已連續處在高壓環境下好幾個星期，贏了許多比賽，多次慶祝封王。蒂姆的勝利替他打開了一扇門，讓他回家陪伴家人，跟朋友打打高爾夫球，趁著馬約卡島天氣好時出去釣魚。

羅馬大師賽失利歸失利，納達爾飛抵巴黎時心如止水，因為他知道自己已經做好萬全準備，火槍手獎盃勢在必得。

12 紅土之王（一）

巴黎 *París*

梅里亞-皇家阿爾瑪飯店（El Meliá Royal Alma）座落於巴黎市中心，是家很不錯的四星級飯店。一般旅人常查詢奢華住宿指南，幻想自己住進大部分人荷包無法負荷的飯店，但梅里亞-皇家阿爾瑪則沒有收錄在這類指南中。

納達爾絲毫不在意梅里亞-皇家阿爾瑪的排場不如雅典娜廣場飯店氣派，等級不如麗池飯店高，也不在乎它的名聲不如費德勒造訪巴黎時常下榻的克里雍大飯店響亮。每逢五月，法網公開賽成為月曆上萬眾矚目的焦點時，位於狹小迷人的尚古戎路（Jean Goujon）三十五號的梅里亞-皇家阿爾瑪飯店，總是納達爾的不二選擇。這家飯店如此受納達爾青睞，主要原因有二，一來是服務很好，許多工作人員都會說西班牙語，二來是地點極佳，步行不遠便可抵達美麗的香榭大道。

二〇〇五年是納達爾的法網處女秀，也是他第一次住進梅里亞-皇家阿爾瑪，之後年年都再次選擇這裡下榻。納達爾確實不太相信運氣這回事，但他也是迷信的人，過去若有些習慣

Rafa：

我不在意別人是否將我視為奪冠熱門人選。我必須打球，唯有把球打好，保持身體健康，懷著正確的態度參加每場訓練和比賽，機會才會上門。這是在這裡取得勝利的不二法門。

奏效了，就會一直保持下去。那年，他在法網封王，而住在梅里亞-皇家阿爾瑪的那三週很舒適，從此只要造訪巴黎必入住這家飯店，梅里亞-皇家阿爾瑪最終也成了他職業生涯最重要的要塞之一。

無庸置疑，梅里亞-皇家阿爾瑪是見過納達爾展露笑顏最多次的飯店，伴他度過許多歡喜雀躍的時刻，但也看過他承受空前深刻的痛苦。二〇一六年五月二十七日下午，納達爾哭著來到飯店門口。他左手腕的尺側伸腕肌腱鞘受傷，第三輪對上格拉諾勒斯（Marcel Granollers）的比賽不得不棄賽，光復火槍手盃的機會也隨之灰飛煙滅。

納達爾從未公開承認過，但他感覺二〇一六年法網自己做好了萬全準備，可以攻下前一年沒能贏得的金盃。二〇一五年是他網球生涯最艱辛的賽季，他坦承那年他焦慮不安，靠著得天獨厚的天賦一手寫下的法網五連冠傳說——可能是網球史上最厲害的連霸傳說——付諸東流。從前有好長一段時間他的意志力堅定不搖，如今一轉眼蕩然無存。站在球場上的他緊張萬分，控制不了呼吸，抑制不住情緒。信心是將幻想付諸現實的唯一關鍵，他的信心飛快地自他手中溜走。

就連他締造傳說的紅土球場都無法讓他稍微歇口氣。這年歐洲紅土賽季，納達爾沒有拿下任何一項冠軍。過去他是蒙地卡羅、巴塞隆納、馬德里、羅馬和法網的奪冠常勝軍，這年與各家賽事金盃失約，證實他正處於全新的危機之中，沒有人知道情況有多嚴重。

二〇一五年的法網，納達爾不敵喬科維奇，八強賽飲恨出局。回顧他前幾個月的表現，那場比賽會輸其實也不無道理，有跡可循。因此，二〇一六年再戰法網時，他從未如此渴望奪冠，但手腕的傷勢將他猛然拒於門外，無緣重登法網王座，更影響了他這年其餘賽事的成績。

二〇一七年春天，法網首戰前待在巴黎那些夜晚，納達爾有如交稿日期迫在眉睫的影評，狼吞虎嚥地看影集度過。他那陣子睡前的主要消遣是哥倫比亞影集《毒梟帕布洛．艾斯科巴》，全劇共有一百一十三集，劇情講述這位大毒梟的一生。在Netflix平台上追完犯罪影集《毒梟》後，納達爾對劇中的事蹟很感興趣，之後無意間又發現了《毒梟帕布洛．艾斯科巴》這部哥倫比亞電視史上觀看次數最多的影集之一，決定給它個機會。

《毒梟帕布洛．艾斯科巴》是根據新聞工作者暨麥德林市前市長薩拉查（Alonso Salazar）的著作《帕布洛寓言》（*La parábola de Pablo*）改編而成，收錄了報章文件和真實證詞，並結合虛構的故事，深度剖析艾斯科巴的一生。艾斯科巴是麥德林販毒集團的創立者和最高頭目，《毒梟帕布洛．艾斯科巴》以他的事蹟作為結構骨幹，深入介紹他一手創立的犯罪帝國，回顧他如何一步步崛起，鞏固地位，乃至於後期的隕落，以及害他四十四歲命喪安蒂奧基亞省的那場屋頂槍戰。

艾斯科巴的影集在納達爾心中留下深刻印象，久久揮之不去，漸漸融入他的日常生活中。他開始以有趣的口吻說著「親愛的」（mijo）跟「老闆」（patrón）這兩個艾斯科巴常說的口頭禪。

然而，艾斯科巴並不是納達爾那陣子就寢前唯一見到的臉孔，他還在他的Macbook Pro上看了其他許多影集，比方美劇《無照律師》，劇情講述資深律師雇用了沒有律師執照和法學學歷的天才助理律師，兩人處理案件的同時還要守住這個祕密，不然資深律師就要丟飯碗了。另一部是以小說《冰與火之歌》系列改編而成的知名中世紀奇幻題材影集《權力遊戲》。這兩部影集和《毒梟帕布洛·艾斯科巴》一起占據了納達爾的筆電空間。

《權力遊戲》從第一季開始便在納達爾心中搶下一席之地。劇中眾多角色無一倖免，難逃一死，劇情變幻莫測，深深吸引著納達爾，進而讓他迷上喬治•馬丁（George R. R. Martin）的原著系列小說。

《權力遊戲》是個龐大多元、人物繁多的宇宙。納達爾很快與提利昂·蘭尼斯特產生共鳴。提利昂雖是侏儒，但來自故事中最有錢有勢的家族之一，是劇中人氣最高的角色之一，也被戲稱作小惡魔或半人。

飾演該角色的美國演員彼得·汀克萊傑，二○一一年先後贏得艾美獎和金球獎的最佳戲劇類影集男配角獎，此外，由於他將提利昂一角詮釋得活靈活現，生動演技充分演繹了該角色的求生精神，更四度入圍艾美獎提名（二○一二年、二○一三年、二○一四年和二○一六年）。

納達爾最喜歡提利昂的求生精神。提利昂從第二季開始戲分突出，是《權力遊戲》主要的倖存者之一，多次陷入棘手困境都瀟灑脫身，屢次活在刀口下保住小命。他出色的求生能力與納達爾的鬥士精神不謀而合。

五月的那幾個夜晚，劇中某幾場戲納達爾看得是激動萬分，梅里亞-皇家阿爾瑪飯店鄰近客房的住客甚至納悶他房裡究竟發生了什麼事。

世界最強的雙打選手之一，也是納達爾的摯友洛佩斯很清楚跟納達爾共處一室睡覺的結果只有一個，最後一定會迷上他當時正在追的影集。

這些年來，納達爾改變過生命中的某些事情，但有些事始終如一，睡前追劇便是他的例行公事之一。

納達爾總要看電影或影集才肯乖乖睡覺，而且他從不戴耳機，聲音以最高音量自筆電喇叭播出，誰要是當了他的室友，最後也會對螢幕上發生的事產生興趣，陷入劇情之中。

洛佩斯就曾好幾次這樣。最近一次是二〇一六年里約奧運，比賽期間他和納達爾睡在選手村的同一間房。費雷爾、鮑蒂斯塔和拉莫斯等人十點鐘早早上床睡覺，納達爾和洛佩斯還在看電影討論劇情，非要看到半夜一點才肯睡。

費德勒通常不會看影集看到這麼晚，因為他喜歡早早就寢，但曾有一段時間也追劇追得很兇，很迷《Lost檔案》、《越獄風雲》、《我家也有大明星》和《超異能英雄》等影集。

這四部劇是費德勒的最愛。《Lost檔案》的劇情講述海洋航空公司815航班發生空難，倖存者在一座怪事頻頻的小島上迷失了六季，島嶼上的謎團也令費德勒的神經整整繃緊了六季。

和納達爾一樣，影集也幫助費德勒放鬆入眠，但從來沒成為他重大勝利的幕後推手。

二〇一二年六月十日，納達爾徹夜難眠。大雨攪局，法網決賽中途喊卡，推延至星期一續戰。他原本在比分上取得領先（六比四、六比三、二比六和一比二，對手的發球局），但喬科維奇主演了一場絕地大反攻，就要從他手中搶走冠軍頭銜。

納達爾的戰況一度陷入危急。

納達爾生涯最大的兩位敵手費德勒和喬科維奇有一項特點，他們非常尊重身邊的人。大會宣布比賽延期後的幾分鐘，喬科維奇的父親史丹．喬科維奇請所有經過選手室的人喝香檳。這是他慶祝兒子於決賽上力挽狂瀾的方式，儘管喬科維奇尚未徹底戰勝納達爾登上王者寶座。

反觀納達爾，他的頭快爆炸了，早已離開俱樂部，臨走前還告訴團員冠軍獎盃不保了。回到房間後，納達爾仍無法緩解令他腸胃痙攣的緊張情緒。時間已近午夜，他仍心煩意亂，滿腦子都在想喬科維奇，以及被他急起直追的決賽。那場比賽納達爾本是十拿九穩，但天公不作美，紅土球場頓時泥濘不堪，反倒是助了對手一臂之力。

納達爾孤注一擲，試圖冷靜，打開了他的筆電，開始找節目看，最後找到了鳥山明的漫畫作品改編的人氣動畫《七龍珠》。

納達爾小時候就看過《七龍珠》，而且是從頭到尾看過三輪，但他不在意，一頭栽進悟空的冒險故事中，試著冷靜情緒，將網球拍、網球和喬科維奇的臉孔自心頭抹去。

沒想到，《七龍珠》竟然在納達爾身上產生無比珍貴的效果。他成功停止心中那股焦躁不安，情緒依舊波濤洶湧，但小睡了片刻。隔天上午再戰喬科維奇，並順利阻止他反擊，以六比四、六比三、二比六和七比五拿下勝利，高舉在紅土聖殿拿下的第七座金盃，打破了柏格六度封王的紀錄，成為法網賽史上奪冠次數最多的選手。

幾年後，二〇一七年，納達爾參加法網期間追的影集，很快成為他與團員之間的聊天話題。飯桌上、搭車時或參賽待命時，他都會跟團員聊影集。不只一名團員跟他聊著聊著，最後禁不起誘惑，開始看《毒梟》，也有人加入追劇行列，是因為至少大家一天到晚在聊艾斯科巴和販毒集團時，不會搭不上話。

追劇行列中的其中一員是馬伊莫，大家都親暱喚他「堤丁」。他在團隊中扮演的角色是納達爾的物理治療師，但他還有更多身分，是納達爾的右手、心腹、心理師，也是他的顧問。若納達爾有個祕密只能告訴團隊裡的一個人，若要他在身邊的人中挑一個，這人肯定非馬伊莫莫屬。

然而，馬伊莫有個非常特殊的習慣，簡直怪到極點，在某些人看來也許幾近病態。他一五一十地記錄納達爾做的每件事。起初，手機還不智慧的那個年代，他隨身攜帶一本小小的筆記本，手寫做紀錄，空白頁面寫完了就換下一本。幾年前他將紙本筆記換成iPhone，在手機上記錄納達爾最出乎意料的行為，盡忠職守照顧好納達爾的身體，也不會嚇到太多人。

納達爾二〇一六年進行了多少場訓練？馬伊莫知道答案。納達爾一月份接受了幾場訪問？馬伊莫也一清二楚，他還知道是哪家媒體的訪問、是哪位記者採訪的，以及每場訪問花了多久時間。上次參加某某賽事納達爾是否曾在比賽中絆倒過？若真發生過這種事，馬伊莫也一定記下來了。

馬伊莫的耐心可比金工匠，過去十年一步步打造出一本關於納達爾日常大小事的百科全書。很難替這本百科全書制定價格，一般人要查閱其中情報更難如登天，因為資料全被馬伊莫加密保存在手機內。

納達爾的球迷都會願意掏出大把銀子買下這些筆記本。但這筆交易絕對不會發生，因為馬伊莫根本不打算出售。

馬伊莫的筆記檔案白玉無瑕，因為他是納達爾團隊中唯一行程和納達爾完全一樣的人，兩人簡直形影不離。納達爾共有三位教練，托尼、莫亞和羅伊格，他們分配賽事，輪流陪同納達爾出征每年各大巡迴賽季。經紀人哥士達唯有大比賽才會現身，不然就是準時出現在納達爾有廣告宣傳工作的城市。就連公關經理帕列茲-巴巴迪羅都不一定每次納達爾出賽都到場，就只有馬伊莫，總是陪著納達爾南征北討，納達爾跑到哪，他就跑到哪。

當然，二〇一七年納達爾踏上法網球場的第一天，馬伊莫就一直在他身邊。那天是比賽開打前一週的星期四，距離納達爾首戰還有三天。團隊認為納達爾先前打了非常多比賽，而且表現很好，無需提前太早來到巴黎，打法也不需做大調整。有時候他的氣勢很旺，準備的重心會放在維持並鞏固已獲得的成果，而不是尋求調整，免得讓這個重要的基礎失去平衡。

星期三晚上，納達爾飛抵巴黎，前往巴黎市中心參加一場Richard Mille品牌的活動。Richard Mille是納達爾自二〇一〇年起唯一配戴的腕錶品牌。小茲維列夫也出席了這場活動。這位德國年輕小將被許多人視為納達爾和費德勒理所當然的接班人，二〇一六年加入Richard Mille的代言人行列。

小茲維列夫具備成為球王該有的球技和氣度，有資格幻想自己補上費納兩人退役後留下的空缺。然而，小茲維列夫好幾次操之過急，想要一步登天，他和Richard Mille的合作關係就是很好的例子。

Richard Mille生產的腕錶要價不菲，高貴典雅，構造複雜。該品牌邀請小茲維列夫加入這個小家庭，但一直以來給他的款式都是納達爾早戴過的。Richard Mille把所有新款腕錶都留給納達爾，將他視為自家品牌的頭號代言人。

小茲維列夫接受提議代言Richard Mille，但私底下常跟親朋好友說被人當作配角，令他很不是滋味。他才剛踏入這個圈子，竟然以為自己可以與史上最優秀的選手之一的納達爾站在同一個廣告高度，這點完美說明了他心中的野心十分危險。

那晚，小茲維列夫擔任配角的角色，納達爾則收到一只新款手錶，戴著陀飛輪亮相。這只腕錶的機芯安裝在一體式的TPT碳纖維錶底上，抗衝擊性絕佳，錶殼採用西班牙國旗的紅黃色調條紋，搭配黃色錶帶，配色十分搶眼。接下來法網公開賽上，納達爾戴著這只限量五十支、售價近八十萬歐元的天價腕錶上場揮拍，進攻他的第十座火槍手盃。

活動中納達爾的心情平靜，雞尾酒會上甚至還與其他受邀貴賓談笑風生。然而，隔天上午初次穿過法網場館大門時，他的身上開始看不到前一晚的平靜和風趣，分組抽籤時更是蕩然無存。儘管許多選手都絕口否認，但打從抽籤日這天，大家開始感到不安。

命運的齒輪開始轉動的同時，納達爾正在菲利普．沙特里耶球場練球。菲利普．沙特里耶球場是法網的中央球場，也是納達爾生涯最重要的球場。幾公尺外，上屆男女單打冠軍喬科維奇和穆古魯薩正在參加抽籤儀式，為賽事揭開序幕。

納達爾發現命運安排他與戈芬打一盤練習賽。他並不特別把戈芬放在心上，也不討厭這項安排。他的兩位教練托尼和莫亞也不認為這場練習賽是太艱辛的路，當然，他們也知道法網是一項又長又嚴苛的賽事，有很多其他因素可能會產生影響。

結束第二日訓練行程的幾小時後，納達爾出席了他在法網的第一場記者會。基於兩件事情，記者們的問題如雨點般襲來，圍繞著納達爾身為奪冠大熱門這點打轉。第一是因為他先前在其他紅土賽事創下了連勝紀錄，第二，根據籤表，這年他的晉級之路將不是一場硬仗。

突然間，納達爾又感覺有千百隻眼睛正打量著自己。

「那個，你又再次成為奪冠呼聲最高的選手了。」一位操著濃厚英式口音的記者突然開口問，「拉法，你的感覺如何呢？」

「對我來說唯一重要的事就是來到這裡，好好打球。」回答時納達爾手裡把玩著水瓶。這是他每次記者會常有的小動作，「我不在意別人是否將我視為奪冠熱門人選。我必須打球，唯有把球打好，保持身體健康，懷著正確的態度參加每場訓練和比賽，機會才會上門。」納達爾堅稱，說著說著挑起一邊眉毛，「這是在這裡取得勝利的不二法門。你們就專心寫你們該寫的東西，但說真的我不是很在意。」

無論納達爾如何嘗試，但他就是甩不掉「十」這個數字，彷彿他身體的一部分，緊緊黏著他不放。不是人人都有機會在同一項大滿貫賽事十度封王的，就算是奪冠大熱門也一樣。幾週前，納達爾在蒙地卡羅大師賽和巴塞隆納公開賽達成十冠王成就，儘管這兩項賽事也是難以攻克的城池，但要在法網摘下十冠頭銜，難度可說是完全沒得比。

納達爾在法網多次封王，寵壞了他的球迷。封王本是一項非凡的成就，但被他搞得好像例行公事一樣，輝煌的戰績全被他搞得貶值了。然而，那幾天更衣室裡的許多選手都在納悶，從他們面前經過的納達爾會不會其實是外星人。

莫亞終其一生只在法網封王過一次。一九九八年，他擊敗科雷查，摘下桂冠。正因為如此，記者反覆詢問他對於納達爾可能成為法網十冠王的看法時，他率先指出很難有人能在同一項賽事封王十次。

莫亞是前世界第一球王，在這些訪談中，他也提及納達爾必須小心行事。納達爾的名字不只是媒體間的焦點，還是人人口中的話題，莫亞試圖讓大家知道現實沒那麼單純，因為哪天運氣不好，事情可是會一百八十度翻盤。不過，從布里斯本國際網賽開始至今，納達爾今年幾乎還沒碰過這種情況。

私底下，莫亞也對納達爾說過同樣的話。他搬出每場比賽都成功激勵納達爾的那套老生常談，但也努力將其他選手通常不會察覺的訊息傳遞給納達爾。

「你得站在對手的角度思考。」有天兩人在球場上練球練得筋疲力盡，結束訓練前往淋浴間的路上，莫亞如此對納達爾說。

「站在對手的角度思考？」納達爾反問。

「嗯，你得試著感覺對手當下的感受。」莫亞回答。他很清楚網球選手在場上應戰時，只會關心自己，無法將目光放到球網彼端，「舉例來說，上次你打得很不順手，因為球飄得很厲害，不是嗎？」

「嗯，被風這樣一吹，實在很難打。」納達爾說。

「想像一下你的對手碰上強風，以及你在球上施加上旋效果的感覺是什麼。」莫亞說。他試圖用這招提升納達爾的信心。從前擔任拉奧尼奇的教練時，這個方法大大奏效。

分組抽籤的那個星期五晚上，納達爾晚上和團隊成員一起去拉特里耶小館吃晚餐。這是家很棒的餐館，距離他下榻的飯店只有短短幾公尺。星期六一大早，納達爾回到「鬥牛場」調整狀態，為首戰做準備。

法網的一號球場對納達爾有非常特別的意義。沒有人敢真的替球場冠上「鬥牛場」的名號，但一號球場的圓形結構實在很像鬥牛場，大家也就如此戲稱。球場距離觀眾很近，比賽張力很強，氣氛激昂，坐在第一排的觀眾距離選手只有幾公尺之遙。有人說一號球場是全世界最適合現場觀看網球比賽的球場，因為距離之近連選手臉上滑落的汗珠都看得一清二楚，嗅得到每個破發點的緊張和恐懼，把飛入觀眾席的球帶回家的機率很高。許多球迷都把接到球視為榮幸，不會覺得很厭煩。

二〇〇五年五月二十三日，納達爾拿下他在法網的第一場勝利。那場比賽就是在鬥牛場舉行的，他以六比一、七比六和六比一擊敗的德國選手布斯穆勒（Lars Burgsmüller），從此再也沒回到這座球場比賽。

當時沒有人料得到納達爾二〇一七年再戰法網時，已是來挑戰十冠王的歷史紀錄。若有誰曾下注賭他會於法網九度封王，那人現在八成也發大財了，但無人未卜先知，妄想納達爾會達到這種境界。

和納達爾交手前，許多人一再告訴布斯穆勒他的對手是位沒有極限、將在法網紅土球場開創時代的少年。前一年，布斯穆勒就在印地安泉大師賽被這位身穿無袖衫搭配海盜褲的年輕人擊敗過了，因此納達爾展現的球技一點也不令他意外。

這場比賽，納達爾拿出他早期的拿手絕活。他的雙腿移動神速，趕上每一顆球，自刁鑽的位置將球回擊回去，迫使布斯穆勒跟他進行超長時間的對抽，並打出力道驚人的正手球，拿下這場比賽的勝利。納達爾光靠他的正手擊球便足以百戰百勝。

布斯穆勒退役後在醫院當醫生，二〇一七年在電視新聞上看見納達爾抵達法網的消息，不禁感到一絲驕傲。當年敗給納達爾令他很難過，換作是他人也是一樣，但綜觀這些年，他感覺自己很特別，納達爾在巴黎交手過的對手何其多，而他是其中的第一人，譜寫了納達爾法網征戰史的一部分。然而，納達爾的法網征戰史，比預期得還晚展開。

納達爾從未參加過法網青少年組的比賽，因為當年他才快要讀完中學四年級，父母堅持好好完成學業才是當務之急。法網青少年組的比賽日期剛好與他的期末考撞期，而選擇一直以來都很清楚。因此，他當年無法參加這項匯集了全世界網球新星的比賽，試試自己有幾兩重。

之後，成為職業選手後，兩道傷勢害他的法網處女秀一再推延。二〇〇三年於馬納科練球時他摔了一跤，造成右手肘骨折，二〇〇四年則是在愛斯多尼公開賽上左腳腳跟壓力性骨折，無緣進軍法網。那場比賽他和加斯凱纏鬥了三盤，最終拿下勝利。

二〇〇四年，經紀人哥士達說服納達爾造訪法網。雖然只有短短兩天，但他認為讓納達爾熟悉環境不失為好主意。兩人自高處眺望菲利普・沙特里耶球場，探索球場的迷人風情。

當年加斯凱是另一個與納達爾相提並論的選手，但哥士達已不再擔心他會打出比納達爾更好的成績。他也認為讓納達爾沉浸在每年五月底巴黎布洛涅森林的氛圍中，應該很有意思。

哥士達費了點工夫才說服納達爾跑這一趟。納達爾杵著兩支腋下拐，不情不願地搭上飛機，之後再杵著拐杖，在哥士達的陪伴下，漫步在法網比賽會場的中心，盡情探索。逛著逛著，特別的東道主莫亞突然現身。

「你知道為什麼我還不能在這裡比賽嗎？」納達爾問哥士達。兩人走在法網場館的街道上，沒有人打斷他們談話。二〇一七年再戰法網時，納達爾已是網壇重要的巨星，實在很難想像他當年說過這種話。

「為什麼？」哥士達回他，既意外又期待。

「因為還沒輪到我，卡洛斯，因為還不是我上場的時候。」納達爾說，語調若有所思，在哥士達耳裡聽起來不像是十六歲少年會說的話，「等我第一次參加這項賽事，我要創下偉大的成就。」納達爾告訴他，「總有一天，我會拿下冠軍。」

二〇〇五年六月五日，納達爾以六比七、六比三、六比一和七比五擊敗普埃爾塔（Mariano Puerta），拿下他生涯第一座法網金盃。賽後他立刻衝上菲利普．沙特里耶球場的其中一個包廂，擁抱他的團隊。

那年納達爾才剛滿十九歲，儘管各路專家一致將他視為奪冠大熱門，這場勝利依舊是非同小可的事。

「我就跟你說我會把冠軍抱回家吧！」輪到哥士達和他擊掌時，納達爾如此對他大喊，臉頰上滑過一絲絲淚水。

「然後你奪下冠軍了！」哥士達回答，說這句話時他沒料到往後納達爾在法網打下的江山，會讓這句話顯得微不足道得很可笑。

拿下生涯第一座法網冠軍後接下來的幾分鐘，納達爾過得和平常沒兩樣。不過，在更衣室門口發生的事倒是非常奇特。

他一邊喝著百事可樂，一邊走下樓梯，接著和當時西班牙總理薩巴德洛（José Luis Rodríguez Zapatero）執政時期任體育部長的里薩維茨基（Jaime Lissavetzky）寒暄了幾句，聊著聊著百事可樂的鋁罐還不小心掉了下去，從地上滾過。

之後，納達爾在木頭長凳上坐下，身上還穿著和普埃爾塔比賽時那套綠色無袖球衣和白色海盜褲，身旁擺著火槍手獎盃。團員們此時還在回憶著方才那場決賽的點點滴滴。

這時，兩位非常特別的貴賓來到納達爾身旁，祝賀他奪冠，並一起合照了一張。

其中一人是維拉斯，史上最強的紅土選手之一。另一位是庫爾頓，前世界排名第一、三屆法網冠軍（一九九七年、二〇〇〇年和二〇〇一年）的球王。他倆和納達爾聊了一會兒，最後一起合影留念，拍照時也許完全沒料到十年後這張相片將會非常有價值。

韋蘭德也沒料到。維拉斯和庫爾頓來訪後，他也來找納達爾拿著獎盃跟他合影。

沒想到，這張相片成了球王交接的畫面。

韋蘭德是上一位初次參加法網（一九八二年）便奪冠的選手。後來納達爾進軍法網，奪走他的新人球王的榮譽。兩人之間的差異顯而易見，一目瞭然，但也嗅得到一股藏不住的氣氛。

韋蘭德三度於法網封王（一九八二年、一九八五年和一九八八年），而納達爾的歷史才剛要起步，但在場的氛圍已感受得到這位來自馬納科的年輕小夥子注定會創造歷史。

二〇〇五年六月五日下午，史上最強的紅土選手誕生了。沒有人的想像力豐富到能夠預言這件事。維拉斯、庫爾頓、韋蘭德，甚至是納達爾本人都料想不到。

13 紅土之王（二）

巴黎 *Paris*

費德勒的球風快速直接，跑得比秒針還快，在這台高速列車讓對手窒息。納達爾的比賽總是細火慢熬，需要花更長時間恢復體力，因為他通常跟對手進行長時間的激烈對抽，進而得分。

首戰前的星期六，納達爾來到鬥牛場，與地主選手普伊（Lucas Pouille）一起進行訓練。一踏入鬥牛場，他便回想起自己早年出戰法網的那段時光。這天恰逢傳統的兒童日，近四千名觀眾聚集在一號球場，目光全放在他倆身上。熾熱的陽光狠狠地打在看台上，但眾人的回應依舊不可思議，大大超越了保全人員的預期。離開球場時，上百名球迷蜂擁向納達爾索取簽名，讓他幾度寸步難行。

失控的球迷排山倒海襲來，保全人員不得不要求大夥冷靜，納達爾則是用跑的回到選手區。他終於鬆了一口氣，因為無數隻討簽名的手環繞著他，令他差點窒息。球迷頂著高溫苦苦等候了兩小時，球王的簽名就像是小小的獎勵。

「太可怕了！」深受納達爾信任的醫師安赫・科托羅在餐廳的露台對他說，同時揮舞著雙手，強調情況有多緊張。

「安赫，我差點就沒辦法活著走出來了！」納達爾邊笑邊回覆他，接著右肩上扛著藍色包包，一身大汗淋漓，前往淋浴間。

一如往常，儘管場面混亂，納達爾還是回應大家的熱情，試著盡量滿足每一位球迷。回饋粉絲的程度確實無從測量，但一整年下來，若依贈送簽名及與粉絲合照次數將選手排序，納達爾絕對肯定名列前茅，完全不在意當下的狀況為何。

功成名就後，納達爾對球迷的照料與關心依舊不變。無論是空閑時間在街上散步、完成訓練後、在世界各地餐廳用餐時，甚至是輸球離開球場，納達爾都會替人簽名。從很久以前開始，看見納達爾吞敗是最令人吃驚的事，無論是在電視轉播或是現場看到都是。

C羅和皇馬一起輸球後，還會替球迷在球衣上簽名嗎？梅西會嗎？NBA的超級巨星有誰會嗎？其他運動的選手會嗎？無論輸贏與否，納達爾總是會替粉絲簽名，就算大滿貫賽事慘遭淘汰出局，他最不想做的事就是拿起筆，在各式各樣的物品簽上自己的名字。

有些選手輸球的當下總是垂頭喪氣，對自身以外發生的事不聞不問，好一陣子處在氣頭上，甚至需要一些時間才能與團隊成員說話。有些選手則內心難受不已，會快速自方才球場上發生的一切抽離，比賽歸比賽，生活歸生活。

納達爾屬於後者，而費德勒則是介於這兩類之間。舉例來說，有時候遭到淘汰，費德勒會願意停下腳步簽名，有時候則不，但他關心球迷的程度之高，不亞於他的大宿敵。和納達爾一樣，費德勒來到世界各個角落，都會稍微回敬人們對他表達的愛，他知道球迷在自己的職業生涯扮演最重要的部分。

許多人可能會說費納兩人的一舉一動是逢場作戲，若有攝影機捕捉到他倆在替無數粉絲簽名，有助於提升他倆本來就很好的公開形象。

然而，事情並非如此，因為他倆公開對球迷表示的關心，就算是私底下也完全不會打折。

二〇一五年美網期間，納達爾做了個意義非凡的小舉動，而且大家都沒察覺到，令他的行為更有價值。來到美網以前，納達爾承諾一名西班牙記者會送他一個簽名的東西，祝他的父親早日康復。該記者的父親幾週前動了大手術，差點讓記者此行無法來紐約出差。

記者感謝納達爾的好意，高興地接受，但接下來的幾天禮物並沒有送到，因為納達爾正在如火如荼地比賽，而記者也沒有提醒他這件事，比賽一輪一輪地進行下去，納達爾最終什麼都沒給那名記者。

此時，記者心裡冒出一般人都會有的念頭：球王已經忘記他了。納達爾這種頂尖運動員腦子裡有許多事情在打轉，會忘記也是理所當然且正常。

二〇一五年九月五日清晨，納達爾意外慘敗給義大利選手福尼尼。福尼尼以三比六、四比六、六比四、六比三和六比四，於美網第三輪比賽將納達爾淘汰出局，並達成了從來沒人達成過的成就，在大滿貫賽事被納達爾連贏兩盤的情況下逆轉勝，終結了納達爾打完無比嚴苛的美網前兩場比賽獲勝後，所創下的一百五十一勝零敗的輝煌戰績。

納達爾無比沮喪地離開亞瑟．艾許球場，走在前往更衣室的通道時，他以朦朧的雙眼盯著天花板，不禁發出一聲無力的嘆息。輸球令他不快，但這回還是許久以來第一次失利在心中留下傷痕。

該名記者以最快的速度，幾乎是倉促地撰寫了他的報導，並用電子郵件發給遠在西班牙的編輯部，讓報社在第一時間刊登新聞。之後他在距離選手更衣室二十多公尺外的美網採訪廳門前地板上坐下等待。

時間接近凌晨三點，納達爾準備與媒體碰面。他把和福尼尼比賽時穿過的黑色球鞋包裹在球衣內，拿著這份禮物，出現在走道上。

「給你，要送給你父親的。」納達爾對該記者說。記者不曉得該如何對眼前的事做出反應，「你想要我替你簽名的話，得找支白色的油性簽字筆，因為黑色的有點難簽上去。」

「當⋯當⋯當然好啊。」納達爾不到兩小時前剛被淘汰，而且還是以最糟糕的方式，但還記得先前許下的承諾，令記者措手不及，只能支支吾吾地擠出一句。

「太了不起了！」納達爾的公關經理帕列茲-巴巴迪羅自後頭大喊，「這傢伙真是了不起！」他重複道。這個當下納達爾十分難受，但還做出這種舉動，令帕列茲-巴巴迪羅驚訝不已，「真不是蓋的。」

納達爾與普伊在鬥牛場上進行了一些發球準確度的練習。訓練結束時，其中一間辦公室的門緩緩打開，法網最重要的執行委員會議宣布結束。

那場會議做出了一個令許多人意外的決定，納達爾的團隊也十分吃驚。

法網主辦單位將喬科維奇的首戰安排在中央球場菲利普．沙特里耶球場舉行，並讓納達爾在第二重要的蘇珊·朗格倫球場比賽。再奇怪的立場都找得到論據辯護，但將九度封王的選手放逐到較小的球場打他的首戰，怎麼看都是難以理解的決定。

原來，納達爾第一輪比賽的對手佩爾（Benoît Paire）施壓影響了主辦單位，使得納達爾被排出中央球場。佩爾要求要在蘇珊·朗格倫球場舉行比賽，目的是避免在納達爾的地盤菲利普·沙特里耶球場跟他交手。基於佩爾是地主選手，主辦單位准許了他的要求。想當然耳，沒有哪位執行委員針對這事提出解釋，而媒體也無需得到解釋，因為會發生這種事情的原因一直都很清楚。

比賽開打前，佩爾已接受自己贏球機會渺茫的事實，但仍嘗試用盡手邊一切資源，使出對策。佩爾具有網球天分，但表現不穩定。紅土球場不是他最拿手的場地，但比起在菲利普·沙特里耶球場和納達爾對決，他在蘇珊·朗格倫球場上獲勝的機率略微高了一些些。

納達爾比誰都懂得利用法網中央球場的特性，就算閉著眼睛也能打球。沒有哪位網球選手能夠像他一樣利用球場左右和後場的空間，讓對手失去空間感，來到對他十分有利的位置，來到他能夠輕易得分的位置。

許多選手不知不覺間被逼到球場盡頭，緊貼著廣告板，等到想要往前反攻幾公尺時早已不可能了，因為比賽已經在納達爾的控制之下。此外，若該選手是第一次在菲利普·沙特里耶球場比賽，經驗不足，又碰上紅土之王，輸球的感覺會更為強烈。

那幾天，教練莫亞認為納達爾將會在法網中央球場獲勝，就算要他賭上性命，他也會堅持己見。身為前世界排名第一球王的他，親身經歷過在菲利普．沙特里耶球場與他的徒弟比賽的感覺。那是二〇〇七年的八強賽，納達爾以六比四、六比三和六比〇獲勝。莫亞對菲利普．沙特里耶球場非常熟悉——一九九八年曾贏下火槍手盃，怎麼能不熟悉——但最終仍徹底落入球場的陷阱。

佩爾不在菲利普．沙特里耶球場比賽，並沒有發生和莫亞一樣的事，但成功說服法網主辦單位准許他與納達爾在蘇珊．朗格倫球場交手的心願，也沒派上太大用場。納達爾以六比一、六比四和六比一擊敗佩爾。然而，最感人的一刻發生在兩人開始爭奪勝利前，因為只要一開賽，這場比賽儼然只是一道簽了納達爾名字的程序。

觀眾陸續就座準備觀賞球賽，司儀介紹納達爾，並回顧了他先前九度征服法網的事蹟，開場白之長，司儀講到最後都要喘不過氣了。隨著球王一長串的冠軍頭銜一一提出，球迷的掌聲也越來越激烈，最後全體起立迎接納達爾入場，場面之熱烈就連石頭也會被撼動。

納達爾在通道內等待上場比賽，聽著看台上觀眾如此熱情，情緒先是更加緊張，一度把頭縮了回去，接著焦躁伴隨著恐慌，控制住他的理智。

二〇〇五年，初次登上法網舞台那年，納達爾非常害怕法網，因為大家對他的期望高得不得了。

他是繼一九八八年的阿格西之後，同一年賽季奪冠最多次的二十歲以下選手，以世界排名前五名之姿展開他的法網處女秀，也是繼一九八九年的張德培後，最年輕的排名前五選手。

參加法網前，納達爾已拿下巴西、墨西哥、蒙地卡羅、巴塞隆納和羅馬的冠軍獎盃。這般成績無可厚非地令他成為法網奪冠呼聲最高的選手之一，但他身邊的人請大家冷靜，因為沒有人預料得到納達爾第一次在大滿貫賽事被視為奪冠大熱門，承受如此壓力會有何反應，更何況當年他才十八歲。

頭兩場比賽，納達爾展現出資深選手般的沈穩姿態，輕鬆戰勝布斯穆勒和馬利斯（Xavier Malisse）。然而，他的恐懼具現成為第三輪比賽對手加斯凱的模樣。

主辦單位和媒體宣傳這場比賽時，將比賽描述為「全世界最天賦異稟的兩位選手之間的對決」。這場比賽更被譽為上午場的決賽，受關注的程度非同一般。許多網壇名宿和重要人士到場共襄盛舉，如維拉斯和時任國際足總（FIFA）副主席的普拉蒂尼（Michel Platini）。

賽場的氣氛好似台維斯盃淘汰賽，吵雜得叫人受不了，近一萬五千張喉嚨聲嘶力竭地為加斯凱吶喊加油，但依舊徒勞無功。這場對決歷時一小時又四十九分鐘，納達爾第二次登上菲利普．沙特里耶球場，就讓全場啞口無言，以六比四、六比三和六比二擊敗加斯凱。從前參加青少年組比賽時，納達爾和加斯凱是不分軒輊的敵手，兩人短兵相接，看看誰有本領走得更遠，令納達爾備感壓力，因此獲勝時，他將賽前累積的所有壓力釋放出來。

時間來到二〇一七年五月的法網，納達爾與加斯凱之間的高下之爭已徹底分曉，因為兩人多次對決，納達爾最終以十四勝零負領先，奪冠次數更是令加斯凱望塵莫及。反觀加斯凱，踏入職業網壇後他打出了一點成績，但距離目標還有很長一段路要走。

首戰戰勝佩爾後，納達爾有如壓路機碾過每場比賽，赤手空拳一路晉級。第二輪他回到中央球場比賽，將對手哈斯（Robin Haase）打得一塌糊塗，比分六比一、六比四和六比三，但這成績與第三輪比賽巴西拉什威利（Nikoloz Basilashvili）所嘗到的教訓相比，簡直不足掛齒。巴西拉什威利輸得很不光彩。納達爾至今打過二百四十四場大滿貫比賽，就屬這場勝利最一面倒。

納達爾以六比〇、六比一和六比〇重挫巴西拉什威利，晉級十六強賽時可謂毫髮無傷。對手紛紛認為沒有人能夠讓他在巴黎嘗敗。

也許是巧合，但前一天法國網球協會主席宣布，法網將在未來設立一座雕像，向納達爾在法網的征戰史致敬。

納達爾與巴西拉什威利的那場比賽大獲全勝，一方面象徵他欣然接受主辦單位的這份大禮，另一方面讓他挺進第二週的賽事，距離再次贏下火槍手盃的目標又更近了些。

二〇一七年六月三日對納達爾是勞碌且圓滿的一天。那個星期六是他的三十一歲生日。他一大清早便慶生，與法國選手魯芬（Guillaume Rufin）在四號球場練了一個半小時的球。一穿過球場門口，納達爾便聽見球迷自看台上對他合唱生日快樂歌。

這只是第一場慶生會，接下來還有許多場。這天，納達爾三不五時就要謝謝眾人如雪片般湧入的祝賀。有些人是當面祝他生日快樂，有些人是打電話到他兩支手機或是在社群網站上發訊息祝賀。

這天第一個生日蛋糕早早送達，和魯芬練完球沒多久就送來了。

阿瑪爾．埃-庫魯迪（Amal el-Khouloudi）在法國網球協會服務，負責照顧參加法網和巴黎大師賽的選手；巴黎網賽通常於十月底舉行，是歐洲室內賽季的一站。阿瑪爾是法國人，通曉多國語言，其中西班牙語的程度特別精湛，有助於她與西班牙籍選手打好關係。這幾年下來，她與納達爾及其團隊的往來越來越密切。

二〇一六年的法網，納達爾因右手腕受傷而棄賽，阿瑪爾十分難過，哽咽地說不出話來。那天下午，許多工作人員左右列隊，以熱烈掌聲送別納達爾，阿瑪爾近距離看見納達爾臉上寫著悲傷和痛苦。因此，二〇一七年納達爾在法網過三十一歲生日，代表他身為奪冠熱門的地位依舊未被動搖，阿瑪爾也終於擺脫前一年的不快。

中午，法網工作人員，當然也包括阿瑪爾，替納達爾準備了生日蛋糕。納達爾離開前往飯店前，工作人員跟他約在選手服務區碰面，替他慶生。納達爾吹了蠟燭，替大家斟香檳，並與全體人員留影紀念。大家開始聊起那天晚上的歐冠盃決賽，祖文特斯和皇馬將於卡地夫千禧球場一決生死。

「席丹會安排誰踢先發前鋒？」佛蓋特（Guy Forget）問納達爾。佛蓋特是前世界排名第四的法國網球選手，現任巴黎大師賽總監，此時正要搭車離開去休息。

「前鋒陣容會是……本澤馬、C羅、伊斯科、莫德里奇和克羅思。」納達爾沉浸在足球賽的世界，一一背誦球員的名字。

「還不錯嘛！」佛蓋特笑著回答，「理論上這陣容還真不錯。」佛蓋特又重複了一次，接著祝納達爾接下來的賽事好運，看著納達爾在莫亞的陪同下離開，一路上有說有笑的。

納達爾每次在巴黎過的生日都很特別，但其中就屬二〇〇五年六月三日最獨特。那天他揮別十八歲，邁入十九歲，送了自己一份大禮。

傍晚六點二十九分，納達爾登上法網中央球場，與費德勒爭奪決賽的入場券。晚上九點鐘，他正式獲得出戰生涯第一場大滿貫決賽的資格。菲利普．沙特里耶球場現場所有人看著剛滿十九歲的納達爾以六比四、四比六、六比四和六比三戰勝二十三歲的費德勒。費德勒甚至一度以光線照明不足為由，請主審暫停比賽，但要求遭到駁回。

這場對決開局風平浪靜，以現在來看簡直平靜得難以置信，彌漫著一股單純的氛圍。準決賽前一天，ＡＴＰ成功把費德勒和納達爾湊在一起，拍了一張極具代表性的照片。這張照片隨著時間流逝變得越來越珍貴，因為再也沒有第二次了。

阿札尼和當年負責接待費納的帕列茲-巴巴迪羅，成功說服他倆的團隊，拍攝這張獨一無二的照片，替比賽宣傳。這次攝影很輕鬆便安排好了，因為當時費德勒的地位還不如現在崇高，納達爾的聲勢也尚未起飛。兩人分別手持西班牙和瑞士國旗合照。一場意義非凡的對決即將拉開序幕，這張相片就是最完美的寫照。

這場比賽是兩人宿敵交戰史的經典第一章，安安靜靜地展開，只聽得見費德勒的怒吼，以及納達爾朝氣蓬勃的歡呼聲。

事實上，費德勒開局打得不好，末盤也打得很糟，只成功扳回一盤，不然就要被納達爾直落三擊敗。納達爾攻勢猛烈，膽大無畏，整場比賽幾乎都在他的控制之下。

「抱歉，害你輸球了。」賽後兩人握手致意時，納達爾在網前害羞地道歉，不敢直視費德勒的雙眼。

「不，別這麼說，你打得非常好。」費德勒一如既往地圓通，回答他，「祝你決賽好運，也祝你未來一帆風順。」

也許，那天下午與納達爾握手時，費德勒並無意未卜先知，但他誠心祝福納達爾一帆風順的未來，對他個人的利益非常不利。

之後，費德勒和納達爾在法網又交手了四次，四次對決的結果都一樣，屢戰屢敗。這四次分別是二〇〇六年、二〇〇七年、二〇〇八年和二〇一一年的決賽。二〇〇八年失利特別傷透他的心，那場比賽納達爾以六比一、六比三和六比〇拿下勝利，成為公開賽年代以來（一九六八年迄今）第三位一盤未失奪冠的選手。

納達爾的公關經理帕列茲-巴巴迪羅有三個孩子，老二卡洛斯出生於二〇〇九年六月二日，納達爾生涯第一次法網失利的兩天後。出乎意料，卡洛斯來到人世時，做爸爸的帕列茲-巴巴迪羅居然可以親自迎接他。帕列茲-巴巴迪羅無需掛心納達爾在法網的進展，但照理來說他也會在醫院遠程工作。

與大家的預測背道而馳，因著納達爾生涯首次在法網輸球的關係，帕列茲-巴巴迪羅得以徹底將工作拋諸腦後。十六強賽上，瑞典選手索德林以六比二、六比七、六比四和七比六擊敗納達爾，終結了他在法網連續四年衛冕冠軍、三十一連勝的紀錄。

那天天色陰沉，雲層非常低，春季的風捎來幾絲涼意。索德林的攻勢咄咄逼人，納達爾壓制不住對方。索德林一分一分地攻下比賽，打破納達爾的紅土不敗傳說，將他踢下神壇。索德林張開雙臂迎接勝利，慶祝贏球的這一幕在全世界的電視上不斷重播了好幾個小時。

隔年，納達爾在法網決賽戰勝索德林，一雪前恥。二〇一七年，納達爾晉級法網十六強賽，與鮑蒂斯塔一較高下，這時的索德林已退役五年多。索德林染上奇怪的單核細胞增多症，起初暫別網壇，最後不得不徹底和頂尖選手圈道別。

二〇〇九年，納達爾初次法網失利兩天後出生的卡洛斯，已經在現場親眼看過他拿下幾場勝利。他與納達爾關係友好，還能拿認識納達爾這點說嘴，在學校炫耀。

納達爾生日那天晚上，歐冠盃決賽開踢前幾分鐘，卡洛斯打電話給納達爾，祝他生日快樂。可以這樣和球王聊天，肯定是世界上每個小孩的夢想。

「小卡！」納達爾透過帕列茲-巴巴迪羅的手機對他親暱地大喊。

「拉法！生日快樂！」卡洛斯說。帕列茲-巴巴迪羅的iPhone開了擴音，卡洛斯的聲音傳遍房間每個角落。納達爾的團隊在梅里亞-皇家阿爾瑪酒店客房內準備了飲料和食物，等著觀賞歐冠盃決賽。

「謝謝，謝謝。今天你支持祖文特斯，對吧？」納達爾接著說，故意惹卡洛斯生氣。

始觀賞決賽。

「不！才怪！」卡洛斯激動了起來，「我挺皇馬啦！」他邊笑邊說，接著才掛上電話，也開始觀賞決賽。

這場決賽在卡地夫舉行。比賽進行到二十分鐘時，C羅率先踢進第一分。七分鐘後，祖文特斯的曼祖基奇（Mario Mandžukić）追回一球。納達爾下意識地請團員打開冷氣，他的怪癖已經無關緊要了，反正比賽開局也沒奏效。

說來沒人相信，但納達爾很迷信，比賽開始時堅持不開空調。這個舉動沒有合理的解釋，但納達爾就是覺得只要不開冷氣，祖文特斯就傷不到皇馬一分一毫。

當然，對納達爾而言，迷信可不是小事。

納達爾輝煌的戰績享譽全球，但他的怪癖也成了許多人研究的主題，就連他本人也說不清自己到底有多少怪癖，因為實在不勝枚舉。

一般來說，選手都是把球拍收在球拍袋內，扛著球拍袋入場，而納達爾非要手持球拍入場，面對觀眾跳著脫外套，比賽開始前讓對手和主審在網前久候，大步跑向底線才開始熱身，把水瓶和運動飲料的瓶子在長凳邊排好，而且總是擺在相同的位置，品牌標籤朝向前，發球準備時間絕對不踩球場白線，換場休息時讓對手先離場。而其中最出名的，則是他發球前的一連串小動作。

納達爾的發球方式被教練們稱為「準備動作」，他非要先做過一輪小動作，才會把球發出去。他依序會先用護腕擦拭額頭上的汗水，將頭髮往右撥，接著再往左撥，調整內褲，將球彈個幾下，最後才發球。

納達爾總是辯稱這些小動作不是怪癖或迷信，單純只是一大串有助於他在場上保持專注力的例行公事。透過這些儀式，他一心只想著眼下的比賽，保持頭腦清醒，不胡思亂想。

有一天，納達爾和托尼上戲院看詹姆斯．布魯克斯執導，一九九七年出品的電影《愛在心裡口難開》。傑克．尼克遜飾演的梅爾文．烏戴爾，是名患有強迫症的知名愛情小說家，因病變得難以與人相處。

「你不曉得主角的怪癖有多怪喔！」看完電影離開放映廳時，納達爾跟托尼說。

「拉法，才沒你怪。」托尼回答。早年，托尼試圖讓納達爾改掉他一連串的怪癖，但白白浪費許多時間。

「托尼！我才沒有怪癖！你要的話，我就不做了。」納達爾信誓旦旦地說。他倆都曉得納達爾這番話是空頭支票，等到真的上場打球他才做不到。

從二〇〇二年進入網壇，納達爾累積的冠軍頭銜，說明了每場比賽他都依循這套準則，也沒有什麼大礙。

就這點來說，費德勒跟納達爾的差別很大，沒他那麼複雜。費德勒當然也有某些怪癖，比方換場休息時會先在椅子上擺條毛巾才坐下，甚至會在扶手鋪上更多條毛巾。他的怪癖顯然很少，而且遠遠比不上一件從前關於他的傳聞。有人說費德勒對數字「八」情有獨鍾，他的背袋裡總是帶著八支球拍和八個水瓶。此外，這個傳說還被加油添醋，有人說費德勒賽前熱身時，若沒發出八次愛司球，就不會回去更衣室。費德勒本人在澳洲終結了這則謊言，笑著否認自己與數字「八」有這種特殊關聯。

二〇一七年六月三日星期六那天，C羅梅開二度，卡塞米羅和阿森西奧（Marco Asensio）也各踢進一分，帶領皇馬贏下歐冠盃決賽。納達爾在飯店客房與親友一起慶祝這場勝利。在場的人有他的父親塞巴斯蒂安、母親安娜・瑪莉雅、妹妹瑪麗貝爾、女友西絲卡、經紀人哥士達以及公關經理帕列茲-巴巴迪羅。

然而，他們只小小慶祝一下，因為隔天納達爾還有十六強賽要打，沒商量的餘地，必須好好休息。

十六強賽，納達爾回到蘇珊・朗格倫球場比賽，不費吹灰之力以六比一、六比二和六比二擊敗鮑蒂斯塔。和前幾輪比賽一樣，這場比賽最有趣的地方並不是懸殊的比分。對納達爾而言，他只是再次出來蹓躂蹓躂。

這場比賽的主審卡洛斯・拉莫斯於比賽開局時（三比一，比分三十比三十），以納達爾超出大滿貫規定的二十秒發球準備時間為由，警告罰分。每年賽季末，納達爾是最常因超時而被判罰的選手，因為他是每分與每分之間耗時最久的選手之一，喬科維奇也是。

遭警告後，換場休息時間坐在椅子上時，納達爾和拉莫斯一如預期，發生口角。

「你當主審，我連毛巾都沒辦法拿，換作是別人當主審，搞不好可以，但你當主審，我連拿毛巾的時間都沒有。」納達爾勃然大怒，挑眉瞪著主審。

「拉法……」主審屈身靠向納達爾，試著為自己辯解。

「我打了很長的一分，截擊得分，我要去拿毛巾，然後你吹我警告。所以呢？我要怎麼辦？用跑的過去嗎？」納達爾接著說下去。

「讓我解釋一下好嗎？」拉莫斯以平靜的語調問。

「好，當然。」納達爾鼓勵對方解釋。

「你剛剛超出規定時間很多秒。」主審提醒他，全程神閒氣定。

「對，沒錯。那你整場比賽的警告有得吹了。」納達爾回答，同時自座位起身，回到場上比賽，「反正你要吹就吹吧，因為你也沒得吹了。」

費德勒職業生涯一路走來，碰過其他問題，但並不包括超時。反觀納達爾，每年賽季他都因為發球準備時間過長，而被判罰許多次。費德勒則不，他不常觸犯這條規定。

費納兩人理解比賽的方式相去甚遠，最直接的結果就是費德勒不常因超時而被判罰。一直以來，費德勒的球風快速直接，跑得比秒針還快，在這台高速列車讓對手窒息。納達爾就不一樣了，他的比賽總是細火慢熬，需要花更長時間恢復體力，因為他通常跟對手進行長時間的激烈對抽，進而得分。這正是他的特色之一。

納達爾無需打完八強賽，便直接挺進法網準決賽，因為他以六比二和二比〇領先時，對手卡雷尼奧就棄賽了。這場比賽是卡雷尼奧首次闖進法網八強，他左腹受傷，含淚離開菲利普・沙特里耶球場，納達爾也得以晉級，與蒂姆爭奪決賽的入場券。

與卡雷尼奧的那場比賽開打前幾小時下起大雨，他倆困在俱樂部很長一段時間，比賽最後連一分鐘都沒打，直接延期至隔天。

發生這種情況，人人各出奇招，耐心等候。卡雷尼奧在餐廳來回走個不停，不時和家人說說話，而納達爾則使用他參賽時最喜愛的殺時間方式。

將近三年前，納達爾和團員迷上印度十字戲，一玩就無法自拔，度過空等的時間。印度十字戲顧名思義起源於印度，後來在西班牙變得普及，隨著平板電腦問世更重新流行起來，就跟賽鵝圖、大富翁和棋盤問答一樣，原本隨著新科技產物被人遺忘，不久又拜新科技之賜起死回生。

印度十字戲有一面棋盤和一個骰子，每位玩家各持四枚棋子，最先將自己的棋子從起點走到終點的玩家獲勝，移動路上還能夠把對手的棋子吃掉，激鬥就這樣產生了。

一開始，納達爾在iPad上玩印度十字戲，後來決定放棄不玩了，因為他發現數位版的印度十字戲可以作弊，一方面是因為系統的隨機性，另一方面是因為玩家老奸巨猾，就愛鑽科技的漏洞。

因此，納達爾開始隨身攜帶木頭棋盤，玩傳統的玩法，古時流傳下來的原創玩法。

納達爾的雙打好友洛佩斯無法理解他為何如此沈迷印度十字戲，起初只是驚訝地旁觀這一切。洛佩斯曾經很愛玩橋牌，這個九〇年代末流行的遊戲，之後迷戀上PlayStation，常常玩得沒日沒夜，但印度十字戲從來都不吸引他。

每次參加比賽，洛佩斯都看見納達爾、托尼、莫亞和馬伊莫組成玩印度十字戲的四人固定班底，還發明了一套年度排名機制，並將每盤棋賽的勝負結果記下來，計算排名。通常他們會趁著飯後時間，或者納達爾上場比賽前的幾小時玩，但事實上，什麼時候都是這四人組玩印度十字戲的好時候。

無論是在哪項賽事的選手區，網壇名將納達爾攜帶印度十字戲棋盤的畫面，任誰看到都是見怪不怪。托尼也一樣，有時大夥一時心血來潮想來一盤棋，托尼手臂下夾著這副棋盤，急急忙忙跑過去。而四人組中最不守時的莫亞，被大夥用吼的叫來參加事先約好的棋賽。

洛佩斯一點都不喜歡輸的滋味，自認很好勝，但程度不及納達爾。他跟大家一起玩過幾場電玩。電玩是納達爾團隊津津樂道的話題，因為遊戲後發生的事才是重頭戲，輸家得完成一些令人尷尬的賭注，其中包括在世界最知名的飯店接待櫃台旁折內褲。

鮮少人和納達爾一樣具有非贏不可的基因。某次，他玩PlayStation的電玩敗給對手，好勝心沖昏了頭，居然將手把扔出窗外。大夥為了預防這種事再次上演，想了一個妙計防患於未然。他們在行李內多帶幾支手把備用，因為他們知道手把最後會被納達爾扔到半空中，如此一來就不必出門買替換的手把了。

二〇一七年，納達爾不玩PlayStation，改下印度十字戲。沒有一面棋盤被他扔出窗外，但他的好勝心依舊不變，甚至比幾年前還好強。

法網準決賽上，奧地利選手蒂姆證實了納達爾的競爭心依舊很強。這年賽季頭幾個月納達爾可謂卯足全力，心靈累得像是被掏空似的，幾週前的羅馬大師賽八強賽，被蒂姆徹底擊敗。

因此，出戰法網準決賽時，蒂姆確信自己能夠再下一城，進而首次登上大滿貫的決賽舞台。

很久以前，許多專家就已指出蒂姆將是納達爾理所當然的接班人，成為新一任的紅土之王，因為他具備了在球速最慢的場地上比賽的理想特質。二〇一七年六月九日星期五在菲利普·沙特里耶球場發生的事，證明了他倆之間仍存在著差距，也說明這位人人口中的新紅土之王想登基還得再等等。

納達爾以六比三、六比四和六比〇完勝蒂姆，晉級法網決賽。蒂姆有如被一頭獅子玩弄於股掌間，完全沒機會對納達爾造成威脅。納達爾打出最佳水準，蒂姆根本不是他的對手。

事到如今，沒幾個人認為納達爾會在決賽落敗。瓦林卡是其中一名勇者，儘管無論是按道理來說，還是依納達爾這年具體的表現來看，事實最後證明冠軍非他莫屬，瓦林卡還是勇敢應戰。

決賽前的星期六，納達爾的應援團人數大增，除了他身邊的固定班底，許多人也漸漸在賽事第二週加入，包括足球選手略倫特（Fernando Llorente）和他的妻子與小孩、聖安東尼奧馬刺隊的選手蓋索（Pau Gasol）、納達爾的另一名教練羅伊格，以及他最愛的餐廳勒塔梅麗奇小館的老闆卡佩里。

與瓦林卡一戰的幾個小時前，納達爾身邊的人試圖收斂起慶祝的氣氛。理由十分明顯。金盃近在眼前，卻失去對對手的尊重，是菜鳥才會犯的錯。納達爾從沒犯過這種錯誤。

14 紅土之王（三）

巴黎 *París*

托尼．納達爾是網球史上最出色的教練。

以冠軍數來說，沒有哪位教練旗下的門生和納達爾一樣，抱回如此多座冠軍盃。因此，二〇一七年二月十一日上午，托尼宣布二〇一八年將不再陪同納達爾四處征戰，網壇最知名的師徒關係就此劃上句點，大家的感覺是既恐慌又不真實。

眾人以為納達爾和托尼一起展開了一段冒險，想必會攜手走完全程，但托尼離開教練的崗位，專心培訓納達爾網球學院的年輕選手。下一年開始，莫亞和羅伊格將會指導納達爾。

消息曝光後的幾小時，托尼的腦袋飛也似地轉個不停，這些年來的回憶一瞬間全湧上心頭。

納達爾第一次接到的球，是托尼在馬納科網球俱樂部的二號水泥地球場拋給他的。當年納達爾才剛滿三歲。

發現這孩子天賦異稟的人是托尼。小納達爾的天分令他很吃驚，也讓他辭去俱樂部教練的

是托尼培養納達爾成為網球選手。然而，他也教導納達爾做人。納達爾日後受全世界讚美，受大多數對手欽佩的品德，全是托尼教給他的。

工作，全心投入納達爾的職業生涯。當時的納達爾還是個無名小卒。

不厭其煩聆聽納達爾的疑慮的也是托尼。當年得在足球和網球之間做出選擇時，納達爾拿不定主意。

是托尼培養納達爾成為網球選手。然而，他也教導納達爾做人。納達爾日後受全世界讚美，受大多數對手欽佩的品德，全是托尼教給他的。

也是托尼替納達爾量身打造一套打法。托尼說服他不要每球都用雙手揮拍，讓他放棄天生右撇子的特性，以左手打正拍，讓他日後面對對手時，取得巨大的優勢。

托尼在馬納科花費無數小時訓練納達爾。在球場上將他逼到極限，灌輸他努力才是勝利的唯一途徑。後來透過努力，納達爾也才獲得今日的成就。

納達爾席捲青少年組賽事時，陪伴在他左右的人是托尼。納達爾首先拿下巴利亞里利群島的比賽，再來征服西班牙，接著進軍歐洲。

姪子進步神速，感到不可置信的人是托尼。十歲時，納達爾在巴利亞里利群島網球培訓中心練球，同年賽季成為全西班牙青少年組的冠軍；十一歲時，納達爾稱霸於法國歐賴（Auray）舉行的超級十二公開賽；十二歲時，納達爾在西班牙青少年組錦標賽大放異彩；年僅十四歲時，納達爾已經開始參加衛星賽了，而衛星賽也是他成為職業選手的跳板。

納達爾有責任感，刻苦耐勞，自我要求高，幕後功臣是托尼。托尼從不讓納達爾辯解或找藉口，遇上問題時，總是第一個跳出來指責納達爾，逼他尋找解決方法，甚至就算錯不在他。

把納達爾耍得團團轉的人還是托尼。托尼讓納達爾相信自己曾是米蘭足球俱樂部的隊員，化名納塔里比賽。騙他說自己好幾次騎著偉士牌機車征服環法自行車賽，而且還是個巫師，想要打斷比賽的話，可以讓天落下大雨。

納達爾在波蘭索波特公開賽拿下生涯第一座ATP巡迴賽冠軍，在蒙地卡羅拿下第一座1000分級大師賽冠軍，在法網收穫第一座大滿貫冠軍。見證這一切的人更是托尼。

納達爾職業生涯早年便因傷所苦，甚至一度差點英年早退。是托尼設計出一套全新訓練方式對抗傷勢。

隨著時間功成名就，納達爾團隊日漸壯大。而托尼則是最初就在的元老。也是托尼預期在二月說後會有期，告別賽季，結束這段長達二十七年的教練關係。訓練納達爾的這二十七年來，納達爾一共拿下超過七十個冠軍，作為回報。

二〇一七年法網決賽前一天凌晨，納達爾多次醒來。托尼的心情一如往常平靜，但也輾轉難眠。然而，兩人失眠的原因並不相同。納達爾為比賽心思紊亂，因為勝利意謂他將成為法網十冠王，睽違近三年再次高舉大滿貫金盃，而托尼則是因為即將發生的事，不斷想辦法克制心中的憂鬱。

這場決賽，納達爾在發球局拿下第一分，最後一球回球得分，拿下勝利。

瓦林卡唯有第一盤開局有機會與納達爾抗衡。這場決賽是納達爾進攻冠軍寶座的最後一段路，情緒自然格外緊繃，比賽剛開打時，他還擺脫不了緊張，這可是會害他表現不穩。

納達爾先前已經打過九次法網決賽了，這回還會緊張嗎？答案是會，而且非常緊張。

他心中有疑慮嗎？當然也有。

上場爭奪冠軍盃前不久，納達爾和三位教練托尼、莫亞和羅伊格的聊天對話完美說明了就算是一流選手，在最棘手的時候也會亂了分寸。

「他從來沒在法網決賽輸過，而且我們九次奪冠了。」托尼回憶著，同時納達爾動來動去，喚醒全身肌肉，想快點進入狀態。「我們好幾次想在球場上打深思熟慮的網球，但沒有時間，把事情想得太複雜了。把抽球和反拍打好就對了，不要讓瓦林卡站到容易回球的位置。」

「只剩一場比賽了。」莫亞說，同時回想著納達爾闖進決賽，這一路走來的點點滴滴，「這場比賽也許最為困難，但你已經做好上戰場的準備。」身為前世界排名第一的莫亞篤定地說。

「瓦林卡一定會打得很侵略，但他的攻勢也不會猛烈到無法想像。」羅伊格在一旁出意見。他星期五抵達巴黎，觀看納達爾對上蒂姆的準決賽，當然也會待到最後一天，「他不可能每一球都豁出去地打，因為根本沒有那種打法。」

教練們的對話雖然言簡意賅，傳進納達爾的耳裡便成了一股噪音。納達爾沉浸在他試圖保持專注的一貫步驟中，對著鏡子戴上頭巾。他眼中的自己狀態好得不得了，但也絕非刀槍不入。生涯至今，納達爾從來不覺得自己刀槍不入。

二〇〇九年四月七日中午，更衣室的同一面鏡子照映出的是費德勒無比蒼白的臉孔。

當時他幾分鐘後就要上場打決賽。法網是四大滿貫中他唯一尚未征服的賽事，從前三度角逐冠軍都對上納達爾，這年還是頭一遭，決賽舞台球網彼端的對手不是他。二〇〇六年、二〇〇七年和二〇〇八年的決賽，費德勒都不敵納達爾。這回他的對手是索德林，十六強賽淘汰納達爾的劊子手。

拿下火槍手盃、替自己輝煌戰績添上一筆的機會終於就在眼前，而且還沒有納達爾居中阻擾。然而，決賽前費德勒恐慌發作，從來沒有那麼嚴重過。

比賽開打那一刻，費德勒的心情才鎮定下來，放下心中的懸念。

費德勒率先攻下一分，最終以六比一、七比六和六比四戰勝索德林奪冠，成為繼佩里（Fred Perry）、布吉（Don Budge）、拉沃、愛默生（Roy Emerson）和阿格西之後，史上第六位全滿貫選手。他跪倒在這曾令他頭痛不已的紅土球場上。

納達爾人在距離巴黎千里之遙的馬納科，在電視上看到了這一幕，淚水奪眶而出。那是喜悅的淚水。

有些人永遠都不會懂，但費納之間的宿敵關係之所以特別，是因為兩人在球場上鬥得你死我活，在場外又風平浪靜。那天下午，納達爾看見費德勒終於在他的聖地羅蘭・加洛斯插旗，心中激動萬分，這點就是最確鑿的證明。

二〇一七年六月十一日星期日，換成是費德勒在家裡觀看納達爾和瓦林卡的決賽。他已預見接下來會發生什麼事。

納達爾一踏入菲利普・沙特里耶球場，現場便響起熱烈的掌聲。他的心臟如脫韁野馬，狂跳不已，望向貴賓包廂的右方，他的團隊的老位子，卻發現那兒坐滿瓦林卡的人。分組抽籤時，瓦林卡的積分排名比納達爾高，能夠選擇位置，便派他的團員坐在納達爾最喜歡的那一側。

納達爾很快就忘了他的團員坐在和先前比賽時不同的看台位置上。比賽開打。要擊敗瓦林卡，納達爾得遵循兩個明確的前提。第一，讓他跑到球場最深處，企圖使他失誤，因為在移動中更容易失誤。第二，把大部分的球打到瓦林卡的反拍位置，逼他打單手反拍。遇上打單反的選手，納達爾常常會採用這個戰術。

他的計畫奏效了，打出超高水準，很快便徹底粉碎瓦林卡的信心。第二盤盤中，瓦林卡將納達爾釣到網前，不料卻把球打出界，也不管什麼決賽不決賽，怒把球拍砸個稀巴爛。

瓦林卡的這個行為代表他無力與納達爾抗衡，高舉白旗。決賽最後一分，瓦林卡心血來潮，試著自底線放了一個奇怪的小球，將勝利拱手讓給納達爾。

瓦林卡失誤掛網，讓納達爾以六比二、六比三和六比一擊敗他。贏球後，納達爾馬上倒臥在球場上，張開雙臂，慶祝這遲早會入袋的第十冠。這次封王讓納達爾成為網球史上第二強的選手，十五座大滿貫金盃打破了山普拉斯的紀錄，再奪冠三次，即可追平費德勒的十八座大滿貫冠軍紀錄。

一如往常，傳說的最後一章也是最重要的一章，最後一分後也立刻反映出來。法網主辦單位想在納達爾拿下第十冠時做三件重要的小事，並在頒獎典禮上完成了。

第一，看台上的觀眾舉起一幅寫著「拉法！太棒了！」的巨大布幔，向納達爾致敬，一旁另一面布幔則寫上大大的數字「10」，代表他成功成為法網十冠王。

第二，主辦單位決定頒給納達爾一座刻有「拉斐爾．納達爾，十冠王」銘文的複製獎盃。這個舉動前所未見，至今還沒有冠軍得主獲得過這份殊榮。

第三，托尼意外現身球場，將這份意義非凡的獎盃頒發給他的姪子。這個舉動也是頒獎典禮史上頭一遭。

那個夏夜，納達爾準備要在巴黎大肆慶祝一番，但最後很節制，因為平面媒體、廣播和電視台的提問令他應接不暇，很晚才結束記者會，抵達巴黎洲際大飯店預訂好的宴會廳吃晚餐時，足足比預定時間晚了一小時。

受納達爾之邀出席晚宴的賓客除了幾位贊助商，少不了他的家人和朋友，此外還有前西班牙國王卡洛斯一世。卡洛斯一世整個下午都在菲利普．沙特里耶球場的貴賓包廂，看著納達爾拿下勝利。

晚宴如預期般進行得很緩慢，用完甜點後許多貴賓移駕馬堤尼翁餐廳。馬堤尼翁餐廳距離香榭大道很近，凌晨時段餐廳會搖身一變成為夜店。

儘管從第一輪到決賽納達爾都一盤未失，拿下冠軍，法網依舊是項高壓賽事，令他身心疲勞，推掉了一些青少年時期他肯定不會拒絕的局。

這年納達爾三十一歲，用完晚餐他跳了幾支舞，便回飯店休息了，躺上床時已是凌晨四點鐘。他闔上眼睛睡覺，沒多想自己睽違許久光復法網這件事。

火槍手盃，他最愛的獎盃，一路走來最重要的冠軍盃，靜靜地躺在他身旁。

15 草地是瑞士人的地盤

倫敦 *London*

第十一度決戰溫網決賽的前夕，費德勒在心中回顧自己過去每一場比賽的表現。溫網有他生涯最快樂的時刻，也有微微的難過，記憶湧上心頭，令他百感交集。費德勒非但沒有挖個地窖，把過去在溫網的不好回憶埋藏起來，反而以成熟的態度，回憶那場譽為史上最精采比賽的決賽。

四年來頭一遭，納達爾感覺準備充足，溫網冠軍非自己莫屬。

網壇存在兩種選手，有些不在意承認自己是奪冠呼聲最高的選手，另一些選手儘管身上非常明顯貼著「熱門」兩個字，也避免替自己冠上這個名號。納達爾屬於後者，他純粹出於禮貌，從來不會自稱奪冠大熱門。

但感覺準備充足，就是另一回事了。

納達爾滿常把「我感覺自己有本事爭奪一切」這句話掛在嘴上，他這麼說的時候，意謂有大事即將發生。

舉例來說，二〇〇五年的法網處女秀前，納達爾還只是新人，但他依舊感覺自己準備好高舉火槍手盃，最後確實也辦到了。

進軍溫網後，納達爾有五年闖進決賽（二〇〇六年、二〇〇七年、二〇〇八年、二〇一〇年和二〇一一年，二〇〇九年因傷未參賽），兩度摘下桂冠（二〇〇八年和二〇一〇年）。他的感覺非常好，思維正向，夢想有一天能重新征服溫網。

納達爾決定來到聖龐沙，利用馬約卡公開賽的草地球場作為替代地點，好好調整狀態。他計畫著一段既沒有把握又野心勃勃的旅程，就近有草地球場可以訓練，大大激勵了他。

眾所周知，納達爾在紅土球場百戰百勝，相對令他過去適應草地球場的強大能力相形失色。他被全世界貼上「紅土之王」的標籤，實至名歸，但他也是西班牙史上最強的草地選手，而草地球場對他的網壇前輩一直都是無法掌握的場地類型。

除了桑塔納和瑪汀妮茲（Conchita Martínez），沒有其他西班牙選手蓋過溫網冠軍的戳章。桑塔納從前還特地跑去愛爾蘭，學習如何在草地作戰。對西班牙選手而言，在草地球場比賽是一項挑戰，草地球場要求的打法，與西班牙學派的網球教條南轅北轍。不容置疑，西班牙選手天生擅長紅土作戰，在法網令全世界聞之喪膽，登陸溫網卻被打得俯首稱臣。許多選手轉而參加較小賽事，尋求庇護，省得在全英網球俱樂部敗得一場糊塗，顏面掃地。

年輕時，納達爾的想法有著這年紀該有的天真。有年巴塞隆納公開賽的某天，納達爾在皇家網球俱樂部遇見莫亞。他求知若渴，多虧了兩人相互信任，他詢問莫亞接下來幾個月的賽程。

「你不參加溫網嗎？」納達爾困惑地問。

「不去。」

「你不是想成為世界第一嗎？我不懂。」

當年的莫亞已征服法網，曾闖進澳網決賽和美網準決賽，並沒有多花時間和納達爾說明他不參加溫網的原因。他六次參加溫網，成績都不盡理想，六年來只贏過四場比賽，從來沒有打進第三輪。莫亞擠出諷刺中帶著傲慢的笑容，決定交由未來給這位大膽放肆的年輕人一個教訓。

「我沒有適當的武器，也沒有對症下藥做好準備，跑去溫網這個戰場，根本是活受罪。向拉法解釋這些，又有什麼意義呢？等他開始在草地比賽，就會懂我的意思了。」莫亞心想，但沒有特別將這段話告訴納達爾。

五年後，納達爾打進他生涯第一場溫網決賽。

這場比賽不僅不是他一生最後一次挺進溫網決賽，更令他與溫網的關係最終成為網球史上最經典的一頁篇章。

媒體問到費德勒對於自己身為溫網奪冠熱門的看法，勾起他的回憶，往日的餘音在他心中縈繞不去。他在全英網球俱樂部的草地球場屢次封王，說明他是當之無愧的大會第三種子。溫網有一套替各路好手排序的特別計算方式。

溫網的種子排序系統很複雜，以賽前選手的年度ATP即時積分作為基礎，加上過去一年的所有草地賽事的積分，另外再加上在此之前十二個月中最佳草地成績的百分之七十五。

費德勒幻想再次溫網封王，但也很清楚新的一年，縱使自己從前七度奪冠，帶給他許多美好回憶，此時也沒有太大幫助。他的身體狀態好得無可挑剔，然而今年（二〇一七年）斯圖加特公開賽首戰惜敗哈斯，加深他的疑慮。不過，僅僅幾天後，他在哈雷網賽戰勝小茲維列夫，九度摘下桂冠，心中的疑惑也隨之煙消雲散。

費德勒已年過三十六，但他的體能狀態依舊完美。過去一個半月，他在電視上看著納達爾在蒙地卡羅、巴塞隆納、馬德里和法網屢屢告捷，再次確定自己這段時期避戰是個適當的決定。在紅土對戰納達爾是天大的難題，費德勒光是想像頭就痛。他在媒體上讀到說自己從年初便有意缺席紅土賽季，但他再清楚不過，自己是後來拿下印地安泉、發現也能贏下邁阿密時才下定決心的。巡迴美國途中，他真正意識到在接下來的紅土賽季耗費沒必要的力氣，一點意義也沒有，應該保存精力，追求更有希望達成的目標：再次征服溫網，他最愛的賽事。

費德勒這步棋下得很大膽，大幅縮減比賽行程，有其風險存在。他隨心所欲地遊走網壇，打亂巡迴賽的自然順序，但有條不紊且精確地選擇參加哪些賽事，哪些賽事不參加。這個決定對他是新的挑戰，引發網壇的高度期待。

這個決定可能會造成什麼結果，就連納達爾也抱持懷疑。

為什麼？「因為不是每天都在過年」。法網奪冠隔天，納達爾偕同一小群記者乘船遊塞納河，如此告訴他們。這個句子完美陳述了許多現役選手和網壇名宿心中的想法。費德勒暫別網壇六個月，然後二〇一七年在澳網封王，這種事可能會發生個一次，但再走這步棋，缺席四月、五月和六月份的賽事，然後七月時還想成為最強的選手……這種事只有費德勒辦得到，但他也得背負許多風險。

溫網開打前一週，納達爾有三天可以利用下午空閑的時段，在倫敦練習高爾夫，比賽一旦開打，他的生活、呼吸和作夢都是網球和全英網球俱樂部的草地。

選手征戰世界各地，每週都會下榻不同飯店，每年來到溫網都有截然不同的體驗。通常各賽事主辦單位都會與比賽場館附近的飯店達成協議，請他們接待選手入住，但溫網的住宿安排方式非常不同。溫布頓隸屬默頓自治市，市區地處倫敦郊區，以綠地、高爾夫球場和占地遼闊的公園聞名，像是溫布頓公地和理查森．艾文斯紀念球場。

溫布頓距離倫敦市中心很遠，溫網比賽場館周遭缺乏高級飯店，主辦單位不得不採取與其他賽事不同的住宿安排方針。好幾十年前起，溫網就不提供參賽選手飯店住宿，而是每日支付一筆金額，讓選手自由選擇住宿地點。

溫布頓當地居民熱情好客，又熱愛網球，選手可向場館周遭的屋主承租房間，至今儼然形成一項傳統。有些選手在同一戶人家一住就是好幾年，與屋主發展出深厚的友誼，屋主最後也到比賽現場替他們加油打氣，宛若家人。

納達爾的住宿需求比較大，因為他的團隊人數眾多，需要租一間所有團員和家人能夠住在一起的屋子。他最後租下的地方很迷人，位於溫莎大道上（步行到溫網比賽會場只需二十分鐘），一樓的玄關、美式廚房和客廳都很寬敞，二樓則是納達爾、托尼和他的妻子及三個小孩、哥士達、帕列茲-巴巴迪羅、羅伊格及莫亞等人的臥房。

大夥一天下來多在全英網球俱樂部度過，晚上還是習慣一同在家吃晚餐，納達爾也總是大展廚藝天分，端出許多拿手好菜。有一天，比賽已如火如荼地展開，納達爾必須出門到附近的超市買些飲料。在馬納科的家中時，納達爾習慣出門採買，因此這行為並沒什麼好奇怪的，這幕球王上超市的畫面，被溫布頓親愛的鄰居撞見總是很吃驚。

納達爾走進當地一間小小的特易購超市購買六罐健怡可口可樂。特易購是英國最大的連鎖超商之一，與西班牙的超市不同，特易購快捷店（TESCO Express）實施自助結帳，取代傳統的收銀櫃檯。第一次嘗試這項服務時，納達爾掃描產品，但機器沒有回應。有位球迷注意到他，主動上前幫忙。納達爾馬上同意，心懷感激，笑著接受對方伸出的援手。

納達爾和家人還有一項怎麼也改不掉的習慣。他們每次來溫布頓都會上當地最有名的西班牙餐館Cambio de Tercio用餐。

老闆盧薩（Abel Lusa）於一九九三年來到倫敦，在旅館業工作兩年，一九九五年轉換跑道自行創業，在切爾西區的老布朗普頓路一六三號開了這家小館。

餐館的迷人魅力從進門前便感受得到，成為熱愛美食的饕客的朝聖指標，吸引各界名人上門，比方勞勃·狄尼洛和休·葛蘭等演員，費南多·馬塔等足球明星，或凱莉·米洛和胡利歐等歌星都曾是座上賓，多次獲頒英國美食評論獎項。

納達爾必來Cambio de Tercio用餐，是多年老主顧，夏季參加溫網時來，十一月參加ATP年終總決賽時也來，大啖西班牙可樂餅、西班牙蛋餅、香辣炸馬鈴薯和碳烤章魚這些菜單上的招牌菜。在這裡，他彷彿回到自己家，還帶整個團隊來用餐，但有時也有名人陪伴他，比方西班牙前國王卡洛斯一世。

上門的顧客無論是網球史上最強的選手，還是名不見經傳的饕客，盧薩的招呼一律熱切友善。納達爾多次光顧，兩人很快便成交上朋友，盧薩甚至還成為溫網比賽期間納達爾看台上的一員，常常帶著家人一起去看球。

一九九五年開始，不同世代的西班牙網球選手都上過盧薩的館子用餐，其中許多人拿下重要的勝利後，也選擇在這裡慶功。展開美食冒險那年，盧薩早就是網球迷，有幸近距離觀看西班牙選手贏得成就，納達爾當然也是其中之一。

因此，納達爾十六歲初次現身餐館時的畫面，盧薩至今仍歷歷在目。

那年是二〇〇三年，費雷羅剛贏下法網冠軍，那陣子坊間已盛傳足球員米格爾・納達爾的姪子在網球場上的前途不可限量。

那晚餐廳滿是網球選手，但納達爾在露天座位與父母和托尼一起吃晚餐。

當年西班牙網球員曼蒂利亞（Félix Mantilla）的教練維拉洛（Jordi Vilaró），告訴盧薩坐在外頭的那位年輕小夥子以後會很不簡單，然後給了他幾張門票，請他隔天到現場觀賞曼蒂利亞在法網的首戰。

盧薩在主廚戈里亞多（Alberto Criado）的陪伴下，早早抵達溫網比賽會場。曼蒂利亞的比賽還沒開始，兩人想消磨時間，決定去十三號球場晃晃。當時納達爾正在那裡進行他的溫網處女秀，對手是安契奇（Mario Ančić）。

那場比賽不只是納達爾在溫網的第一場比賽，更是他在大滿貫的第一場比賽。他拿下這場比賽的勝利，跌破眾人眼鏡，許多人根本不曉得這小子未來會在溫網闖出什麼成績。這場比賽他打得從容不迫，一點壓力都沒有。

人群簇擁走回更衣室的路上，納達爾遇見兩個人想和他打招呼，恭喜他拿下勝利。這兩人正是先前在餐館招呼過他的盧薩和戈里亞多，前來恭喜他贏球。

這個舉動令納達爾很激動，三人就此締結為友，今日友誼有如鋼鐵般堅定。

二〇一五年，著名的女王俱樂部錦標賽將比賽時間自六月中旬更改為六月下旬。在此之前，納達爾一直維持著一項重要傳統：法網封王的隔天晚上到Cambio de Tercio小館慶功。他通常連歇口氣的時間都沒有，星期一一大早搭乘火車，從巴黎趕到倫敦參加女王俱樂部錦標賽。出戰這項比賽是他適應草地球場、替溫網做準備的方法。

納達爾在小館舉行的慶功宴是家庭式聚會，與熟人一起享受片刻安寧。聚會通常大同小異，納達爾總和莫亞、羅伊格、帕列茲-巴巴迪羅、盧薩及他的妻子費南妲聚在一起。有時候費同胞選手羅培茲也會以納達爾的朋友和女王俱樂部賽常客的身分受邀出席。

納達爾在法網屢戰告捷，每次封王隔天來到小館慶功，總會碰上許多特地過來直播採訪他的西班牙電台。盧薩總看著他不斷自座位起身招呼各家記者。

二〇〇八年，納達爾擊敗喬科維奇，拿下女王俱樂部錦標賽的冠軍，緊接著又在溫網戰勝費德勒封王。而小館見證了一個史無前例、耐人尋味的場景。

女王俱樂部決賽前一天晚上，納達爾上盧薩的館子用晚餐，而喬科維奇也有同樣打算，結果，兩位即將爭奪冠軍頭銜的選手，就這樣相隔短短幾公尺用餐。要是小館會說話，大概會稱讚那晚有多特別。

另一件盧薩難以忘懷的軼事與納達爾和勞勃．狄尼洛有關。某日盧薩在溫網看了一天的網球，傍晚回到餐廳時，員工告訴他名演員勞勃．狄尼洛下榻鄰近的飯店，晚上會來小館吃晚餐。勞勃．狄尼洛大駕光臨，是盧薩一生夢想成真，但得知這消息時他還是不禁直冒冷汗。

起初，盧薩很難自在地服務狄尼洛，但晚餐進入尾聲時，一切終於好轉。

「狄尼洛先生，您喜歡網球嗎？」盧薩想起幾個月前的事，詢問他，「美網公開賽上，我看見您坐在喬科維奇的看台。」

「嗯，對啊，我喜歡網球。」勞勃．狄尼洛承認道。

「今晚納達爾會來用餐，那個來自西班牙的選手。」盧薩刻意提起，他怎麼會不知道納達爾訂位了。

「真的嗎？我想認識他。」

此時，盧薩在記事本內尋找帕列茲-巴巴迪羅的電話號碼，將情況告訴他，叫納達爾一行人快點過來。

不久，納達爾和團隊現身餐廳門口，盧薩扮演起主人，介紹納達爾給狄尼洛認識。之後，盧薩總愛開玩笑說他一生最大的成就，就是介紹這兩人認識。

費德勒和納達爾有望在二〇一七年溫網決賽再次對決，國際媒體和球迷期待不已，竊竊自喜。反觀托尼和羅伊格，決定採取預防措施，就怕這場決鬥成真。

頭兩輪比賽納達爾一盤未失，先後擊敗澳洲選手米爾曼（John Millman，六比一、六比三和六比二）和美國選手楊恩（Donald Young，六比四、六比二和七比五）。之後，托尼和羅伊格執行了一個阻遏費德勒的計畫。他們開始假想若再次與費德勒交手會碰上什麼困難，並對症下藥設計一部分訓練。第三輪比賽，納達爾戰勝俄羅斯選手卡查諾夫（Karen Khachanov，六比一、六比四和七比六），與費德勒一戰已是木已成舟。

托尼和羅伊格想花時間做功課。二〇一五年巴塞爾室內網賽、今年的澳網、印地安泉和邁阿密大師賽，納達爾接連敗給費德勒四次，兩位教練意識到提早做些功課，等真的碰上期末考時，分數可能會考得比較好。他倆不想再被當了。

納達爾完全不曉得兩位教練葫蘆裡賣什麼藥，他們叫他練什麼，他就練什麼，而且有效率地執行。嘗試移動到更前面的位置回擊對手的發球、以正拍回球掌握比賽的主導權、對抽時改變前兩次回擊的方向等，已成了他訓練時的固定練習項目。

托尼和羅伊格無法繼續對納達爾隱瞞他們的計畫，決定坦白他們暗地裡究竟在打什麼如意算盤。就某種程度而言，納達爾的反應合乎他倆的預期。納達爾這陣子練習的出發點是假設會在決賽跟費德勒碰頭，是針對戰勝他而特別設計的，得知這一點，納達爾的不悅全寫在他那張曬得黝黑的臉上。

「我不想再聽到你們提這件事，我還要打贏三場比賽，才有可能和費德勒交手。」

當然，納達爾說的對。

盧森堡選手穆勒（Gilles Müller）和納達爾打了一場歷時近五小時的經典大戰，不給他機會繼續晉級，也不給他機會幻想可能會在決賽與費德勒再次對決。這場十六強從一開始就出了差錯，比賽就要開打之際，納達爾準備登上一號球場時，發生了出乎預料的小事故，令他疼痛不堪。進行一貫的賽前熱身時，納達爾總是渾身是勁，蹦蹦跳跳，一下跳得很高，沒注意到房間高度不夠他做熱身練習，一頭猛撞在門框上。

撞擊力道非常猛烈，光聽聲音就知道。

穆勒被這轟天巨響嚇了一跳，轉過身來，馬上意識到出了什麼事，擔心對手幾秒鐘後的狀況。納達爾很快從驚嚇中回過神來。他恢復鎮定，回了穆勒一記微笑，泰然地回了一句「我沒事」，邊說邊自地上拾起他的球拍袋和背包，趕緊走向球場。

納達爾輸了這場馬拉松大戰，但比賽也成了本屆溫網最扣人心弦的比賽之一。最終比分為六比三、六比四、三比六、四比六和十五比十三，納達爾和倫敦說再見，和再次征服溫網的機會說聲後會有期。

納達爾晉級止步的消息一出，費德勒士氣大振。他已先後送走了烏克蘭選手多爾戈波洛夫（Aleksandr Dolgopólov，六比三、三比〇，多爾戈波洛夫選擇退賽）、拉約維奇

（Dušan Lajović，七比六、六比三和六比二）和大茲韋列夫（七比六、六比四和六比四），十六強賽戰勝迪米特洛夫（六比四、六比二和六比四），八強賽擊敗拉奧尼奇（六比四、六比二和七比六）。之後，費德勒得知喬科維奇對戰柏蒂奇時，由於手腕受傷，不得不棄賽。柏蒂奇在快速球場上一直是危險人物，但喬科維奇才真正讓費德勒備感威脅，前幾天甚至讓他放棄了封王的美夢。倒數第二輪比賽喬科維奇缺席，多少舒緩了他的壓力。

正如賭盤所預料，費德勒擊敗柏蒂奇，七比六、七比六和六比四，一盤未失，晉級決賽。他開心得不得了，今年參加兩項大滿貫，雙雙闖進決賽！真是難以置信！

第十一度決戰溫網決賽的前夕，費德勒在心中回顧自己過去每一場比賽的表現。溫網有他生涯最快樂的時刻，也有微微的難過，記憶湧上心頭，令他百感交集。

二〇〇三年，費德勒在那座魔幻球場贏下生涯第一座大滿貫冠軍，上一座大滿貫冠軍也是二〇一二年在這個舞台上拿下的。那之後的接下來四年他深陷低潮，六個月前才在澳網東山再起。如今，他又闖進溫網決賽，試圖第八度高舉金盃。費德勒非但沒有挖個地窖，把過去在溫網的不好回憶埋藏起來，反而以成熟的態度，回憶那場譽為史上最精采比賽的決賽。

二〇〇八年的溫網決賽，他敗給納達爾。納達爾成功中斷他在草地球場無懈可擊的六十五連勝紀錄。

時間會讓某些回憶褪色，但費德勒仍記得那場比賽的每一個細節，更何況媒體、YouTube上的影片、報導和紀錄片都不斷讓他重溫那場雨中經典對決。費德勒記得比賽第一次因雨中斷後，他和納達爾回到球場上，繼續這場因天候不佳而多次延後的對決。當時，費德勒回到中央球場時抬起頭，目光和桑塔納交錯。

費德勒曉得那場比賽，這位西班牙網球大前輩、一九六六年溫網冠軍並不會像對納達爾那樣無條件地支持他。然而，費德勒和桑塔納的關係也很好，他知道桑塔納偏袒納達爾是情有可原，但他也打從心底欽佩桑塔納的貢獻，非常感謝桑塔納一直以來親切待他也尊重他。事實上，費德勒大可以吹噓自己與桑塔納關係良好，他甚至比納達爾還早認識桑塔納。

往日回憶一再湧出。不只費德勒，所有見證那場經典決賽的人，都將那天下午發生的事小心翼翼地收藏在心中。比賽開局納達爾勢不可擋，費德勒也是越戰越勇。比賽進行到第三盤時因雨中斷，第五盤盤末戰況吃緊之際大雨又再次傾瀉而下。兩人就這樣在中央球場上，從下午一路激戰到晚上。

比賽第二次因雨中斷時，托尼的士氣大受打擊，宛如硬生生被甩了一記耳光，一記沒有聲音的耳光。

二〇〇八年溫網決賽第五盤，局數來到二比二時，比賽又再度暫停。托尼來到更衣室，自認他們繼二〇〇六年和二〇〇七年後，要連續第三年與溫網冠軍頭銜失之交臂了。

此外，這次若輸球將更令人心痛，因為一開始納達爾領先兩盤（六比四和六比四），第四盤搶七局還握有兩次冠軍點，但都被費德勒奇蹟般地化解。費德勒一連追回兩盤（六比七和六比七），兩人戰得難分難解。

「放心吧，我不會輸的。」納達爾一見到托尼便說。面對費德勒急起直追，他依舊沉著冷靜，「也許他會贏我，但我不會輸。他要是贏過我，我明年再回來。」

托尼驚訝姪子居然那麼有信心。他這一生多次向納達爾強調，若他想與眾不同，脫穎而出，那麼在溫網封王就非常重要。

法網的歷年冠軍榜上有多少位西班牙選手呢？很多。溫網呢？男子單打項目就只有桑塔納。

因此，驅使托尼遊說納達爾參賽的理由，打從一開始就很明顯。

這場決賽費納兩人的表現不相上下，戰得難分軒輊，第五盤來到七比七僵持不下[9]。而最終的勝負，轉瞬之間便見真章。

全場觀眾屏息以待。納達爾和費德勒並非拿著球拍在溫網草地上打球，這是一場意志力的戰爭，意志更堅強者方能勝出。

前兩年納達爾參加一直以來夢想封王的溫網，都在決賽鎩羽而歸，但二〇〇八年，意志力更為堅強的人是他。他將在草地上擊敗好似無敵的費德勒，加冕成為冠軍。

那是發生在那場決賽的十年前。費德勒拿下溫網青少年組冠軍，此頭銜不僅讓他登上瑞士報章媒體頭條，也引起台維斯盃瑞士隊選拔委員奧柏雷爾（Stephane Oberer）的關注，決定帶上這位年輕選手出賽。

奧柏雷爾深信這位天賦異稟但球品不甚佳的選手，有一天會成為瑞士代表隊的固定班底，

9　譯註：根據溫布頓網球錦標賽規則，第五盤決勝盤不適用搶七，而是採長盤制。

「但這小子還有得熬」，他心想。首先，奧柏雷爾得馴服費德勒那倔強的脾氣，得想辦法管住他，教會他支配那巨大的網球資產。他將帶費德勒隨同瑞士代表隊出席對上西班牙的淘汰賽，讓他當隊上練習時的陪練選手，並讓他習慣隊上的氛圍，由內而外認識台維斯盃。

費德勒爬上通往拉科魯尼亞網球俱樂部球場的陡坡。俱樂部已布置完成，準備迎接歷史上最重要的一刻。俱樂部成立於一九六六年，座落於聖貝德羅德諾斯，當時擁有十一座紅土球場、一座回力球場和一座迷你網球場，占地三萬八千平方公尺，為全加利西亞自治區的每個網球場館所稱羨。瑞士代表隊成員常拜訪歷史悠久的俱樂部，如日內瓦網球俱樂部，但他們也感受得到這裡的球場品質是一等一的好。

桑塔納當年是西班牙代表隊的隊長，決定召集科雷查、莫亞、阿隆索（Julián Alonso）和維卡里奧（Javier Sánchez Vicario），出戰世界組的八強賽。三個月前，科雷查和莫亞在巴西打贏了一場無比艱難的淘汰賽，兩人輪番對上庫爾頓和梅利傑尼（Fernando Meligeni），加上比賽現場震耳欲聾的氣氛，一度令他倆陷入巨大困境。因此，桑塔納決定帶同一支隊伍來拉科魯尼亞比賽。這回比賽時間是七月，地點在自己家鄉，場地又是紅土球場，海拔不高，西班牙隊戰勝瑞士隊的呼聲很高。瑞士代表隊由羅塞特（Marc Rosset）領軍，一九九二年巴塞隆納奧運會，他擊敗阿雷斯（Jordi Arrese），強摘金牌，因此在西班牙家喻戶曉。

一九九八年七月十六日那天天氣炎熱。結束了一整天的訓練活動後，桑塔納決定也去更衣室沖個涼。隊員們離開球場前往更衣室時，桑塔納聽見鄰近球場上傳來陣陣聲響，節奏鮮明，絕對是擊球聲，便決定過去看看是誰在打球，順便刺探瑞士隊在做什麼訓練。起初，四度拿下大滿貫冠軍的桑塔納感覺自己被騙了，因為他沒在球場上看見瑞士隊的四位隊員羅塞特、希爾伯格、曼塔和巴斯特。但下一刻，他被眼前的畫面給迷住了。正在打球的那位選手並不是瑞士隊先發陣容中的一員，但他也太有天分了！桑塔納在小小的水泥看台坐下，決定留下來看看這位陪瑞士隊練習的後備選手，打算等他練球結束，跟他打聲招呼。

「你好，我是馬諾洛．桑塔納，你球打得真好，我想恭喜你。」

桑塔納不認識費德勒，但費德勒倒是已聽說西班牙隊長是誰，身為溫網青少年男單冠軍的他很仰慕桑塔納，因為桑塔納來自紅土傳統顯赫的西班牙，卻有能力在溫網封王。費德勒聽說桑塔納在法網奪冠後，一心想要征服溫網，為此決定搬去倫敦住，學習草地球場的打法——當年美網和澳網的比賽場地也是草地。那趟學習之旅大有成果，桑塔納先是勇奪美網冠軍，接著在溫網決賽激戰羅斯頓（Dennis Ralston），以六比四、十一比九和六比四拿下勝利，摘下網球聖殿的桂冠。費德勒一直都很崇拜桑塔納締造的網球傳說，為他譜寫的歷史感到驚奇。

「謝謝。」費德勒害羞地回答。

從此之後，無論是馬德里大師賽或是其他賽事，費德勒和桑塔納每回相遇，總會熱情地問候彼此，回憶在拉科魯尼亞相識的那一刻。那個週末，科雷查和莫亞的表現無懈可擊，西班牙隊力克瑞士隊。

那天的十年後，費德勒已拿下十二座大滿貫冠軍。他凝視著桑塔納。看台上，是當時唯一有本事征服溫網的西班牙選手；球網彼端，則是他最難纏的宿敵，正試圖繼承桑塔納在溫網打下的名號。

時間如瑞士精密計時器般，再次精準地停在七月十六日。一九九八年到二〇一七年，拉科魯尼亞到倫敦。初次見面二十九年後、那場經典決賽惜敗納達爾將近十年後，費德勒和桑塔納又在這裡相遇了。歷史精確至極，兩人的眼神再度交會。桑塔納是發自內心希望費德勒能拿下他的第八座溫網金盃。

費德勒決賽的對手是契利奇。一開局，他便展現出壓倒性的實力，狠狠教訓了對方一頓。費德勒的球技令人歎為觀止，契利奇完全無法招架，他的動作緊繃，喘不過氣來，一臉垂頭喪氣的模樣，在在說明了他心痛、挫敗且無力。契利奇以雙手遮掩呆滯的雙眼，坐在板凳上宣洩他所承受的痛苦。他沒辦法比賽，都好不容易闖進溫網決賽了，他卻連與費德勒抗衡的機會都沒有。

契利奇是帶傷上陣的。

費德勒體諒他的處境，賽末並沒有打得咄咄逼人，以一記愛司球拿下勝利，比分六比三、六比一和六比四。愛司球是他的招牌絕技，用這招贏下世上最重要的冠軍頭銜，真是再適合不過了。

費德勒只小小慶祝一下，這次再度征服溫網，並沒有消耗他多少精力。這次封王，讓他打破英國選手倫肖（William Renshaw）和美國選手山普拉斯在草地殿堂創下的七冠王紀錄。

贏下生涯第八座溫網金盃短短幾小時後的星期一早上，費德勒帶著一臉睡意，現身全英網球俱樂部的媒體廳，看得出來他只睡了一會兒。

「不好意思，昨晚我混酒了。」費德勒劈頭就說，惹得全場記者哈哈大笑。星期日在溫網中央球場上變得更加偉大的不朽傳奇，一時之間顯得很親民。

雖然看起來不像，但費德勒也是人，就跟大家一樣。

16 第一與第二

加拿大和辛辛那提 *Canada & Cincinnati*

> 納達爾的心中百感交集，感到高興、自豪且滿足。
> 歷經近兩年的低潮，三十一歲時再次成為世界第一，還有什麼比這更能向自己證明只要抱持信念努力不懈，沒有什麼是不可能的。

二〇一五年九月七日，拉法的爺爺老拉斐爾．納達爾逝世。那年納達爾在美網公開賽敗給義大利選手福尼尼，止步第三輪。幾天後，爺爺去世，享年八十六歲。

還好事情發生時，納達爾在家裡——雖然他不常早早遭淘汰打包回家。死亡是體育選手最擔心的問題之一，尤其是對網球選手來說，一年到頭在世界各地南征北討，總是不在家人身邊。心愛的人過世時，自己卻身處世界的另一端，這打擊難以承受，尤其是因為這種情況發生時，不太能及時趕回家，臨陣退賽也叫人無法接受。

爺爺過世那次，正常來說，納達爾應該還在紐約打美網。但他敗給福尼尼，早早被淘汰，這段對全家族而言很難熬的日子，他得以與家人一起分擔痛苦。

納達爾的爺爺從前從事音樂事業，地位顯赫，獲頒許多獎項，屢受致敬，其中馬約卡島孔塞利市為表揚他的職業生涯，曾頒發榮譽感謝勳章給他，而一生最突出的作為則是創立了帕爾馬主劇院的合唱團。

爺爺名字也叫拉斐爾，但他在音樂界的職業生涯十分出色，為他博得「貝多芬」的綽號，在馬納科當地是個無人不知、無人不曉的人物。

納達爾向爺爺致敬的方式很特別，花了一點時間才送達，但無庸置疑，值得等待。

二〇一六年四月二十二日星期五，納達爾買了一艘蒙地卡羅遊艇公司出廠的遊艇。船身長二十三公尺的遊艇駛進克里斯托港航海俱樂部時，他最大的夢想也跟著實現。他先前考慮了許久，斟酌了千百萬回，終於買下這艘售價超過三百萬歐元的船。這是他有史以來送給自己最貴重的禮物。

遊艇的名字大大引起了最先跑來湊熱鬧的民眾注意。「貝多芬」這名字以優雅的灰色字體寫在船尾上。幾個月後，謎底終於揭曉，納達爾透露替遊艇起了這個名字，是為了紀念過世的爺爺。

爺爺是納達爾一生中最重要的人之一，納達爾有許多方式可以緬懷他，但沒有哪種方式比將遊艇命名為「貝多芬」更特別。他透過這個方法，確保無情的未來不會抹除音樂家爺爺在世時所留下的痕跡。

二〇一五年九月，爺爺逝世幾天後，納達爾和女友西絲卡一起參加坎城遊艇展，在展會上決定買下這艘船。

納達爾和西絲卡在蔚藍海岸好好認識了這艘遊艇的優點。他倆有機會在坎城探索無數遊艇，但這艘義大利Monfalcone出廠的MCY 76型遊艇，跟其他出售的船隻相比非常不一樣，很快便贏得納達爾的青睞。

納達爾會選擇這艘遊艇，因為他認為非常適合他嚮往的海上生活。遊艇裡外空間都很寬敞，能夠容納大批賓客。這是最基本的條件。

納達爾喜歡被人群圍繞，挑選遊艇時，一定得滿足他的這個基本需求。

有些人會好奇為什麼納達爾如此迷戀大海，但這沒什麼好奇怪的。大海一直都是他生活的一部分，與他的人生密切連結。

許多年前，納達爾的父親塞巴斯蒂安擁有一艘小船，常駕船帶著納達爾出海，兩人釣魚、游泳或潛水，度過海上時光。因此，納達爾的成長路上一直都有大海相伴，現在則是他征戰數週後回到馬約卡島的抒發管道。

很難在海上找到納達爾。大海是隱密且流動的避難所。納達爾在海上尋獲最根本的寧靜，讓他充滿力量，面對接下來的比賽。

若說克里斯托港的家是納達爾第一個家，那他的第二個家就是「貝多芬」了。出海航行時，他在船上度過許多夜晚，但就算人在馬約卡島，他也在船上過夜。二〇一七年法網封王後，納達爾放棄參加女王俱樂部錦標賽，六月底跑去馬約卡公開賽的草地球場練球，替溫網做準備，並把遊艇當作營地。

二〇一六年起，馬約卡成了女子網球錦標賽的巡迴站，比賽在聖龐沙舉行，距離納達爾家開車要一個多小時。納達爾打算在那裡練上好幾天的球，每天早上大老遠通勤根本行不通，便將遊艇停在距離球場不到十分鐘路程的阿德里亞諾港，暫時住在遊艇上。

納達爾每天一大早起床，第一件事就是跳進海裡洗個澡，然後跳上他停在港口停車場的白色法拉利458 Italia跑車，早早前往聖龐沙練球，一天剩餘的時間便可在貝多芬上度過。他的生活幾乎離不開貝多芬。

有人造訪過納達爾的遊艇。二〇一七年夏天，保加利亞選手迪米特洛夫就是其中一位。迪米特洛夫的教練瓦維杜（Daniel Vallverdú）早在成年前便試圖成為專業教練，曾在巴塞隆納的桑切斯-卡薩爾網球學院培訓將近三年。來自委內瑞拉的他是西班牙後裔，在巴塞隆納與莫瑞結為好友，也結識了許多在桑切斯（Emilio Sánchez Vicario）和卡薩爾（Sergio Casal）組成的教練團底下練球的西班牙選手。

二〇〇九年，瓦維杜的比賽成績不如預期出色，經過一番掙扎後，決定接受手術，面對長達八個月以上的復原期。那陣子，莫瑞剛和他的教練麥克拉根（Miles Maclagan）結束合作關係，打了一通電話給他，改變了一切。莫瑞向瓦維杜提議，要他以教練的身分陪他參加幾場網賽。這項考驗大為成功，瓦維杜最終不再以職業選手的身分上場比賽，全心投入並探索擔任教練的嶄新階段。

還是選手時，瓦維杜的特長一向是他顯著的分析能力，常見到他跟教練們討論對手的打法，從頭到腳將對手研究過一遍，查明他們的優缺點。瓦維杜日後正是靠著這個特長在教練圈闖出名堂。他先後指導過莫瑞和柏蒂奇，最後成為迪米特洛夫的教練。

瓦維杜與納達爾關係友好，詢問納達爾他們七月底是否能來馬納科練球，替北美硬地賽季的加拿大大師賽、辛辛那提大師賽和美網做準備。

瓦維杜認為讓迪米特洛夫和納達爾相處一陣子，不光是在網球場上對打，對他來說好處多多。

納達爾不假思索，欣然接受這個提議。他在網球學院接待了迪米特洛夫一週，發現迪米特洛夫是練球的好夥伴，可以讓他進入狀態，面對接下來嚴苛的北美夏季賽季。

納達爾碰上的迪米特洛夫正處於學習力最強的階段。迪米特洛夫很快便展現出這一點。他的底子本來就很不錯，在網球學院納達爾身旁，他學會不被成功沖昏頭。

迪米特洛夫從年輕起打球的美感與費德勒很相似，不斷被人拿來和他做比較。兩人的許多動作簡直是一個模子刻出來的，比方發球、單手正拍或單手反拍。

可以做個簡單又耐人尋味的實驗。同時播放費德勒和迪米特洛夫各自比賽的影片，便可看出兩人打球的動作有多相似。

媒體很快便替迪米特洛夫冠上「小費德勒」的稱號。對有天賦的選手來說，沒有什麼比這更糟糕了，但無庸置疑，迪米特洛夫和史上堪稱最強選手的費德勒之間，還有許多差距。

迪米特洛夫有過不錯的成績，但他在路上迷失了。他在球場上找不到自己的身分。網壇看好他的前途，但在球場外他太在意一些無助於他更上層樓的事。

瓦維杜加入教練團，對迪米特洛夫是重要的一步。他開始成為令人聞風喪膽的選手，許多分析師預言迪米特洛夫會拿下重大勝利，他也來勢洶洶，準備將這些勝利一網打盡。

事實上，和納達爾一起在馬納科度過的那週，迪米特洛夫做了許多高強度的腿部訓練，但他也看見日常沒拿著網球拍的納達爾是什麼模樣。納達爾私底下的那一面，攝影機沒捕捉到的人生，大大成就了社會大眾在電視上看見的那個球王形象。迪米特洛夫猶如剛拆封的海綿，輕易地吸收了這一切。

迪米特洛夫頂著夏日豔陽，汗水直飆，納悶他倆要練到何時才會停手，何時才能停下來喘口氣。納達爾埋頭苦練的文化並沒有嚇到他，他非常清楚納達爾練起球來有多賣力，但這股全力以赴練習、在比賽上收穫成果的勁頭倒是感染了他。

空閑時，納達爾帶迪米特洛夫認識馬約卡島的某些景點，邀請他登上遊艇，帶他探索海島之美。七八月份，馬約卡的夏夜風情無與倫比，更加迷人。

兩人朝夕相處的這段日子，迪米特洛夫看見納達爾一點明星架子也沒有。事實上，在馬納科遠離塵囂時，納達爾並不是什麼大明星，因為在家鄉他只是平凡人。

後來，迪米特洛夫在辛辛那提贏下他生涯第一座1000分級大師賽冠軍，並在ATP年終總決賽封王，拿下他職業生涯最重要的頭銜，二〇一七年賽季年終排名第三，緊追納達爾和費德勒之後。這一切也許與納達爾帶給他的正面影響無關。

然而可以確定的是，迪米特洛夫這年賽季頭幾個月的成績非常好，與納達爾結識成友，顯然對他下半年登上巔峰有所影響。

納達爾和迪米特洛夫在馬約卡島為北美賽季做準備時，費德勒人在數千公里遠的地方，內心天人交戰，不曉得即將到來的未來，自己該何去何從。

二〇一七年溫網奪冠後，費德勒的第一個想法是和歐洲紅土賽季一樣，再長時間休息一陣，養精蓄銳，為年度最後一項大滿貫賽美網儲備體力。

費德勒過去在辛辛那提的成績都非常好，這點看他七度封王就知道。他認為退出加拿大大師賽，打完辛辛那提後再緊接著出戰美網，不失為好主意。辛辛那提的場地速度非常快，一直以來都讓費德勒的球風如虎添翼，因此他的選擇非常明顯。

既然在辛辛那提有著天時地利人和，何必跑去加拿大耗費精力呢？

他的這個計畫很快就毀了。莫瑞宣布自己需要停止打球，療養困擾他好幾個月的臀部傷勢，正式放棄捍衛他二〇一六年登上的世界排名第一王座。過去這陣子納達爾和費德勒來勢洶洶，莫瑞勉強守得住球王寶座。

二〇一二年十一月四日，費德勒步下世界第一王座，創下位踞男單第一時間最久的新紀錄，累積三百零二週。費德勒從來都不承認，但他清楚自己讓位給喬科維奇後，已無緣再次登上排行榜頂點。

時間慢慢向費德勒證明他想的沒錯，這個停止在三百零二週的計數器不會再轉動了，將永遠停滯在這個數字。

直到二〇一七年。費德勒東山再起，夏季前已拿下五座冠軍，其中兩座還是大滿貫冠軍，顯然夠格重登世界第一寶座，跌破世人眼鏡。

眼見有機會重返男單排名的頂點，費德勒這年賽季頭一遭打破他慎重規畫好的出賽計畫，花費額外的力氣準備原本不打算參加的賽事。

也許，長遠來看，這個決定是個錯誤，但費德勒從來都不後悔放手一搏。

他大可以堅守已見，好好休息，先後參加辛辛那提和美網，但這可能意謂他將跟重登世界第一的機會永別，因為納達爾的積分排名略高過他一些，而且他預計出戰加拿大和辛辛那提，更有機會率先抵達終點。

因此，費德勒毫不猶豫，放膽趕赴加拿大。就算這麼做會讓他耗損精力，北美賽季途中可能會難以承受，但他依舊試圖在這場排名巔峰之爭中，從納達爾手中搶走幾分。

說來也妙，蒙特婁是費德勒從未高舉過金盃的地點之一。他曾在加拿大封王過兩次，但比賽地點每年在蒙特婁和多倫多這兩個城市之間輪替，他的兩次冠軍都是在多倫多拿下的，從未在蒙特婁奪冠過。他在蒙特婁最好的成績是二〇〇七年闖進決賽，但最終敗給喬科維奇。

二〇一七年中旬，八月八日星期二，費德勒在蒙特婁度過三十六歲生日。星期三打了他在加拿大的首戰，僅花了五十三分鐘，以六比二和六比一大勝世界排名一百一十六的波蘭斯基（Peter Polansky）。他用這場壓倒性勝利慶祝自己坐三望四。

無論在什麼情況下，費德勒的生日都不光是吹吹蠟燭就過了。

他一九九八年踏入職業網壇，在生涯最巔峰時過了三十六歲生日，二〇一七年打了三十三場比賽，贏了其中三十一場。來到蒙特婁之前，他只在杜拜網賽敗給多斯科伊，以及在斯圖加特公開賽被哈斯擊敗，其餘比賽皆百戰百勝，上場打球，然後捧著勝利回到更衣室。

費德勒重新定義了他的球風，打法變得更具侵略性。除此之外，出賽行程安排得宜，也是他幾近戰無不勝、無懈可擊的原因之一。他的身體健康，背傷不疼了，看上去也沒有受傷，除了前幾個月吃了那兩次鱉，儼然就是無敵的贏球機器。

然而，一切在加拿大大師賽變調了。

起初費德勒感覺身體有點不太對勁，十六強賽對上費雷爾時成真了。這場比賽前，費德勒和費雷爾的交戰紀錄為十六勝〇負，但上場應戰前，他的心受到巨大打擊。交手紀錄如此一面倒、勝負如此懸殊時，每回再次對決都勢必被過往的回憶制約，這樣根本無法正視對手，無法不去感覺自己必勝。

與費雷爾交手才短短幾分鐘，費德勒便發現一件事，之後進一步獲得確認。他的背部不舒服，制約了他在場上的表現，他的靈活度和做決策的方式都受到影響。他最終還是拿下這場比賽，以四比六、六比四和六比二戰勝費雷爾，但他看起來更像是體能衰落的選手。

費德勒的身體出了問題。然而，幾小時後發生了一件事，大大鼓舞了他，讓他的態度變得稍微正面點，世界第一的目標就在眼前，幾乎沒有阻礙。

同一天晚上，納達爾敗給了地主黑馬沙波瓦洛夫（Denis Shapovalov），告別加拿大。沙波瓦洛夫年僅十八歲，世界排名第一百四十三名，以三比六、六比四和七比六擊倒納達爾，令看台上的本地觀眾樂不可支。

納達爾的首戰對上克羅埃西亞選手丘里奇，以壓倒性的六比一和六比二獲勝，不難看出好幾個月沒踏上快速球場的他已完美適應，但他敗給了沙波瓦洛夫，晉級止步，喜悅的心情一下子跌落谷底。

這場比賽納達爾也不是打得不好，登上世界第一的壓力也沒有影響到他。沙波瓦洛夫初生之犢不畏虎，打出一場頂尖選手高度的比賽。納達爾對沙波瓦洛夫的勇敢無懼感到很驚訝，而他也犯了很多小失誤，讓對手占了上風。

現場觀眾看見自家選手沙波瓦洛夫勇敢對抗納達爾這種等級的球王，情緒激動不已，很快以尖叫歡呼和如雷掌聲點燃這場對決，賦予沙波瓦洛夫珍貴的能量。沙波瓦洛夫就是靠這股氛圍，突破比賽最棘手的關頭。

納達爾在十六強賽慘遭淘汰，垂頭喪氣地離開蒙特婁，既沒登上世界第一，還留下敞開的大門，等著讓費德勒在辛辛那提再次登基——前提是他在加拿大打出好成績。

陪伴納達爾出戰加拿大和辛辛那提的教練是羅伊格。他知道納達爾大可完美贏下這場比賽，因為只差臨門一腳，以平常心面對這場敗仗，但他也承認沙波瓦洛夫該有的表現都拿出來了，贏得實至名歸。這場勝利會改變他職業生涯的方向，尤其是他還是個初入網壇的新人。

面對記者提問，費德勒從不坦承自己背部受傷。他與傷勢搏鬥，八強賽擊敗鮑蒂斯塔，比分六比四和六比四，準決賽力克哈斯，比分六比三和七比六。總之，費德勒成功晉級決賽，將與小茲維列夫角逐冠軍。他走完自己該走的路，只差奪冠，便可在積分排名上狠咬納達爾一口。

小茲維列夫並沒有讓費德勒如願以償。

這場決賽小茲維列夫占盡上風。他大大利用了費德勒身體上的缺陷，以六比三和六比四奪走金盃。這是他繼幾個月前在羅馬大師賽封王後，這年第二度拿下1000分級大師賽的冠軍。

小茲維列夫是費德勒本屆加拿大網賽碰上的第一位勁敵，球風咄咄逼人。費德勒能做的不多，移動受限，決策做得也不精確。

費德勒使出渾身解數抵抗小茲維列夫，但比賽結果不到兩小時就公諸於世。蒙特婁的決賽慘遭滑鐵盧後，費德勒退出辛辛那提大師賽，納達爾也自動登機成為新任世界第一球王。這次，所有的犧牲全付諸流水。

納達爾正要去練球，替對上加斯凱的首戰做準備，路上收到好消息。

辛辛那提賽事總監席爾瓦（Andre Silva）負責通知納達爾，賽事結束時他就是世界第一了，就算首戰失利也是。他一早第一時間便得知費德勒退賽的消息，代表納達爾將可暢行無阻，重登二〇一四年七月六日被擠下的球王寶座。

納達爾的心中百感交集，感到高興、自豪且滿足。

歷經近兩年的低潮，三十一歲時再次成為世界第一，還有什麼比這更能向自己證明只要抱持信念努力不懈，沒有什麼是不可能的。

世界第一的寶座已十拿九穩，納達爾準備好在八月二十一日星期一，開始他球王的一百四十二週。辛辛那提首戰，他以六比三和六比四擊敗加斯凱，打了一場實際上比比分看上去還困難的比賽。然而，隔天發生了一件納達爾始料未及的事，令他鬥志全失，難過不已。

八月十七日，辛辛那提市一早便收到令人心碎的消息。巴塞隆納蘭布拉大道發生恐怖攻擊事件。下午五點，數名伊斯蘭國成員駕駛廂型車，在大道中央區域一路衝撞五百三十公尺，胡亂碾壓行人。

這時俄亥俄州時間才早上十一點，某些早起的選手不是已開始這天的比賽，就是正在進行訓練，而大部分的人正搭乘賽事主辦單位的專車前往俱樂部。

起初，恐攻的消息突然自手機傳來，令人措手不及，但兩地相隔遙遠，身處辛辛那提實在無能為力，惶恐不安的感覺頓時放大了好幾倍。傷亡人數不斷增加，最終停止在十五死一百三十一傷。

選手們爭先恐後，連忙聯絡人在巴塞隆納的親友，看看他們是否平安無恙，未受恐攻波及。

不安中，納達爾在選手區的一台電腦前坐了許久，查詢巴塞隆納傳來的新聞快報。他緊盯著螢幕，與所有進出選手區的人交換意見，關心許多來自巴塞隆納人的家人是否平安。

納達爾得到的答覆都是正面的，所幸沒有憾事發生，沒有在辛辛那提的選手的親友被蘭布拉大道的屠殺事件波及受傷。當天晚上，鄰近的坎布里爾斯成了下一場恐怖攻擊的舞台。

那個星期四大雨攪局，納達爾和拉莫斯的十六強賽被迫中斷，主辦單位請兩人隔日再戰，而這場比賽的勝者也被迫在同一天回到場上打八強賽。

星期五，納達爾以七比六和六比二戰勝拉莫斯，但這場比賽他的表現非常差。結果很快便出來了，都在預料之中，當晚他被澳洲選手基瑞爾斯擊敗，比分六比二和七比五，止步八強。納達爾前往紐約準備美網公開賽，不只背負令人心痛的敗績，也帶著一份實至名歸的大禮。

三天後，納達爾生涯第四度登上世界第一的寶座。

17 勝利之音

紐約 *New York*

歷史神祕莫測，機緣頻頻作祟，兩人在法網交手過五次，在溫網較量過三次，在澳網也對決過四次，但從來沒在美網交戰過。

巡迴賽一年打下來，每個停靠站都獨一無二，各具魅力，但美國網球公開賽無疑是賽季中對選手最特別的賽事之一。紐約五光十色，生命力蓬勃興盛，文化、娛樂和美食的選擇琳琅滿目，是美國人口數最多的城市，也是美洲人口第二密集的都市，摩天大樓林立，叫人眼花撩亂，初次來到紐約參賽的年輕選手都會被嚇一跳。但納達爾並不會，他從二〇〇三年便開始參加美網；費德勒也不會，他從十六歲起每年必訪大蘋果，二〇一六年因為傷勢問題，生涯首次不克出戰美網。

二〇一七美網開打前一週，某些選手的行程非常緊湊，既要練球，還要出席許多商業活動，不是他們自己的贊助商的，就是美網公開賽的。以賽程時間順序來看，美網是每年最後一項大滿貫賽，時間點很關鍵，選手若在法拉盛草地公園贏球，自然贏得好名聲，更有望獲得大量積分，幫助他們面對年度賽季的最後階段，在積分榜往上衝刺。

比賽流程往往一成不變，但選手除了追求戰績目標，也想享受城市風情。在紐約，魚與熊掌可以兼得，他們進行長達數小時的訓練和健身行程之餘，也在頂樓的露台開派對，或著溜出去蹓躂蹓躂，探索曼哈頓的燈紅酒綠。

此外，美網主辦單位也幫選手代購門票，讓他們欣賞百老匯最精采的表演，如《獅子王》、《芝加哥》、《貓》、《阿拉丁》、《歌劇魅影》和《魔法壞女巫》，都是選手或教練、健身教練和物理治療師最常指名觀賞的音樂劇。

一輛賓士廂型車在美網選手停車場停下。費德勒步下車，等著迎接他的是布托拉克（Eric Butorac）。布托拉克從前是雙打選手，現擔任美網營運總監，職責是與選手保持密切關係，確保他們在比賽期間什麼都不缺。即便身為營運總監，布托拉克仍不免緊張膽怯。迎接費德勒可非同小可。

「羅傑！歡迎！」布托拉克一臉緊張，露出微笑。

費德勒察覺對方不安，刻意找話題聊天，場面甚至變得像是選手迎接總監。

「我還沒見過球場頂棚關起來的樣子呢！」費德勒望著亞瑟．艾許球場的頂棚驚呼，「去年我沒參賽，也沒機會親眼看看新的大看台球場……我覺得自己好像菜鳥選手！」費德勒接著說，「我好久沒來紐約了，再次回到這裡真令我興奮，你知道的，我超愛在這裡打球，我希望這星期好好訓練，為星期一做好比賽準備。」

「我代表主辦單位，祝你這三週……過得非常愉快！」布托拉克笑咪咪地回他。

「希望囉！」

布托拉克這番話比起什麼都還直接，他想說的是，美網樂見費德勒挺進決賽。

來自全世界拜訪聖派翠克大教堂和洛克斐勒中心周遭的遊客何其多，他們不曉得五天後美網就要開打，這時看到有一位出現在全市無數海報和ＬＥＤ看板上的人就在街道上，紛紛停下腳步。

「是納達爾！」

「可是他不是打網球的嗎？」

「他怎麼在打羽毛球？」

行人瞠目結舌，納悶不已，以為自己看走了眼。納達爾的確穿著牛仔褲、藍襯衫和莫卡辛鞋，扮演他不常扮演的羽球員角色。他手上握著一支羽球拍。

現場突然間鴉雀無聲。納達爾的莫卡辛鞋在藍色地墊上滑了一下，正面朝地摔了下去。有那麼一瞬間，在場所有人腦海裡閃過最糟糕的念頭。納達爾會打羽毛球打到受傷嗎？一樁倒霉的意外會害他身體受傷嗎？年度最大賽事之一迫在眉睫，他還真是倒霉透頂。

納達爾沒有讓大家繼續胡思亂想下去。他轉頭重新站起身，臉上露出大大的笑容，惹得大家哈哈大笑，再次博得群眾的掌聲和鼓勵，然後繼續在麥迪遜大道上臨時搭建的球場上打羽球。

話說回來，納達爾在紐約打羽球是怎麼一回事？

美網和其他大滿貫賽一樣，不強迫選手入住官方安排的飯店，而是計算住宿夜晚，給選手一筆錢，讓他們按照自己的意思花費，自行選擇住宿的地點。對許多紐約的飯店而言，接待名人入住堪稱出色的行銷手法，基於這個理由，美網比賽期間，飯店紛紛為選手騰出空房，或是提供他們非常優惠的價格，請他們出席宣傳活動，或是透過社群網站替飯店打廣告。

這年，樂天紐約皇宮飯店想出非常引人注目的提議，安排納達爾和大威廉斯打一場趣味十足的羽球賽。之後許多選手也加入這項活動，比方基瑞爾斯、布夏（Eugénie Bouchard），以及茲維列夫兄弟檔。

美網會外賽期間，納達爾也收到另一位贊助商的特別禮物。他去拜訪科森蒂諾集團（Grupo Cosentino）在曼哈頓新開幕的展廳時，行銷傳播部的副總經理阿豐索（Santiago Alfonso）送他一個大蛋糕，上頭寫了大大的數字「一」，恭喜他重登網壇最高寶座。

睽違數年，納達爾終於在大滿貫賽成為大會第一種子。國際媒體預測他將與費德勒在紐約進行一場扣人心弦的對決，勝者賽事結束時將穩坐世界第一王座，還大膽預測他倆會在決賽碰頭。排開名次不說，費納兩人是網壇狀態最好的選手。

紐約球迷的冀望和野心沒記者來得大。費納這兩位史上最強的選手是在決賽還是準決賽對決，他們都不在意，只想看到他倆首次在美網一較高下！

然而，歷史神祕莫測，機緣頻頻作祟，納達爾和費德勒在澳網、法網和溫網都交手過，就是不曾在亞瑟．艾許球場上相遇。兩人在法網交手過五次，在溫網較量過三次，在澳網也對決過四次，但從來沒在美網交戰過。過去唯獨美網不受幸運眷顧，主辦單位曾咒罵過無數次，如今摩拳擦掌，迫不及待。今年終於有機會在紐約看見費納對決了！

美網舉辦了一項十分新穎的活動，首次在南街海港區的大街上進行分組抽籤，決定對戰組合。那天早上晴空萬里，但瀰漫著一股不確定感。在克伯（Angelique Kerber）和契利奇的陪同下，美國網球協會執行長亞當斯（Katrina Adams）宣布抽籤儀式開始。納達爾和費德勒會被分到籤表的不同邊嗎？誰的晉級之路會比較艱辛呢？誰會是他倆的第一個對手呢？紐約最古老的城區擠滿了球迷，不只嗅得到大海的氣味，也開始飄散出網球的氣息。

納達爾距離抽籤儀式現場十五公里，正在亞瑟．艾許球場和迪米特洛夫練球，替首戰做準備。身為世界第一的他對這一切渾然不知，在這場高強度的訓練中猛力擊球。馬伊莫、羅伯特、帕列茲-巴巴迪羅、哥士達和塞巴斯蒂安坐在看台第一排，一邊看著球場，一邊緊盯手機，關注分組抽籤的結果。

納達爾和費德勒分到同一邊了！這個消息同時在南街海港區和亞瑟．艾許球場投下震撼彈。換句話說，假設他倆一路過關斬將，有機會在準決賽交手，但絕對不會在眾人夢寐以求的決賽上對決。抽籤結果並沒有讓納達爾分心，他對這一切毫不知情，繼續練球，徹底壓制了不久前在辛辛那提大師賽封王的迪米特洛夫。打從許多年前，陪納達爾練球的人都知道跟他一起熱身有多辛苦，他連一秒鐘都無法放鬆！來紐約參加過美網的沃達斯科、柏蒂奇、普伊、戈芬和卡雷尼奧都可以證實這一點，納達爾跟他們打過一盤決勝負的練習賽，以懸殊的比分、游刃有餘地勝過他們所有人。納達爾生涯一路走來戰果豐碩，無論是在比賽場上或是練習場上都是百戰百勝，一來是因為他的自我要求總是很嚴苛，二來是因為托尼的訓練方法十分嚴格。迪米特洛夫最近就體驗到了，因為他決定在納達爾的網球學院跟他一起為北美賽季做準備，而且成果還不錯！跟納達爾同場訓練沒幾天後，迪米特洛夫就贏下他生涯最重要的頭銜，在辛辛那提奪冠。

和迪米特洛夫的訓練行程結束後，馬依莫告訴托尼、莫亞和納達爾分組抽籤的結果。納達爾坐在球場的椅子上，聽著自己第一場將跟誰比賽。他在美網的第一道關卡是來自塞爾維亞的拉約維奇，西班牙教練佩拉斯（José Perlas）門下的選手。

同一時間，費德勒也收到了同樣的消息，得知自己本屆美網第一戰將對上他很熟悉且才華洋溢的小將，蒂亞弗（Frances Tiafoe）。

納達爾認真準備進攻美網，但首戰碰上從未遇過的事。

他非常喜歡美網中央球場所傳遞的特別能量，一路走來非常感謝紐約觀眾的支持。然而，亞瑟·艾許球場一直以來活力十足且和諧的氛圍，從原本的搖滾演唱會，變成重金屬搖滾音樂祭了。主要的原因是？去年這座全世界最大的網球場加裝了壯觀的頂棚，讓這座巨大設施成為一個大共鳴箱，看台上傳來的每道聲響都被擴大好幾倍。

不過，到底為什麼那麼吵？網球不是一項安靜的運動嗎？比賽中不是該徹底保持死寂嗎？無論在全世界哪一項賽事，這些問句的答案都是斬釘截鐵的「對」，但這些疑問不適用於美網，美網的觀眾到現場看球自有一套規矩。比賽期間，美網的舞台和氣氛與NBA球賽有幾分相似，觀賽時觀眾吃披薩、熱狗、三明治，喝巨無霸杯飲料，觀眾甚至無需等到奇數局結束的換場休息時間，隨時可以自上層的看台區自由進出球場。觀眾討論戰況、交頭接耳，時而放聲替選手加油，時而發出驚奇的呼聲，這些雜音有如湍急水流，整場比賽毫不間斷。亞瑟・艾許球場有自己的生命，兩萬三千七百名觀眾異口同聲流露出熱情、激動和緊張。這就是亞瑟・艾許球場。

與拉約維奇的比賽途中，納達爾發生了一件不尋常的事情，他聽不見網球打在拉約維奇球拍上的聲音，無法精準判斷對方回球的力道或施加的效果為何。一般人可能不這麼認為，但職業網球選手需要運用觸覺、視覺和聽覺，才可以估量對手打出的球強不強，而網球門外漢可能會認為這是多此一舉。納達爾知道聲音和節奏是一體的，需要一定程度的安靜才找得到兩者的組合。他常舉的例子是另一項他勤練的運動，高爾夫球。戴著耳機打高爾夫，跟沒戴來打是兩回事，因為在聽不見擊球聲下，無法知道自己是否打到球了，無法好好「感受」球。

納達爾的教練團跟他有一樣的感受。

「聲音這麼吵，吵得我都要頭痛了。」托尼驚訝地說，「一直唧唧喳喳個不停，選手很難集中注意力。我當教練那麼久，一直都說擊球聲非常重要，我喜歡注意聽選手擊球的聲音。」

「吵吵鬧鬧，聽不見球的聲音。」莫亞肯定地說，「球的聲音很重要，我明白從來沒打過網球的人八成不懂為什麼，但聲音可以讓選手感覺到打擊、力道、效果……我們一直以來就是在這些微小細節上較量，突然被剝奪走了，還真叫人想念。」

費德勒也克服了夜間比賽震耳欲聾的氛圍，但苦戰了五盤才擊敗蒂亞弗。第二場對上尤茲尼的比賽，他陷入難以言喻的困境，最終逆轉勝。

誰說美網跟出門散步一樣輕鬆的？

納達爾在接送他前往飯店的廂型車最後一排坐下。他剛在一場四盤大戰擊敗丹尼爾太郎，但他的臉上並無喜悅。

從法拉盛草地公園移動到曼哈頓真的很困難，因為穿越市區得耗費許多時間，每日十英里的通勤路程簡直跟金卡納賽車沒兩樣，駕駛得試著避開回堵車陣、工地和車禍事故，若哪天交通時間少於四十五分鐘，反而顯得奇怪。主辦單位為了避免納達爾的團隊分散在很多輛車上，提供了一輛三排座椅的廂型車，讓他們一行人能夠一起通車。那天，納達爾的表情看不出他成功晉級下一輪。

突然間，兩個陳年的幽魂有如不速之客，出現在他的網球中——緊張和焦慮。

在球迷眼中，納達爾最突出的特點往往是他強大的體能，但一直以來專家、分析師和其他選手，都認為納達爾最大的強項是他的天賦和心態。跟大家一樣，緊要關頭時，納達爾的身體也會啟動一種機制，他也是凡人，也有稱為「緊張」的生理啟動過程。問題在於他的緊張不時會失控，轉變成焦慮，比方二〇一五年他就為此付出代價，輸掉好幾場比賽，卡達公開賽敗給貝雷爾（Michael Berrer），澳網敗給柏蒂奇，里約、巴塞隆納和美網皆不敵福尼尼，而溫網被布朗（Dustin Brown）擊敗的那場，也許是他輸過的比賽中，最為人津津樂道的一場。

納達爾完全不考慮求助心理諮商師。他認為，假如發生重大問題，那麼求診職業醫師或專家可能很重要。「到頭來」，納達爾心想，「網球不過就是一種比賽。」他尊重其他選手有尋求這類協助的需求，但認為比起比賽勝負，人生還有其他更重要的事物。

納達爾自知緊要關頭他都是懷著緊張的情緒打球，職業生涯一路走來都是如此。二〇一五年以前，他徹底控制住自己的情緒和感受，但他的心和球拍之間隔著障礙。突然間，身為史上最強網球選手之一的他，對自己的擊球和移動失去了信心。他無法控制呼吸，無法駕馭脈搏，做決策時失去了以往的洞察力，犯下了從前不會犯的錯誤。截至二〇一五年，納達爾已在大滿貫賽封王十四次，累積的冠軍頭銜比大部分排名前一百的選手加起來還多，但他依舊感覺自己會輸掉以前從未失手過的比賽。

但他是納達爾。他比緊張還強，他比焦慮還強。

他下定決心要解決這個問題，化身赫克力士，活捉刻耳柏洛斯和克里特公牛。他展開一段通往內心的旅程，打贏了一場對他而言最重要的比賽。納達爾戰勝了運動選手可能會經歷的最棘手傷勢之一，心理創傷。

贏下這場戰役後，納達爾又變得更強了。但兩年後，那個刻薄的老對手再次出現，試圖在二〇一七年的美網挑起新的戰役。

納達爾和二〇一五年三月一樣，坦率地承認他碰上的問題。緊張又再次占據他的腦海，蔓延到他的Babolat網球拍的拍弦上。

話說回來，納達爾有什麼好緊張的？他可是世界第一吔！還是美網奪冠大熱門之一！

凡是會影響身體的心理現象，發生的原因都不是三言兩語就說得清。有時候，大腦會產生連頂尖心理學家也搞不懂的思緒，錯綜複雜，混淆我們。不久前，納達爾在蒙特婁意外敗給沙波瓦洛夫，加拿大大師賽止步十六強，辛辛那提大師賽八強賽上也不是基瑞爾斯的對手。平日的訓練完美地發揮效果，但一到正式比賽，他的心便開始搜索想得到的負面結果。還有一件事也害納達爾緊張，理論上，這件事應該會激勵他，而不是傷害他。睽違三年，再次成為世界第一的球王，但費德勒緊追在後。他害怕失去球王的頭銜，緊張的情緒如火山爆發，而在採訪廳，記者頻頻詢問他登上排名頂端的感想。這些問題堆積在他的腦海中，無助他壓抑緊張。另外，他在美網被視為奪冠熱門，也害他五味雜陳的心情火上加油。納達爾在蒙地卡羅大師賽、巴塞隆納公開賽、馬德里大師賽或法網這些地盤勢不可擋，連連得勝，現在又高踞世界第一，大家自然會看好他，打賭他注定要三度征服法拉盛草地公園。賽事開打沒多久，小茲維列夫、迪米特洛夫、契利奇和柏蒂奇等人皆意外落敗出局，眾選手的晉級之路變得更平順，但莫瑞（賽事開打前幾小時便退賽）、負傷的喬科維奇、瓦林卡、錦織圭和拉奧尼奇等人已不在這條路上。納達爾的大腦滿是媒體施加的壓力和比賽的策略，開始認為自己一定至少得闖進準決賽，不然就算打得再好，都是折戟，失去替輝煌戰績增添紀錄的機會。這是他自我施加的壓力，他是渴求勝利的選手，自我要求為他提供動力。然而，站在球場上，納達爾緊張的感覺又冒出來了。焦慮的感覺回來了。

費德勒也碰上問題。他不費太多工夫便擊敗羅培茲，之後與科爾施賴伯（Philipp Kohlschreiber）的比賽途中，他申請醫療暫停，嚇了全場觀眾一大跳。他的背傷又開始讓他感覺不適了，害他無法發揮最佳表現。費德勒過去那副精力旺盛的健壯身體，或許能夠不為疼痛所苦，但歲月摧殘了他的肌肉，將他變得和凡人一樣。沒錯，費德勒的身體也會痛；沒錯，費德勒也會受傷。賽後，他開玩笑地說身體感覺很好，只需要稍微按摩臀部和背部，但他臉上寫著的完全是另一回事。若他的身體沒有精確地回應他，那八強賽要戰勝戴波特羅（Juan Martín del Potro）將會十分困難。

費德勒心中最壞的預感化身成戴波特羅。前幾天，費德勒才戲稱出身阿根廷的戴波特羅為「雷神」，意指這位對手的擊球力道無比強勁。費德勒還在推特上轉發一段在網路上瘋傳的有趣影片，將戴波特羅比做漫威公司筆下的人物雷神索爾。兩人對決期間，戴波特羅拿著的不是Wilson球拍，簡直就像拿著雷神之鎚打球。第三盤搶七局，費德勒犯下了一些難以置信的失誤，沒把握住機會，而戴波特羅趁勢拿起雷神之鎚猛攻，一球一球強而有力，如雷擊般襲來。

費德勒被淘汰出局了。歷史又再次從中攪局，不客氣地奪去美網史上最令人引頸期盼的比賽。其他大滿貫賽常有的費納對決，美網的觀眾期待已久，但這年又無緣看到了。

納達爾並不開心，也不過度有自信，認真為準決賽做準備。要是準決賽不敵戴波特羅，那麼前幾輪壓倒性地戰勝多爾戈波洛夫和魯布列夫，一點意義也沒有。

準決賽開局，戴波特羅以六比四拿下第一盤。此時，現場山雨欲來風滿樓。路易茲和科雷查在歐洲體育頻道為西班牙球迷轉播這場比賽，不斷脫口說出「難以置信」、「精采」、「太厲害了」和「神乎其技」等字眼。納達爾以六比〇追回第二盤，讓人想起他最巔峰的時期（這話說得一點也不誇張）。比賽儼然像是一場派對，納達爾以六比三和六比二拿下最後兩盤，晉級決賽。

「拉法，世人爭論不休，你的球衣到底是粉紅色還是橘色啊？」

納達爾仍沉浸於方才球場上的激動，反應不及，一時之間不曉得該如何回答。這問題是科雷查問的。他負責訪問納達爾，眼見納達爾心情十分高興，便大膽地在歐洲體育頻道的轉播節目上問他。這個問題已從已從奇聞軼事變成國家大事。

「紫紅色帶點粉紅色。」納達爾興高采烈，笑著回答。

納達爾的球衣品牌**NIKE**已在網站上公布謎底。他日間比賽穿的那件球衣是「珊瑚色」。然而，爭論依舊尚未完全結束，因為社群網路上的網民繼續爭辯那是粉紅色、橘色還是鮭魚肉色。現在，爭論告一段落了。

納達爾接下來將穿夜間比賽的黑色球衣，出戰二〇一七年美網決賽。

「梅西又踢進一分，這是第二球了。」

納達爾走在美國網球協會比莉．珍．金網球中心的走道上，透過他手機內安裝的西甲聯賽應用程式，關注巴薩的戰況。西甲聯賽已經大張旗鼓地開踢，而第二輪的比賽中，皇馬隊和瓦倫西亞隊踢成平局，巴薩只要一個失誤，比分就會被追平，但梅西的求勝欲望高張。納達爾自手機抬起頭，繼續等待決賽的到來。明天，在準決賽擊敗卡雷尼奧的南非選手安德森將與他角逐冠軍。

觀眾的期望不是一般的高。亞瑟・艾許球場準備再次見證男子單打的最後一章。一如往常，決賽以〈天佑美國〉一曲揭開序幕，這年的演唱者是霍金斯（Corey Hawkins）。霍金斯除了以演員身分在影集《陰屍路》一炮而紅，也曾提名東尼獎。這場比賽是安德森生涯最重要的一戰，但他並沒有被看台上閃爍不停的鎂光燈嚇著，鼓起勇氣，向納達爾發起咄咄逼人的攻勢。

這場比賽納達爾自行加快了進攻步調，沒有放慢速度，也沒有過於自信。身為世界第一的他輕鬆拿下第一盤，沒有為此沾沾自喜，比賽第二盤反而還更加快節奏。

二〇一三年，確切來說是那年美網封王後，納達爾從紐約飛到馬德里參加台維斯盃西班牙代表隊的集訓。他的身心都消耗得相當嚴重，但仍想實現自己的諾言，助西班牙隊一臂之力。西班牙將與烏克蘭捉對廝殺，在馬德里魔術盒球場進行台維斯盃的附加賽。那週，納達爾大可以好好休息，沒有人會責難他，但他選擇說到做到，再次捍衛西班牙——西班牙已經獲得總冠軍四次了。比賽第一天，納達爾對上斯塔霍斯基（Sergiy Stakhovsky）。他完全沒有顯露疲態，以壓倒性的六比〇拿下第一盤，第二盤開局也以三比〇領先，還成功破發兩次。納達爾在隊長科雷查身旁的長凳坐下，告訴他：「要是你看見我鬆懈了，就告訴我一聲，好嗎？」科雷查驚愕不已。納達爾剛剛是這麼說的嗎？他可是以迅雷不及掩耳的速度拿下六比〇和三比〇領先耶！居然完全沒有放鬆的意思！科雷查可以對他說什麼？他的比賽無懈可擊！有人綁架外星人，然後把外星人變成納達爾了嗎？納達爾最終以六比〇、六比〇和六比四拿下勝利。

二〇一七年，在紐約的美網決賽那天，納達爾的表現也不俗。這場比賽的賭注是大滿貫金盃，他才不想因為一時鬆懈，而給了安德森逆轉的機會。納達爾大膽地將球發向發球邊線和單打邊線交界處、安德森的反手拍位，緊接著和馬德里大師賽一樣，隨球上網，結束這場激烈的硬仗。隨著一記輕飄飄的截擊，世界又定格了。納達爾高舉雙臂，深邃的目光盡是無限喜悅，以及一個不難解讀的訊息：他第三度在美網封王了！

頒獎典禮上，納達爾想起墨西哥大地震及橫掃佛羅里達州和其他加勒比海國家的艾瑪颶風，替災民暖言打氣。接著，他望向決賽的對手安德森，也對他說了幾句感性的話：

「你受過許多傷，但你還是回來了。你的家人很偉大，你的團隊很偉大，你的父親很偉大，我跟他在溫布頓一起打過高爾夫球！」

這場決賽剛開打時，高爾夫就已經引起眾人注意。攝影機注意到納達爾的包廂坐著一位非常特別的貴賓。那人正是老虎伍茲，準決賽他就來到現場替納達爾加油了。希拉蕊・史旺、約翰・特托羅和麥特・狄倫等好萊塢巨星，新聞媒體大亨梅鐸、企業巨擘蓋茲、桑塔納和艾伯格等網壇名宿也都不想錯過納達爾的決賽，紛紛現身亞瑟・艾許球場。

典禮後，納達爾帶著冠軍獎盃接受ESPN的現場採訪，緊接著又趕赴歐洲體育頻道的訪問。這是納達爾第十六度征服大滿貫，好友羅伯特特別準備了NIKE紀念球衣，讓他將球衣送給節目主持人。傳奇球王的彪炳戰績，全印在球衣上。納達爾發現成千上萬的觀眾為了再次恭賀他，就在轉播現場後方的場館中央空地等待他，令他十分開心。他開始接受採訪，但觀眾呼聲如雷，害他根本聽不清楚主持人說話！

納達爾的欣喜若狂當之無愧，和所有團員一起慶功後，他帶著全美球迷的愛，也帶著9,465的積分，離開美網，而緊追在後的費德勒只有7,505分，大大拉開了他倆的差距。兩人的下一次大滿貫之爭將會是五個月後，但這年賽季結束時，世界排名第一的王座鹿死誰手，還說不定。

納達爾眼下有個更艱難的挑戰。接下來的比賽，場地速度更快，場地轉為室內球場，各賽事更不適合他的球風。費德勒占盡一切優勢，接連奪冠便可打破兩人之間的積分差距。然而，每次碰上挑戰，納達爾總是充滿幹勁，挑戰克服逆境在他的人生已是家常便飯。接下來怎麼會沒辦法保持水準，繼續奪冠呢？

紐約最後無緣目睹眾人夢寐以求的費納對決，但至少確認了兩人之間的宿敵關係依然活躍，競爭進入白熱化。

18 凡事總有第一次

布拉格 *Praha*

「一切都是好久以前開始的，有個來自馬納科的年輕小夥子來到邁阿密。我當年是世界排名第一，但我倆交手的第一場比賽，他就贏了我。當時，我想他也許有一天會在法網封王，但沒想到他會成為法網十冠王。他的網球生涯實在不可思議，有他在我們隊上真是太棒了。讓我們來歡迎納達爾。」

費德勒以這段簡要但誠摯的演說，在拉沃盃的開幕典禮上介紹納達爾。二〇一七年九月，拉沃盃在拉布拉格舉辦，距離納達爾在紐約拿下生涯第十六座大滿貫金盃只過了兩週。費德勒身穿一襲優雅的燕尾服，繫著典雅的蝴蝶結，向世人介紹將成為他幾天隊友的納達爾。兩人生涯無數次過招較量而建立的宿敵關係將擺到一旁，第一次迎向前所未見的舞台。

新的賽事，不同的比賽形式，而且納達爾和費德勒還會參賽。兩人的宿敵關係多了一道前所未有的色彩。

二〇一六年夏季，拉沃盃正式公開。網壇名宿拉沃在納達爾、費德勒、馬克安諾和柏格的

Roger：

不知道是幸還是不幸，過了今天我們又將是彼此的對手，但今天這場比賽非常特別，我真的很高興能夠和拉法在同半邊球場並肩作戰，曉得重要時刻能夠信賴他，可以看著他做出決定，並看著他如何思考，實在是太棒了。這段回憶我永生難忘。

陪伴下，向世人介紹這項嶄新且驚奇的賽事。網球最為人詬病的是因循守舊，幾世紀以來選手孤軍奮戰，一年下來，只有幾週有機會在各自國家的代表隊比賽。台維斯盃（男子賽事）、聯邦盃（女子賽事）和霍普曼盃（男女混合比賽）就是例外，而在年度賽季的大部分賽事中，「我」都比「我們」來得重要。

因此，拉沃盃提出將選手分為歐洲隊和世界隊比賽時，沒什麼人認為這項賽事會成功。許多選手、前選手、不同網球組織的成員和媒體分析師，皆將拉沃盃貼上「表演賽」的標籤，預言在嚴苛的賽季途中硬生塞入這種比賽形式，撐不了多久。

當時許多人不曉得的是，費德勒本人費了極大心力發起拉沃盃，還把經紀人戈席克（Tony Godsick）和他的公司TEAM8拖下水，確保在美國網球協會和澳洲網球協會的聯合籌辦下，拉沃盃會成功。為此，他們小心挑選了網球底蘊深厚的國家，以及有能力撐起規模如此龐大的賽事的舞台。捷克布拉格的O2體育館雀屏中選。

拉沃盃的兩支隊伍成員分別有一名隊長、一名副隊長、六名選手和一名替補選手。根據比賽規則，歐洲選手和非歐洲選手中，溫網結束後的星期一ATP積分最高的四名選手，可直接獲得席位，另外兩名隊員則於美網結束後的星期一，由兩隊各自的隊長挑選入隊[10]。這年喬科維奇、莫瑞和瓦林卡皆有傷在身，納達爾、費德勒、契利奇和小茲維列夫直接獲得加入歐洲隊的名額，而隊長柏格則是邀請了蒂姆，以及首屆比賽舉辦地布拉格的地主選手柏蒂奇。世界隊方面，伊斯納、圭里、基瑞爾斯和索克等人馬上獲得參賽資格，戴波特羅和拉奧尼奇傷勢未

10 譯註：現行拉沃盃隊員挑選方式為，法國公開賽隔天星期一積分最高的三位選手可直接入隊，美國公開賽開打時，兩隊隊長選擇剩餘的三位隊員。

癒，沙波瓦洛夫和蒂亞弗等兩位年輕小將有幸獲得馬克安諾的邀請參賽。

納達爾和費德勒是兩頭體育猛獸，各自都戰無不勝，如今準備好要共度這特別的一週。他倆以世界排名第一和第二的英姿飛抵布拉格。

「今年賽季他的表現挺好的，我替他發揮的水準感到高興。他贏下第十座法網金盃，這年賽季對他顯然是夢想中的賽季。我想大家都很佩服他成為法網十冠王。當然囉，他今年賽季一開始在澳網的表現就非常好，之後也保持水準，美網奪冠想必讓他信心大增，這點在拉沃盃對我們的隊伍非常有利。要成為世界第一，你的球技得非常強，但也有要天時地利。而他就辦到了。你問我是否意外他再次成為世界第一？也許有點驚訝吧，但驚訝只是因為去年在他的網球學院時，我倆都有傷在身，不曉得各自的生涯會走向什麼方向。」那天在納達爾網球學院的回憶又再次在費德勒的心中盤旋不去。有些人曾預測他的未來一片黯淡且充滿未知數，這些預言也湧上他的心頭，「不過，我並不意外他強勢回歸，並不意外他在法網封王後又在美網奪冠，不意外他全心投入力拚世界第一，但成為世界第一，又是另外一回事了。我很佩服他，為他感到非常高興。」

國際媒體揣測拉沃盃的比賽精神為何，一場針對比賽性質的辯論也隨之而生。所以，拉沃盃是表演賽嗎？還是有望排入賽季的正式比賽？一開始，納達爾的話就說得很清楚：「我們來到這裡，是為了展現自己最好的一面，不是嗎？今天早上我四點鐘就起床訓練了。參加表演賽時，賽前我才不會練球。我們來到這裡的目的是贏球，不是打友誼賽。我們想用熱情去比賽，捍衛自己的隊伍。我想我們的隊伍陣容堅強，而且大家都想打好比賽。到時候就知道我們有沒有本事奪冠。」

拉沃盃也稱為網球版的萊德盃，比賽為期三天（九月二十二日星期五、九月二十三日星期六和九月二十四日星期日），每天共有四場比賽（三場單打和一場雙打）。比賽採取三盤兩勝制，決勝盤改為搶十，目標將激情延續至比賽最後一刻，因此第一天的比賽，勝利者為隊伍贏得積分一分，第二天為兩分，而星期天的第三天則為三分。換言之，三天的比賽共有二十四分，率先拿下十三分的隊伍便能夠奪下拉沃盃的最終勝利。比賽規則也考量到十二場比賽打完後，兩隊可能會戰成平手，若發生這種情況，將會加打一盤雙打，決定最終勝負。

撇開規則不說，光是看見納達爾和費德勒一起為歐洲隊而戰，就夠新奇了。觀眾迫不及待想看他們上場打球，而他倆則有如初踏入網壇的菜鳥，等著體驗嶄新的感動。「我很高興能夠與納達爾，以及其他參賽選手共度幾天，這感覺太美妙了，非同小可，說真的，我覺得大家可以一起經歷這一切，真的很棒。」比賽前夕費德勒坦言道。

九月二十二日星期五上午寒風凜冽。兩隊的入場介紹後，契利奇戰勝蒂亞弗，為歐洲隊取下第一分，宏偉的O2體育館也隨之開始升溫。

這屆拉沃盃的第一個經典場面，發生在第二場蒂姆對上伊斯納的比賽途中。第二盤局數六比五的換場休息時，柏格和蒂姆正坐在長凳上交談，而納達爾從座位上跳了起來，衝向兩人。伊斯納讓蒂姆吃足了苦頭，蒂姆才剛挽回一個局點。納達爾幾個月前才和蒂姆在許多大賽上交手，像是巴塞隆納公開賽決賽、馬德里大師賽決賽、羅馬大師賽八強賽和法網準決賽，此刻他不假遲疑，上前支持蒂姆，並給他建議，助他化解比賽的難關。幾分鐘前，費德勒也做了一樣的事。不可否認，費納兩人天生好強，富有團隊精神，組隊比賽時，這些年間在球場上獲得的智慧和經驗對團隊有益。蒂姆非常感謝也重視他倆的支持，最終贏下這場比賽，替歐洲隊添得第二分。

「他們在那裡鼓勵我，友善得太不可思議了。我認為對我和其他隊友而言，能夠與這兩位傳奇在同一隊，真是寶貴的經驗。他倆的團隊精神非常偉大，無論是第一場比賽或是我的比賽，都看得見他們在座位上支持大家。他們跑來我這兒時，我簡直無法相信，知道他倆就在一旁替我加油打氣，對我來說是很大的鼓勵。」蒂姆既驕傲又感激地解釋道。

第一天的比賽結束，歐洲隊強勢領先。比賽第二天，費德勒輕取圭里，納達爾險勝索克，柏格帶領的歐洲隊持續挺進，大量積分收入囊中。最後，這幾個月以來最令人期待的一刻，也是拉沃盃最令人期待的一刻，終於到了。生涯以來第一次，納達爾和費德勒將不站在球場兩端廝殺，而是以隊友身分並肩作戰。最近十年間，他倆因為各式各樣的原因，在各種比賽對打過，比過正式比賽，也打過表演賽，更為了公益合作過無數次。

二〇一〇年，兩人高踞世界第一和第二時，納達爾有天遠赴瑞士，和費德勒打了一場比賽，替費德勒基金會的「為了非洲」活動募款，幫助南非和坦尚尼亞等國生活貧困的兒童。隔天，費德勒馬上回訪納達爾，兩人在馬德里魔術盒球場打了一場名為「攜手為兒童」的慈善比賽。把他倆一起打過的表演賽列下來，就屬二〇〇七年的「場地之戰」最為人津津樂道，兩人在一半草地一半紅土的場地上打了一場奇特的對決。十年後，比賽結果可能無關緊要，但當年納達爾以七比五、四比六和七比六險勝一事可是個熱門話題。費納兩人都不曾把表演賽當作玩笑看待，他們全心全意比賽，為了勝利而打球。

「我跟他打過許多慈善賽，我倆在場上募款時十分放鬆快樂。」費德勒解釋，「慈善賽的目的不只是贏球或募款，也要玩得很愉快。我倆一起做過許多事，我認識他的家人，我去年去了他的網球學院一趟，這些時候我倆都非常放鬆。換句話說，我認識拉法好久了，我見過他最放鬆的時候，但我也見過他為了團隊而戰，我可以說他是出色的團隊選手。」

然而，兩人在布拉格的這場比賽非常不同。拉沃盃「表演賽」的標籤已撕除，納達爾和費德勒準備手牽手走過一段兩人不曾走過的路——一起打一場雙打比賽。兩人當了那麼久的宿敵，還是頭一遭得把「我和你」、「勝者與敗者」和「冠軍和亞軍」等再平常不過的觀念拋諸腦後。眼下的情況需要他們接受新的詞彙——「團隊」。

「跟拉法一起打球並不完全是新鮮事。」賽前費德勒坦言，「坦白說，我覺得真正新鮮的，是在一場想必競爭無比激烈的雙打比賽上，與他在同一邊打球。這才是真正不一樣的地方。拉法總是把團隊和隊員擺在第一順位，實在很了不起。他有強大的正能量，做起事來頭腦十分冷靜。所以，我認為他的成功不是曇花一現。每次上場比賽他都很緊張，攝影機一對著他拍，他就變了一個人。現在這個當下，我覺得他很放鬆，我想我自己也是。我想這是處理這種情況的不二法門。有他在身邊真是太開心了，說真的，我很高興我倆可以在同一支隊伍一起打球。」

兩人從一年多前就很期待這場比賽，如今比賽迫在眉睫，他倆曉得唯有同心協力，信任這天在同一邊球場並肩作戰的隊友，才可以搭起通往勝利的階梯。

上場前幾分鐘，納達爾和費德勒與歐洲隊正副隊長柏格和恩奎斯特（Thomas Enqvist）開了個小會，討論這場比賽該採用的戰術和策略。短短幾分鐘的對話被主辦單位錄影起來，由於會議的對話十分罕見（男子網球從來不會上演這種教練和選手聚在一起討論的場景），沒幾分鐘就在網路上引爆，傳遍全世界，最後成了小小的辯論。他們討論對上索克和圭里的這場比賽該怎麼打，主要問題是誰該站右邊，誰又該站左邊。用網球的行話，這個問句的問法不一樣，是誰該站「平分」（deuce）那邊，誰又該站「占先」（advantage）那邊[11]。歐洲隊的選手室中央擺了一張樸素的白色桌子，柏格坐在主位，會議開始時，他告訴費德勒和納達爾，雖然他倆從未在球場同一邊並肩作戰過，但他非常想親眼看到兩人一起比賽。

「你單打打得很好，我打得也不差，看看我們雙打打得好不好吧。」納達爾開玩笑地破冰。

「我喜歡左撇子選手打占先，他得換邊。」費德勒對柏格說，「你怎麼看？」

「嗯，我也喜歡左撇子選手打占先。」歐洲隊隊長柏格回答。

「拉法得換到跟昨天不同邊打球。」前一天的雙打比賽，納達爾和柏蒂奇搭檔上陣，站的是平分的位置，「但他無論哪個位置都可以打。」費德勒補上一句說。

「嗯，我想拉法兩邊都可以打。」柏格堅稱。

11 譯註：「平分」為球員的右側場區，「占先」為球員的左側場區。

「我也可以啊！」費德勒回答。

「說真的，我不是很在意打哪個位置。」納達爾接著說，「我的確比較習慣打平分，但我認為這次我若打占先，我倆也可以搭配得很好。我們就這樣試看看吧！你就站右邊，沒問題吧？」納達爾最後問費德勒。

「生涯一路走來，我打過比較多次平分，但在快速球場我也打過占先。」費德勒回答。

「我覺得重點是我們得顧好中場，講好誰來擊球，因為球會落到我們的反拍位置。」納達爾補上一句。

「對！不然我們會同時衝過去，撞在一起！」費德勒笑著回答。

「不然會受傷。」納達爾回答。

「不要受傷！拜託！」費德勒又露出微笑。

笑聲和放鬆的氣氛產生了一種特殊的高潮。對話中的四人好似忘記一旁有架攝影機，繼續爭論該採取什麼戰術。決定好誰該站哪個位置後，接踵而來的問題是發球和回擊發球時，該採用什麼策略。

「你回球的時候，想要我做什麼？」費德勒問，「你想要我上網還是留在後場？」

「我要你留在後場，如此一來我回球時，可以把球打到左右兩邊。」納達爾回答，「若我把球回擊給在網前的對手，他們要打出厲害的截擊，才有可能得分。那麼，你發球時希望怎麼做？我留在我的位置上嗎？還是我衝到對角？」

「我們可以跟著感覺走，再看怎麼打。」費德勒說，「可以慢慢評估我們發球和回球的狀況，然後再決定要擺出什麼陣型，再決定截擊時你是否要換邊，或者要以澳大利亞陣型應戰。」澳大利亞陣型是典型的雙打戰術，可以不洩露負責截擊的選手的位置，並讓對手分心。

「嗯，我也認為關鍵在於要讓對手捉摸不定。圭里和索克的擊球力道都很強勁，他倆知道怎麼打好球，這場比賽會很辛苦。因此，我們得抱著正能量打這場比賽。」納達爾說。

「對啊，比賽氣氛一定會很棒的，我們得讓他們看見我們想贏球的決心。」費德勒回應。

「沒錯，而且這場比賽是本屆賽事的關鍵點，若今天傍晚的兩場比賽打得好，我們可以取得很大的優勢。」納達爾補充說。

「這場比賽會是一場硬仗，而且他們的發球很強。因此，我們必須贏得觀眾的支持，必須以隊伍為單位打好比賽，全力以赴。」

「聽起來好極了！」費德勒和柏格異口同聲地回答。

「對，聽起來實在太棒了，但要以行動來實踐，咱們放手一搏吧！」納達爾最後說。

會議在眾人的笑聲中解散。納達爾、費德勒、柏格和恩奎斯特準備經歷網球近期歷史中最特別的時刻。

O2體育館的每個角落都感受得到比賽的魅力。費德勒和納達爾一進場，一萬七千名擠爆看台的觀眾馬上起立。數週、數月、數年（數十年！）的等待，讓此刻充滿魔力。網球時鐘的指針停在二十一點十二分，體育宇宙前所未見的日蝕就發生在這一刻。納達爾和費德勒神情嚴肅專注，踏著堅毅的步伐走入由鎂光燈、掌聲和燈光構成的叢林。他倆曉得這一刻有多重要，清楚兩人登場的畫面正傳遍全世界，但依然沒忘記眼前的挑戰有多困難，開始認真比賽。

撐過了不穩定的開局後（費納第一局接不住索克的發球，一分都沒拿下），裝置開始運作，地表上最強的兩位網球選手合體組裝起來的機械掌握住主導權，並以六比四拿下第一盤。納達爾和費德勒從沒一起打過雙打，但兩人之間感覺得到一股特別的默契，每次其中一方得分，兩人都會一起慶祝，一人失誤也會互相鼓勵。

現場觀眾絕大部分都是捷克人，也有從世界各地來共襄盛舉的球迷。全球各大電視台都在轉播這場比賽。美洲和大洋洲的ESPN及「網球頻道」（Tennis Channel），亞洲有「福斯體育台」（Fox Sports），中東有「超級體育台」（Super Sports）和「貝因體育」（beIn），非洲有Canal+。歐洲國家也都在現場直播這場由費德勒和納達爾領銜主演的雙打大戰，如「歐洲體育」（Eurosport）、「天空體育台」（Sky Sports）、「超級網球」（Super Tennis）和Teledeporte等。

第一盤結束。正常來說，觀眾會起身買杯飲料、披薩或晚餐，但此刻O2體育館沒有人離席。這場比賽是歷史性的比賽（很可能沒有下一次），錯過幾局都是得不償失。

第二盤，納達爾和費德勒找不到方法壓制圭里和索克。這對美國雙打組合的發球無堅不摧，百分之九十三的分數都是靠一發拿下，以壓倒性的六比一拿下這盤，將比賽推入關鍵的超級搶十決勝盤。一個不小心，O2體育館頓時陷入不安。現場觀眾勢必是力挺費德勒和納達爾的，心中發出一聲哀嚎：兩人第一次合體雙打，真的可能會輸嗎？這場比賽若吞敗，可是全世界都看得到，眾人開始害怕他們會輸，信心逐漸流失，鎂光燈也開始對著圭里和索克閃，他倆就像是硬闖入一場派對的不速之客，喧賓奪主。

比賽的最終幕開演，納達爾一記完美的發球，兩人拿下第一分，接著納達爾又回了一記無法回擊的球，率先拿下二比〇。柏蒂奇、蒂姆、小茲維列夫和契利奇坐在板凳上，不斷為隊友加油打氣。他們曉得自己正在見證一場值得紀念的球賽，而且正在其中扮演傑出的配角。納達爾接著又兩度截擊成功，再加上索克雙發失誤，令歐洲隊死灰復燃，一轉眼便將比分拉開至八比一。納達爾的競爭張力有如一條電纜線，提供費德勒能量，也有如燃料，激勵觀眾和座位上的隊友。

一小時又十八分鐘後，納達爾和費德勒距離獲勝只差臨門一腳，但納達爾一個回球出界，他倆因此錯失了第一個賽末點。費德勒走向納達爾，輕拍了他的肩膀兩下，成功讓納達爾露出微笑。費德勒接下來拿出真本事，連續成功回擊三球，將了對手一軍。一股激勵人心的磁場充斥在整座體育館，掀起一波難以形容的高潮。圭里無力回擊費德勒的最後一記猛攻。勝利！「比賽結束，歐洲隊獲勝。」主審宣布的同時，費德勒和納達爾緊緊相擁，接著向所有隊友致意。最終比分（六比四、一比六和十比五）在兩位體育巨人的歷史上記下永恆不滅的一筆。

賽後，納達爾和費德勒化身演員，置身在兩人生涯前所未見的場景中。他倆在賽後的聯合記者會上扮演主角，面對媒體。媒體習慣看著他倆各自召開記者會，一人以勝者的身分，另一位以敗者的身分，看見他倆一起分享比賽的想法和微笑，還真是奇觀。

「只要還沒退役，我倆就一直會是敵手。」費德勒宣稱，「不知道是幸還是不幸，過了今天我們又將是彼此的對手，但今天這場比賽非常特別，我真的很高興能夠和拉法在同半邊球場並肩作戰，曉得重要時刻能夠信賴他，可以看著他做出決定，並看著他如何思考，實在是太棒了。這段回憶我永生難忘。」他發自內心地說。

記者會全程都是歡樂慶祝的氣氛，一名記者向納達爾和費德勒問道，若他倆以職業單打選手的身分退役後，是否考慮繼續征戰網壇，但只參加雙打項目，而兩人給出嘲諷的答覆，讓現場的氣氛更加熱烈。

「這主意真棒。」費德勒以嘲弄的口吻回答，「拉法，你要搬來瑞士跟我一起住嗎？這樣下屆奧運我們就可以一起出賽囉！不然，我也可以入籍西班牙。」

納達爾忍不住大笑，笑聲極具感染力，傳遍整個媒體室。

「我可以確定的是單打退役後，我不會繼續打雙打。」費德勒結束這個話題。

「你沒意願打雙打的話，那我也不打了！」納達爾語帶幽默地回答。

「不好意思，害你的期待破滅了！」費德勒一面對納達爾說，一面伸手抓住他的肩膀，「這不是個好主意，對吧？」

「對！」

「不過，我們可以為了你打雙打。」費德勒對該名義大利籍記者說，「但只打五年！」

「我們甚至可以去義大利！」納達爾最後說，現場媒體聽了，笑得更開懷。

儘管訪問現場氣氛詼諧，納達爾聊起賽事的結局時，語調依舊嚴肅了起來。

「如果我們無法贏下明天的頭幾場比賽，我們的對手將會得到額外的能量。他們很年輕，球風適合這座球場。因此，我們可能會碰上問題。現在我們以九比三領先，但每場比賽都是險勝。」納達爾嚴肅地說明。

「我只希望最後能夠和拉法及其他隊友一起高舉勝利獎盃。這個獎盃很珍貴，而且近在眼前。」費德勒一臉興奮地說。

與國際媒體會面結束後，納達爾留在原地，以西班牙語回答西班牙記者的提問。費德勒不但沒有離席，反而陪在他身旁。

「這場比賽要永遠不被世人遺忘，該有的條件都有了，而且也確實成為一場難忘的比賽。」納達爾劈頭就說，「這是一場獨一無二的比賽，非常特別。我跟這輩子都在球網對面的對手一起並肩作戰，當然，這一切十分美好，賽前準備和上場的那一刻都是。開打前，我就曉得這場比賽會成為我倆漫長對戰史中特別的一刻。賽前我們討論了很久該怎麼打，之後在場上也適應得非常好。我們想要懷著贏球的態度和能量，而且我們辦到了。」

納達爾侃侃而談的同時，費德勒開始往後仰躺在椅子上，起初面露微笑，接著笑得不能自己。他失去鎮靜了，笑得停不下來。納達爾一頭霧水，被他的笑聲感染。

「怎麼了？」納達爾開口問狂笑不止的費德勒。

費德勒克制不住大笑，歡鬧地回答他：

「我不曉得你講西班牙語時說話那麼快！」

納達爾啞口無言，繼續露出微笑，結束他的採訪。

「等會兒更衣室見囉？」費德勒問納達爾。

「不！明天見！今天我看你已經看夠了！」納達爾笑著道別。

這天對納達爾、費德勒以及網壇而言，是歷史性的大日子，就這麼結束了。這天，納達爾和費德勒第一次聯手施展球技，不是以對手的身分，而是以隊友的身分一起上場應戰。

星期六這天值得紀念，但拉沃盃尚未結束，最後一天的比賽仍有大大的感動等著他們去體會。

星期日布拉格很早就天亮了，上午兩隊隊長在提早舉行的記者會上，有個令人意外的消息。正當所有人都以為納達爾這屆賽事的戲份已經結束了（他已經打了一場單打比賽和兩場雙打比賽），柏格宣布納達爾將出戰今天第三場對上伊斯納的比賽。理論上，若情況順利，這場比賽將帶領歐洲隊摘下最終勝利。

歐洲隊這天沒有好的開始，柏蒂奇和契利奇組成的雙打搭檔不敵索克和伊斯納，第一場比賽便吞敗。接下來，小茲維列夫擊敗圭里，因此（正如預期）一切勝負將交由納達爾定奪。若納達爾戰勝伊斯納，歐洲隊將拿下拉沃盃的總冠軍。

世界第一納達爾拿出看家本領，在布拉格的那天，他碰上的伊斯納依舊自信心滿滿。兩人先前交手過六次，伊斯納一場都沒贏過納達爾，但這天的表現無懈可擊，最終以七比五和七比六擊敗納達爾。比賽尚未分出勝負。世界隊的板凳區士氣大振。這個週末歐洲隊好似占盡上風，但拉沃盃最後可能會染上世界隊的代表色紅色。若基瑞爾斯擊敗費德勒，兩隊的積分將會打平，最終勝負將會由一場決勝雙打比賽定生死。無論是觀眾看台，還是選手板凳區，都瀰漫著一股緊張。比賽氣氛開始進入高潮，O2體育館充滿疑惑。世界隊有本事上演名留青史的絕地大反攻嗎？熱愛高爾夫的觀眾開始回憶起二〇一二年萊德盃，在芝加哥的梅迪那發生的事。那天是個令人難忘的星期日，由何塞．瑪利亞．奧拉查寶（José María Olazábal）領軍的歐洲隊力挽狂瀾，史上第一次在落後四分的劣勢中逆轉得勝。

一切交由費德勒定生死，以及基瑞爾斯。

費德勒是放眼網壇最能代表「優雅」兩字的選手，而對手基瑞爾斯年輕且天賦異稟，參加過許多大比賽，但常有脫序行為，一直以來都是飽受爭議的選手。兩人交手過兩次，戰況瘋狂，二〇一五年，基瑞爾斯在馬德里大師賽險勝費德勒，比分六比七、七比六和七比六，而拉沃盃開打沒幾個月前，費德勒也在邁阿密大師賽擊敗基瑞爾斯，比分七比六、六比七和七比六。

預感成真。基瑞爾斯把握住唯一一次破發點，以六比四從費德勒手中搶下第一盤。正當歐洲隊陷入一片愁雲慘霧時，納達爾現身選手座位區。敗給伊斯納後，他本應接見媒體，但他請求賽事主辦單位讓他翹掉記者會。淋浴後，納達爾不想再多錯過一分鐘，直奔費德勒的比賽現場。自己的隊友兼好友正在苦戰，而他想要支持他。坐在選手板凳區上，納達爾更加投入隊伍和比賽之中，不斷對費德勒（甚至也對現場觀眾！）加油吶喊，打動了所有人。O2體育館有如一只沸騰的熱鍋，馬上就要爆發。

費德勒在場上作戰；納達爾在板凳區作戰。

比賽全程納達爾激動不已。費德勒和基瑞爾斯打到第二盤盤末時，他不斷揮舞著拳頭吆喝。費德勒承受著極大壓力，抓住搶七局的主導權，比分來到三比一領先時，十九度大滿貫冠軍的費德勒打贏一場激烈的對抽，放聲大喊了一句「Come on！」，令全場陷入靜止。費德勒鮮少如此激動，他的球拍暴走了，一反常態，毫無顧忌，以八比六險勝贏下搶七局，比賽拉為持平。納達爾慶祝費德勒得分，以電光石火般地速度自座位跳起來，衝到球場邊迎接費德勒，恭喜他贏下剛剛這一盤。兩人猛力擊掌，這會兒換成納達爾振奮地對他喊了一句「Come on！」

然而，這場戰役尚未結束。費德勒與基瑞爾斯還得比一盤超級搶十決勝盤（和搶七局一樣，先搶下十分者獲勝），才知道是歐洲隊獲勝，或者恰好相反，世界隊能夠力拚到彈盡援絕，延續他們想反敗為勝的渴望。

出生於澳洲首都坎培拉的基瑞爾斯再一次擺脫壓力，將費德勒逼入絕境。比分九比八，基瑞爾斯領先，這局他握有賽末點。基瑞爾斯主導局勢，但打得太激進了，付出沉重代價，一個回球落到底線後方。費德勒逃過一劫，差點落敗。絕境還得等等呢。

自板凳區傳來的加油打氣賦予費德勒力量，讓他展開這場對決的最終章。一個小小的衝刺讓費德勒以十比九迎頭趕上，距離奪冠只差一分之遙。他有如劍術大師，壓制住基瑞爾斯最後一分開頭的攻勢，展開肉搏戰，反手對反手，花劍對花劍。費德勒憑著鬥志刺下致命一劍，逼得基瑞爾斯失誤，一球打在網上。「有了！」十一比九，歐洲隊贏下拉沃盃了！

此時，全場陷入瘋狂。

費德勒高舉雙臂，擺出勝利的姿勢，露出永遠不會被世人忘記的笑容。同一時間，納達爾自板凳區奔了過來，跳起來擁抱費德勒，費德勒也將他摟在懷中。世界停止轉動。攝影師捕捉這一幕。內行人很高興裝滿金條的寶箱終於挖了出來。兩人相擁的畫面是這個週末的經典相片，是這個月體壇最具代表性的一幕，天曉得會不會成為本賽季最具代表性的照片。納達爾和費德勒從未如此擁抱過，從未如此欣喜地慶祝共同奪下的成就。

費德勒和納達爾站在球場上。兩人百折不撓，一心渴望勝利，無法理智思考。歐洲隊所有隊員將他倆團團圍住，慶祝奪冠。「贏下最後一分時，看見大家快樂的表情，我的感覺，和贏得人生中某些最重大比賽的感受一樣。」費德勒說，「對我們而言，這場比賽好像有著美好結局的童話。」

基瑞爾斯的淚水說明了什麼叫做幾家歡樂幾家愁。他傷心欲絕，萎靡不振，感覺自己錯過了重要的機會。他從來沒有在球場上哭得那麼慘過。

頒獎典禮上，納達爾和費德勒以及其他隊員開始在球場上慶祝，一路慶功到更衣室還停不下來。費德勒欣喜若狂，在獎盃內斟上香檳，開始邀歐洲隊的每位成員喝酒。納達爾不假思索，抓住獎盃的兩支握柄，飲下獎盃內充滿泡沫的酩悅香檳（Moët & Chandon），契利奇、蒂姆和柏蒂奇笑得合不攏嘴。慶功派對上，大夥都玩瘋了，就連一向正經的柏格也不顧禮節，加入歡慶行列。這位歐洲隊的教頭（前世界球王！）慶祝贏得拉沃盃的神情，甚至比贏下生涯十一座大滿貫冠軍還激動，世人看得不禁莞爾。

派對結束，歐洲隊全員來到採訪廳，進行最後一場記者會。費德勒在最角落的位置坐下，契利奇接著在他一旁就座，而納達爾坐在契利奇身旁。納達爾不想被記者讀唇語，用手遮住嘴巴，對正在喝水的費德勒說了幾句話。費德勒笑得合不攏嘴，不得不在椅子上轉向背面，不然口中的水就要噴到記者身上啦。

「最後一場比賽我們有點走運。」納達爾劈頭就說。

「走運？你這話什麼意思？」費德勒開玩笑地反駁他，心裡很清楚自己克服了多少難關，才贏下最後一場比賽，「我看大家都很緊張，連柏格都七上八下的！」費德勒邊笑邊接著說，「這點倒是真的讓我太意外了！你為什麼會緊張呢？」費德勒開門見山地問柏格，而納達爾則在他的位子上捧腹大笑。

「派對呢？」一名記者問，「你們要怎麼慶祝？」

「今晚能出席的團隊成員會一起去晚餐。」費德勒回答他。

「有人有興趣知道的話，我得趕去中國比賽。」小茲維列夫馬上回答，惹得其他隊員大笑。

「我們跟你一起去！」隊友們笑著回答他。

儘管歐洲隊共有六名隊員，所有問題都落到費德勒和納達爾身上。

「希望我們可以傳承一股精神。現役選手和名宿值得擁有這項賽事。未來的選手也值得擁有一個可以這樣比賽網球的平台。」費德勒說。

「我們為了贏下這座獎盃可以說是全力以赴。希望這項賽事可以繼續舉辦下去，希望新生代的選手，可以跟這個週末的我們一樣全心投入比賽。」納達爾接著費德勒的話繼續說，「現在，我們要回到巡迴賽的正常生活，不過，接下來幾年，拉沃盃當然會在我們腦海縈繞不去。整年賽季下來，這週可能是最棒的一週之一。」

納達爾的口吻堅定，明確聲明他繼續支持拉沃盃的意圖。拉沃盃這天上午已宣布二〇一八年將在芝加哥舉辦，更具體地說，比賽地點是聯合中心。聯合中心是能夠容納超過兩萬人的室內體育館，是NBA的芝加哥公牛隊和NHL的芝加哥黑鷹隊的主場。

納達爾的視線匆忙地尋找西班牙記者群，接著走向他們，向他們賠不是。他必須趕快離開，才可以及時抵達布拉格瓦茨拉夫·哈維爾國際機場，不然就要錯過飛機了。他和藹地請記者「釋放」他，讓他翹掉記者會的最後階段，然後緊接著走向費德勒。兩人一起度過了一個難忘的週末，是時候道別了。可惜，納達爾無法留下參加最後的晚餐。他對他這週的隊友及搭檔說了這番話：

「我先告辭了，羅傑，過陣子再見。」納達爾對費德勒說，作勢給他一個擁抱。

「不，不，等我一下。我現在就去更衣室，我們在那兒好好道別。」

納達爾和費德勒依舊還是宿敵，這點永遠不會變，但他們放下競爭的恩恩怨怨，在布拉格奠定拉沃盃的地基，讓拉沃盃可望成為禁得起時間考驗的賽事。此外，拉沃盃也讓兩人的關係更加緊密，出了球場也能一直保持下去。二〇一六年年尾，納達爾和費德勒坐在椅子上，聊著納達爾網球學院的未來，如今，時隔將近一年，兩人在布拉格擺著同樣的姿勢談話、開玩笑、歡笑。享受人生。

然而，人生會繼續下去，巡迴賽也是。

下一站：亞洲。

19 對手
北京和上海

> 二〇一七年上海大師賽決賽，費德勒以六比四和六比三戰勝納達爾。這年賽季他每次與納達爾交手都拿下勝利，扭轉了兩人的宿敵關係。

「我有一通國王打來的未接來電。」

這句話引人注意且非比尋常，從納達爾口中道出卻再稀鬆平常不過。國王是二〇一六年里約奧運開幕式期間打給他的。典禮正熱鬧歡騰地展開，西班牙代表團正在極具指標性的馬拉卡納體育場的附屬體育館，等待出場遊行。然而，換作任何時候，也都可能從他口中聽見這句話。

納達爾與卡洛斯一世關係非常好，事實上可以說是交往甚密。納達爾幾次贏得重大勝利，前國王都曾親臨現場觀戰，曾在世界許多城市與他度過愉快的晚會，甚至在他遭遇困境時支持他。

二〇一二年八月十日，納達爾這時應該正在參加北美硬地賽季，但他待在克里斯托港的家中，接到國王的來電。

納達爾的左膝髕骨韌帶局部斷裂，後來髕骨後方脂肪墊也患有霍華式病變，原本將在倫敦奧運擔任西班牙隊的旗手，但膝傷惡化令他不得不退賽，也害他無法上場比賽。

卡洛斯一世趁著納達爾人在馬約卡島的帕爾馬，想邀請他共進晚餐，親自為他打打氣，便馬上在弗拉尼岡餐廳設宴。弗拉尼岡餐廳位於波爾塔斯港，古色古香，納達爾是那兒的老主顧。

國王、納達爾、納達爾的女友西絲卡，以及幾位好友入座，現場部署了大批維安，確保晚餐能夠萬無一失地進行，令當地的外國觀光客看傻了眼。

那晚，他們回想起許多趣事，都與卡洛斯一世親臨現場觀看納達爾比賽有關，比方馬德里、巴黎和倫敦。

國王唯有亞洲賽季缺席，沒去過北京看中國公開賽，也沒去過上海大師賽的現場。

二〇〇八年、二〇一〇年和二〇一三年，納達爾都曾加冕成為世界第一的球王。二〇一七年，他參加中國公開賽和上海大師賽這兩項試煉，盡可能累積積分，目標這年賽季可以穩坐球王寶座。征服美網奪下個人年度第二座大滿貫金盃後，納達爾大幅領先排名緊追在後的費德勒，往前邁進了一大步，有望成為年終球王。

納達爾以此為目標，搭機飛往亞洲，而費德勒則稍作休息，專心準備上海大師賽。亞洲賽季，他只有意出戰上海大師賽。

北京帶給納達爾許多美好的回憶，其中有些回憶與成為世界排名第一有關。二〇〇八年，納達爾摘下北京奧運網球男子單打的金牌。那年賽季上半年十分耗費精力，他連續在法網和溫網封王，戰得身體疲憊不堪，但奧運會決賽上，仍以六以三、七比六和六比三戰勝智利選手岡薩雷斯，並於隔天首次登上男單排行榜的頂點。

二〇〇八年八月十八日，歷經漫長的追趕後，納達爾終於擠下費德勒，成為網壇新霸主。費德勒於二〇〇四年二月二日攻上世界第一，蟬聯球王兩百三十七週，以鐵腕統治所有意圖從他手中搶下王座的對手，唯有納達爾闖入頂尖網壇一事，開始驚擾到他的王朝。雖然有很長一段時間，費德勒把納達爾治得服服貼貼的，但他仍眼睜睜地看著納達爾快速攀上世界排名第二，對他的王位虎視眈眈。

二〇一七年中國公開賽期間，納達爾每天不厭其煩地告訴團員《怪奇物語》有多令他驚豔。《怪奇物語》是Netflix 共製發行的美國科幻影集，內容講述十二歲的男孩威爾・拜爾斯，在印第安納州的霍金斯小鎮離奇失蹤的故事。此行陪同納達爾出賽的有教練羅伊格、物理治療師馬伊莫，以及他最好的朋友薩爾瓦-維達爾。他們不知道聽納達爾說了多少遍《怪奇物語》是最棒的影集，聽著他把這部影集捧上天。

這年巡迴北京時，納達爾也趁著薩爾瓦-維達爾同行，從事另一項他最愛的消遣活動，一起打打撞球，但他看了無數部影集消磨待命時間，《怪奇物語》只是其中一部。納達爾是一個叫他一分鐘什麼事都不做，他會受不了的人，居然不必刻意按捺住起身東奔西跑的衝動，坐下來看影集，也許正因為如此，這件事令人意外。

大多時候，納達爾和薩爾瓦-維達爾搭檔，在撞球檯上與羅伊格和安娜貝爾・梅迪娜比賽。來自瓦倫西亞的梅迪娜當時是拉脫維亞選手奧斯塔朋科（Jelena Ostapenk）的教練，帶她出戰中網，因此人也在北京。有時，她會在選手區和納達爾團隊的人坐在一起。

撞球檯上，羅伊格是四人中最厲害的，實力差距明顯，但有一次，有一桿簡單的球他居然沒打進，拱手將勝利讓給納達爾和薩爾瓦-維達爾。在場看見納達爾慶祝獲勝的人，都會以為他剛剛又在他輝煌的戰績添上一筆冠軍頭銜，但並沒有，事情根本不是這樣。

納達爾十分好勝，什麼事情都是拚了命去做。

納達爾和另位好友洛佩斯的鬥嘴，在網壇很有名，尤其納達爾的親朋好友中，沒有人不知道他倆吵起架來是什麼模樣。爭辯的主題並不重要，因為有時兩人只是單純為了辯論而辯論，舉凡足球、政治，或眼前飛過的蒼蠅的國籍，什麼都可以吵。唇槍舌戰無傷大雅，但問題在於洛佩斯非常頑固。通常辯論到最後，情況總是差不多，都是納達爾單純吵累了，舉雙手投降。

「你辯贏我了，現在，讓我靜一靜。」有天一段激烈對話後，納達爾對洛佩斯說。

「好啦，好啦。我辯贏你了。」洛佩斯複述一遍，擺出勝利者的姿態，硬踩納達爾的地雷。

「馬克，說真的，我把無線網路關掉了，現在我正在『飛航模式』，你愛說什麼就說什麼，反正我不會理你。」

不僅二〇〇八年奧運摘金，納達爾也在二〇〇五年的中網封王。中網的場地一點都不慢，但那年他成功適應環境，取得好成績。

亞洲賽季每年都是困難階段。打完年度最後一項大滿貫美網後，選手們勢必會陷入低潮，雖然還有很多賽事，還有許多豐厚的積分等著他們來搶下，但剩餘的這幾個月對大多數人都很費力。

每年最後這幾個月，納達爾總是打得很辛苦，但出於其他原因。每年賽季頭幾個月，他都是卯足全力比賽，身體耗損非常嚴重，等要進行年度最後衝刺時，往往心有餘而力不足，再加上剩餘的賽事大都是室內比賽，常常害他在亞洲賽季和年末的賽事飽受折磨。

二〇一七年的中網首戰就是一個例子，說明了亞洲賽季對他有多困難。第二盤納達爾徹底被逼入絕境，必須救回兩個盤末點，但他憑藉著特有的鬥志，挽回了一場不可能的比賽，以四比六、七比六和七比五戰勝普伊。

這場對決之前，納達爾和普伊較量過一場重要的比賽。兩人最後一次交手是二〇一六年的美網十六強賽，第五盤決勝搶七局普伊頻頻領先納達爾，最終拿下勝利，讓納達爾抱憾道別年度最後一項大滿貫賽。

之後，就是在中網交手了，但這場對決出於非常簡單的理由，過程很普通。納達爾完全無意報一箭之仇，就算碰上真的值得他雪恥的情況，他也沒有這種想法。他從來都不會因為前一次輸給對方，而懷著報復的心態上場應戰，跟普伊比賽也一樣。

納達爾在中網一路過關斬將，十六強賽擊退卡查諾夫（六比三和六比三），八強賽戰勝伊斯納（六比四和七比六），準決賽擊敗迪米特洛夫（六比三、四比六和六比一），決賽以壓倒性的六比二和六比一大勝基瑞爾斯，贏下個人本年度第六座冠軍。

每年來到中國比賽，納達爾都搭乘京滬高鐵。京滬高鐵全長超過一千三百公里，二〇一〇年竣工，但二〇一一年才開始通車，連接中國最大的兩個城市北京和上海，車程不到五小時。

一直以來，納達爾都習慣搭飛機，但每年年末機位一票難求，他便改搭京滬高鐵，從北京趕赴上海參加大師賽。然而，二〇一七年他的計畫不得不改變，因為他要搭的班次都沒有車位。

上海發生了一件從前難以想像的事：全世界一流選手齊聚一堂，吃了一頓不是由任何賽事官方安排的晚餐。

Mr. & Mrs. Bund是費德勒在上海最愛的餐廳，景觀壯觀，可遠望獨特的東方明珠電視塔。費德勒選擇這家餐廳，把九月份贏下拉沃盃的歐洲隊員拉來聚餐，獨缺因傷不克出席的柏蒂奇。

費德勒安排這場晚餐有兩個目的。首先，再次感謝全體隊員付出的努力，謝謝大家參加這項剛誕生的賽事。第二，歐洲隊成員在布拉格共度了一個週末，一起邁向第一個冠軍，建立起戰友情誼。費德勒想讓這層關係更加緊密。

因此，費德勒召集了納達爾、小茲維列夫、蒂姆、契利奇和歐洲隊長柏格一起共餐。

那場晚餐後，上海大師賽火速開打，完全沒有給人喘息的時間，各路選手都是孤注一擲。

納達爾首戰以六比二和六比一輕取唐納森（Jared Donaldson），接下來對上福尼尼的十六強賽也以六比三和六比一贏得勝利，八強賽再次與迪米特洛夫交手，兩人打出一場超水準比賽，最終納達爾以六比四、六比七和六比三擊敗對方。

八強賽之後，生不如死。

準決賽對上契利奇時，納達爾右膝的疼痛開始復發。比賽來到七比五和三比二時，納達爾一個簡單的上網截擊失誤，不幸被契利奇破發。他接下來的反應既失常又令人意外，馬上用球拍猛力打了膝蓋一下。然而，上場比賽前，納達爾就知道他的膝蓋髕骨韌帶有些不對勁，前幾項比賽負擔過重，現在開始要他付出代價了。

截擊失誤、用球拍猛打膝蓋後，納達爾的目光掃過看台，尋找他的物理治療師馬伊莫。他什麼話都不必對馬伊莫說，只消一個眼神，兩人就知道出了什麼問題。馬伊莫要納達爾吃消炎藥止痛，但服藥無濟於事。納達爾最終以七比五和七比六戰勝契利奇，挺進決賽。他將與費德勒角逐冠軍，但這場對決，膝蓋的毛病制約了他。

費德勒幾乎是老神在在地一路晉級。他首戰以七比六和六比四戰勝施瓦茲曼，十六強賽輕取多爾戈波洛夫（六比四和六比二），八強賽擊敗加斯凱（七比五和六比四），唯有準決賽面對戴波特羅時，一度備感壓力。

費德勒以三比六、六比三和六比三反敗為勝，擊退戴波特羅。然而，這場對決再次讓世人看見兩人儼然像是火車對撞，每次交手都迸出激烈火花。現今沒有多少選手有本事惹惱費德勒，但戴波特羅顯然就是其一。他的正拍威力強大，擊球力道之強勁，令費德勒感覺自己被他玩弄於股掌間，無法掌握比賽的主導權。因此費德勒才會失去冷靜，失誤時會大吼，對自己感到失望，也不足為奇。

隨著費德勒這場比賽獲勝，發生了一件前所未有的事。

中國是全世界人口最多的國家，人口總數超過十三億人。當然，網球在中國有著極高的熱度，中國球迷是出了名的沉迷網球，享受網球的一切，對網球的熱忱之高，可能全世界沒有其他國家比得上。納達爾和費德勒每次來到上海比賽自然是驚天動地，但截至二〇一七年兩人只在上海交手過一次，而且不是在上海大師賽上。

二〇〇七年，ATP年終總決賽在上海舉辦，費納在準決賽交手，最終由費德勒獲勝，比分六比四和六比一。之後，二〇〇九年，ATP決定將年終總決賽移師至倫敦O2體育館舉辦，上海則變為每年賽程的另一項賽事，並成為1000分級大師賽，從此之後兩人就不曾在上海對決過。

二〇一四年，費德勒擊敗法國選手西蒙，在上海大師賽封王，而納達爾則無緣將這座獎盃納入他的戰績中。二〇一七年，他也沒能克服這項挑戰。

二〇一七年上海大師賽決賽，費德勒以六比四和六比三戰勝納達爾。這年賽季他每次與納達爾交手都拿下勝利，扭轉了兩人的宿敵關係。兩人的對決戰績中，納達爾仍以二十三勝十五敗領先，但費德勒辦到了在這之前他自己都不知道的事。

有史以來第一次，費德勒闖入納達爾的腦中，令他滿心疑惑。

20 大家都想當第一

巴黎－貝爾西 *Paris-Bercy*

二〇〇八年，納達爾初次加冕成為球王，九年後的二〇一七年又四度制霸網壇。從來沒有其他選手辦得到。

年度賽季的最後階段如火如荼地開跑。費納主演的世界第一爭奪戰成為網壇的焦點，蓋過其他新聞。

納達爾二〇一七年亞洲賽季的成績不俗。中國公開賽奪冠，上海大師賽惜敗費德勒，但也獲得亞軍。亞洲行後，納達爾的右膝蓋壓力負荷過重，不得不退出瑞士室內網賽。每年這時期的賽事本已讓身體耗損得很厲害，隨著比賽場地變為室內硬地，讓他得消耗更多精力。在室內球場，網球飛越球場承受的空氣阻力比較小，對發球型選手或擊球力道更強勁的選手大大有利，接球的反應時間縮短了。這年下來，納達爾的戰果豐碩，但賽季也令他疲憊不堪，他的右膝感受得到自己身體耗損得有多嚴重。

納達爾打從心裡對退出瑞士室內網賽感到惋惜，但策畫年末的出賽策略時，常識（以及他信任的醫師科托羅的建議）起了關鍵作用，讓他下這個決定。納達爾團隊的目標很明確，要成為今年年終世界排名第一，但要得到這份獎勵，仍得通過費德勒這關。納達爾的團隊認為費德勒目前的體能狀態好得不得了，照理來說，費德勒會一手包辦拿下所有剩餘賽事的冠軍。然而，撇開費德勒的狀態不談，納達爾大可以退出巴黎大師賽，省得膝蓋受傷，試著以更佳的體能狀態進攻ATP年終總決賽。團隊內部甚至提出這個規畫，但納達爾已經做下決定，若他想在年終成為世界排名第一，就得出戰巴黎大師賽。他的膝蓋不適，強忍疼痛上場比賽並非明智之舉，然而，以現實面來說，他在巴黎大師賽可能會對上排名較低的對手，有機會藉此贏取所需的積分，而放棄參加ATP年終總決賽前的所有賽事，等於是必須和網壇最強的七位選手爭奪世界第一。

納達爾來到秋季冷颼颼的巴黎。不到五個月前，他才在這裡拿下他生涯第十座法網冠軍。巴黎看起來很不一樣，街道充滿寒意，散發出一股憂鬱的氣息，但氛圍暖人心脾。雖然春季鮮豔的色彩已褪成更溫暖且凋萎的色調，城市依舊充滿生命力，燈火通明。無論六月還是十一月，巴黎依舊是巴黎。

納達爾一直以來都說巴黎是他運動生涯最重要的城市，一向承認這個鐵證如山的事實。然而，秋天的巴黎和春天的巴黎天差地遠。和參加法網時不同（納達爾總是下榻梅里亞-皇家阿爾瑪飯店），巴黎大師賽期間，他和團隊住進頗富傳奇的雅典娜廣場飯店。這間飯店擁有超過八十年的歷史，坐擁觀賞艾菲爾鐵塔最棒的景觀，每週都有名人雅士趁著拜訪巴黎時入住其中。

納達爾五度缺席巴黎貝爾西體育館，巴黎大師賽成了他生涯缺席次數最多的1000分級大師賽。然而，每回參賽他都至少闖進八強，誰也不能說他的表現不好。

納達爾首次參加巴黎大師賽就挺進決賽。那已經是十年前的往事，當年納班迪安（David Nalbandian）從他手中奪走冠軍頭銜，但他永遠不會忘記自己曾一路擊退沃蘭德里（Filippo Volandri）、瓦林卡、尤茲尼和巴格達蒂斯。二〇〇七年，納達爾還是年輕小夥子，但已在法網三度稱王，不只頂著豔陽在法網紅土上過關斬將，表現優異，來到巴黎大師賽也不遑多讓，再次令巴黎球迷折服。菲利普．沙特里耶球場和巴黎貝爾西體育館只相距十三點四公里，但網球上的距離測量單位十分不一樣。納達爾是紅土之王，但他也證明自己來到室內球場，也能成為大威脅。

納達爾結束訓練，穿過兩座訓練球場之間五十公尺的距離，同時觀察巴黎貝爾西體育館斜面外牆上覆蓋的草地。巴黎貝爾西體育館現已更名為雅高酒店體育館，是全法國最具代表性的建物之一，建築結構為金字塔型，每年可舉辦多種類型的表演，啟用時舉辦了天蠍樂團的演唱會，之後布魯斯．史普林斯汀、皇后樂團、瑪麗亞．凱莉、席琳．狄翁、珍妮佛．洛佩茲、綠洲樂團、碧昂絲和女神卡卡等巨星，都曾在這有過精采的演出，而這座舞台也舉辦過數屆歐洲田徑錦標賽、歐洲籃球錦標賽，甚至也舉辦過歐洲花式溜冰錦標賽。訓練球場緊鄰體育館，沒有看台，也沒有可供球迷觀察選手的空間。因此，納達爾和小茲維列夫算是關起門來練球，陪伴他的人只有莫亞、托尼、馬伊莫和帕列茲-巴巴迪羅。

若說費德勒已大大證明他是年度最後一項1000分級大師賽的奪冠大熱門，那麼莫瑞、喬科維奇、錦織圭、瓦林卡、拉奧尼奇、柏蒂奇、基瑞爾斯和孟菲斯等人的缺席，就是給了納達爾一個機會，讓他征服這片至今仍攻打不下的領土。若他的膝蓋放過他一馬，怎麼會無法在巴黎大師賽首次封王呢？

籤表結果出爐。第一輪小茲韋列夫將和鄭泫交手，勝出者將是納達爾首戰的對手，而費德勒的第一個對手則將是羅培茲和艾爾貝（Pierre-Hugues Herbert）之間的贏家。想更接近世界第一的王座，費德勒一路上得通過蒂姆、契利奇和戈芬等強中手的考驗，而納達爾可能需要與戴波特羅、小茲維列夫、迪米特洛夫和卡雷尼奧過招。這場戰爭已在塞納河畔展開。

巴黎大師賽正式在巴黎開打，但網壇仍偷偷關注在巴塞爾舉辦的瑞士室內網賽決賽戰況。戴波特羅有如轟炸機，不斷投下無數顆砲彈，猛轟後場。費德勒苦守底線，使出兩倍的氣力，展開固若金湯的防守，同時進行精準有效的反擊。他再次證明自己的體能不是省油的燈，在這場令人精疲力竭的對決中反敗為勝，以六比七（五）、六比四和六比三獲勝。賽後，費德勒進行了一項行之有年，令他非常開心的傳統——與球僮一起吃披薩。這讓他回想起自己平凡的出身，曾經也和這些孩子一樣，擔任球僮，自球場側邊欣賞偶像的英姿。

納達爾的團隊重申他們相信費德勒不會放過任何角逐ATP年終球王的機會。費德勒第八度在瑞士室內網賽封王，兩位網壇巨人之間的積分差距一下子從1,960分縮減為1,460分。要知道，若在這年剩餘的巴黎大師賽和ATP年終總決賽封王，共可拿下2,500積分。兩人之間的角力瞬間變得激烈。

此時，一則勁爆的消息在巴黎大師賽的中心引起轟動——費德勒宣布退出巴黎大師賽。這個天大的新聞震撼網壇，完全不在巴黎大師賽主辦單位、ATP或ITF的意料中。費德勒怎麼會放棄爭奪世界排名第一呢？他無疑是巴黎大師賽的奪冠熱門人選，是什麼原因導致他退賽呢？

納達爾無須使用計算機，便能確認一件無法改變的事實。只要在巴黎大師賽或ATP年終總決賽贏下一場比賽，他便能第四度成為年終排名第一。戰勝韓國選手鄭泫（他以六比〇和六比二大敗小茲韋列夫）可以獲得九十積分，綽綽有餘。是時候開工囉！

納達爾上場時，全場陷入難以置信的高潮。他穿過網壇最知名的入口之一，聚光燈打在他身上，音響唱出他的大名，趕赴現場的觀眾以如雷掌聲歡迎他。大家都知道納達爾此戰的目標不只是晉級第三輪，他也與歷史戰鬥，挑戰實現一個夢想。因此，賽末點鄭泫的球一出界，納達爾聽見「out」時，感到開心又解脫。

納達爾剛剛打下的戰績讓他來到無人能及的高度，創下網壇四度當上球王的新紀錄。納達爾方才已確定成為二〇一七年年終排名第一，生涯第四次達成這項成就，成為史上第一位登上此等巔峰的選手，成為史上第一位三度退下球王寶座，又三度於年終奪回王位的選手。二〇〇八年，納達爾初次加冕成為球王，九年後的二〇一七年又四度制霸網壇。從來沒有其他選手辦得到。

納達爾站在球場上，喜悅全寫在臉上，情緒激昂卻也不忘展現幽默感。

「拉法，記者會後你得接受天空體育台的訪問，之後還要接見一位西班牙記者。」阿札尼在記者會前通知納達爾。

「不要。」納達爾斷然地一口回絕，讓對方吃了個閉門羹。

「我是說，記者會結束後，我們得和天空體育台做段簡短訪問，然後接見唯一一位報導巴黎大師賽的西班牙記者。」

「不要。」納達爾再次拒絕。

阿札尼垂頭喪氣地看著納達爾，試著了解為什麼他拒絕執行這項他習以為常的簡單安排。眼見阿札尼目瞪口呆，納達爾接著說：

「我才不會接受那位記者的訪問。」

有那麼短短幾秒鐘的時間，採訪廳陷入尷尬的寂靜。納達爾再也忍不住了，開始大笑。一整年賽季下來，納達爾對阿札尼開了無數玩笑。阿札尼注意到他的意圖，也做出幽默的反應。

納達爾掩飾不住他的滿足，接受了電視台的採訪，接著來到內廊，遠離鬧哄哄的國際記者群，與該名西班牙記者平靜地聊天。

納達爾熱愛足球，感覺自己此刻就像是西甲聯賽的冠軍。比賽了好幾個月以後，他終於加冕為王，迫不及待想要拿到ＡＴＰ之後在倫敦頒發給他的獎盃。對納達爾而言，成為二〇一七年年終球王，對他的意義很重大。首先，這代表他成功闖出一條成果輝煌的運動之路，也意謂儘管一路上身體出了許多毛病，他還是有本事不讓他的夢想破滅。歷經許多年的低潮，這個世界第一的頭銜就是一切。

用精疲力竭不足以形容這年賽季，納達爾整年都在不同材質的球場上戰鬥，身體的耗損已達到極限。幾週前，他替電信公司移動之星拍了一支廣告，在影片中快速計算他花了多少時間在球場上。心算一番後，納達爾認為自己一年至少有兩百一十天、每天四小時花在練球上，代表他一年站在球場上的時間高達八百四十小時。這個總和還沒把他在各錦標賽的練球時數算入，若加上去，時數會高得嚇人。此外，納達爾一年平均打了約八十場比賽（不算拉沃盃的話，二〇一七年打了七十八場），每場比賽平均耗費兩小時，算一算花在比賽的時間也是很可觀。加總下來，納達爾一年在球場上待了將近兩千小時，這還不包括在健身房和體能訓練的時間。

這些數字讓隔天在巴黎發生的事顯得非常合理。

除了費德勒為了療養身體而自願退出巴黎大師賽，許多選手也已退賽，再次證明了網球這項運動對選手的身體負擔有多大。莫瑞臀部受傷，喬科維奇手肘受傷，瓦林卡的膝蓋重傷，拉奧尼奇腿筋拉傷，柏蒂奇背部受傷，錦織圭膝蓋受傷，基瑞爾斯臀部受傷，穆勒手肘受傷。ATP年度排名前十的選手都掛彩了。

同時，已經確定拿下世界第一的納達爾登上球場，力戰烏拉圭選手奎瓦斯（Pablo Cuevas），試圖挺進巴黎大師賽的八強。拿下第一盤後，納達爾的臉明顯看起來不適。身體的神經系統開始發送信號，告訴他某個部位不太對勁。納達爾非常熟悉這個訊息，因為這個訊息從他的身體傳到大腦不下數百次。這個訊息就叫做疼痛，肯定是這一刻才突然冒出來的。不適感有如湍急的河水，開始自納達爾的腦中流過。

奎瓦斯察覺納達爾無法自在地打球，第二盤成功扳回一城。納達爾一臉擔憂地坐在椅子上，申請醫療暫停，請物理治療師到場上替他包紮膝蓋。警報已響起。儘管他的膝蓋不適，還是再次替現場所有預言他即將棄賽的人上了一課。他又一次戰勝大腦的不祥訊息，以六比三、六比七和六比三戰勝奎瓦斯，拿下這場歷時兩小時又二十分鐘的苦戰。

隔天等著他的對手是世界排名第七十七位的克拉伊諾維奇（Filip Krajinović）。碰上這位對手，等於是保送準決賽，問鼎金盃，納達爾和團隊決定謹慎且聰明地行事。除非膝蓋狀態良好，疼痛不再加劇，不然納達爾不會上場比賽。

納達爾沒有背著他的網球拍袋，而是右肩上掛著藍色袋子，左臂下夾著一支Babolat球拍，走過巴黎貝爾西體育館的選手區走道。那個星期五早上寒風刺骨，他穿著運動服，白褲子配藍色連帽外套。前往訓練球場的半路上他停下腳步，詢問穿線師球拍的狀態。他一開口就用英語問，在場的人還是用加泰隆尼亞語回答他。這人是塞古拉（Xavi Segura），最知名的專業穿線師之一，納達爾與他交情頗深，兩人一起參加了無數場錦標賽。塞古拉是納達爾的球拍守護者，負責將他拿下無數成就的工具準備好的匠人。納達爾回應塞古拉，接著繼續走向訓練球場。一路上，他邊走邊拿著球拍模擬正拍擊球。一次又一次。此舉目的為何？正拍擊球對納達爾已經是下意識的動作了，不經大腦都能出擊，但這是他賽前訓練之前替手臂肌肉暖身的例行練習。他繼續往前走，與選手服務處的接待人員打聲招呼後，走到體育館外頭，穿過體育館和訓練球場之間相隔的四十公尺。

一如往常，每項錦標賽不同入口處的保全都會要求納達爾出示通行證，才放他進入訓練球場。已是世界第一的納達爾和藹地回答對方說他沒把通行證帶在身上，接著試圖繼續前進。保全做了他該做的事，作勢擋下這位跟他對話的陌生人，用身體擋住通往訓練球場的樓梯入口。沒有主辦單位核發可通行該區的證件，誰也無法進入，而該通行證就只有選手、教練和少數幾位記者才有。

納達爾參加比賽總是嚴格遵守規定，將通行證掛在脖子或球拍袋上。但這時他沒帶證件，原路回去拿也行不通。這個場面只持續了短短幾秒鐘，保全赫然意識到面前的這個人自認有權通行。他一定是個大人物！

「你的名字是？」保全問。

「拉斐爾．納達爾。」納達爾驚訝地回答。

剎那間，這名字震撼了保全。他確定自己之前聽過這個名字！

雖然這位保全不看網球，也不曉得有哪些選手參賽，只是被公司派來這站崗，但要說他從來沒聽過納達爾的大名，未免也太不可能了。要知道，納達爾可是占據法國電視版面時間最長的人之一，也是登上平面和數位媒體頭版最多次的人之一。他可是法網公開賽的冠軍！而且奪冠還不是一兩次，而是十度封王啊！

「納達爾？好，謝謝你。」保全回答，同時站到一旁，讓路給他。

納達爾親切地謝謝保全的體諒，走進球場時輕輕拍了他的背一下。

納達爾清楚自己膝蓋的狀態，決定再做最後一次的實驗，確定自己的身體和團隊不斷大吼要求他的事——放棄巴黎大師賽的八強賽。因此，他才沒有帶著網球拍袋來練球，給他一支球拍和十五分鐘的時間，便足以衡量自己的狀態。決定只有一個。嘗試上場比賽並打進準決賽，不管怎麼看，都跟自殺沒兩樣。有一句充滿智慧的俗話是這麼說的，「竭澤而漁」，保護膝蓋不受更嚴重的傷，免得無法去倫敦參加年終總決賽，才是當務之急。巴黎大師賽總監、前選手佛蓋特完全理解納達爾做下的決定，雖然八強賽無緣見到納達爾以球王之姿比賽，令他很難過，佛蓋特還是擠出寬容且諒解的微笑，接受這個情況，祝納達爾早日康復。

納達爾心煩意亂，帶著諸多疑慮和疼痛告別巴黎。但他也帶著嶄新的功績離開。在巴黎成為世界第一，再適合不過了。

21 球王萬歲

倫敦 *London*

逛一趟納達爾網球學院的博物館，瀏覽他一生獲得的獎盃、獎座、獎牌和各項表揚，便可以快速進入他的網球生涯。那兒有十座法網公開賽金盃[12]、三座美網公開賽金盃、兩座溫網金盃、一座澳網公開賽金盃、兩面奧運金牌、數個台維斯盃縮小版複製金盃、兩座因十度封王而獲頒的巴塞隆納公開賽原版金盃、五座馬德里大師賽金盃、被他搞丟的墨西哥公開賽金盃復刻版……職業網球選手可以征服的知名頭銜何其多，但納達爾的博物館唯獨缺了一項——ATP年終總決賽、網球大師盃的冠軍。

ATP年終總決賽每年匯集排名前八的選手，比賽場地向來都是對納達爾最不利的硬地，比賽舞台也是最不適合他的球風：室內快速球場。

每年，新聞媒體一定會冷飯熱炒，把這個主題挖出來辯論。若每年巡迴賽都在三種不同場地舉行比賽，難道年終總決賽不該輪替場地嗎？為什麼總是在對特定類型選手有利的同個舞台比賽？這個爭論屢見不鮮，但又徒勞無功，也是納達爾與其他選手圈的討論主題。然而，情況

Rafa：

我的頭腦能夠不斷製造機會，我有不斷努力和不斷接受失誤並加以改善的天賦。有許多理解天分的方式，但總結來說，天賦就是拿下更多勝利。我不在乎這勝利贏得是否漂亮，你想用什麼手段贏球都無所謂。天分就是將某項特定活動做得更好。

12 編按：2018年，納達爾又再奪法網金盃，11度封王，迄今已累積獲得17座大滿貫冠軍獎座，僅次於費德勒的20座。

就是如此，花再多時間做無謂的揣測和思考，也沒有意義。

納達爾每年都以頑強的鬥志承擔這個現狀，克服逆境。二〇〇六年和二〇〇七年納達爾參賽時，當時ATP年終總決賽還叫做網球大師盃，比賽地點還是中國。頭兩次參賽都闖進準決賽，但送他出局的劊子手都是同一人——費德勒。二〇一〇年，在決賽送走他的人也是費德勒。時隔三年後，納達爾再次打進決賽，但惜敗喬科維奇。

二〇〇八年、二〇一二年和二〇一四年，納達爾因傷無法親至倫敦，只能看電視關注比賽。二〇一六年發生了一樣的事，他和費德勒都不得不早早宣布賽季結束。

納達爾在二〇一七年巴黎大師賽退賽後的幾天，團隊反覆琢磨了許多接下來可能會發生的事。有人認為納達爾應該採取保守的策略，退出ATP年終總決賽，避免受更嚴重的傷，但他本人決定往前邁進一步，選擇出賽。和巴黎大師賽一樣，承擔風險，參加這項他從未征服的賽事。

然而，納達爾談話時的語氣、溝通時的手勢動作，以及最近這幾天傳出的流言蜚語，在在都讓ATP中心開始相信他可能會在最後一刻退賽，ATP年終總決賽將無緣見到他的場上英姿。喬科維奇、莫瑞、瓦林卡、錦織圭和拉奧尼奇等常參賽的球星已確定缺席總決賽，納達爾再缺席的話，會造成極大損害。更別提所有賽前售出的門票，以及費納對決再次在球迷和媒體間掀起的期待。納達爾若真的決定退賽，對主辦單位還真是個大災難。所以他確定出賽，大家就像是收到天上掉下來的禮物。

分組抽籤全程透過BBC公共廣播電台直播。納達爾和蒂姆、迪米特洛夫和戈芬分到山普拉斯組，而費德勒則是分配到貝克組，分組賽將與小茲維列夫、契利奇和索克交手。預期中，開幕日那天納達爾那一組會率先開始比賽，但ATP宣布第一場比賽由費德勒開打，納達爾的首戰則改至第二天的夜間時段。警報再次響起。納達爾申請盡可能延後打他的第一場比賽嗎？他的膝蓋真的準備好上場應戰了嗎？

賽事開打的前一天晚上有一場年度晚宴，宴會上，ATP頒發了一部分由選手和球迷票選出來的獎項。選手們穿著量身訂製的西裝，繫上紫紅色領帶，搭船橫渡泰晤士河，抵達壯觀的倫敦塔。現場氣氛優閒，迪米特洛夫扮演起主持人，手持麥克風，開始在船上走來走去，代替ATP的電視節目向同伴們提問。

第一個獲獎的人是費德勒。他獲頒「年度最佳復出球員」的獎盃。

「我想和納達爾，以及其他被提名的選手一起分享這個獎，因為我們大家都付出了難以想像的努力，才重新站到球場上，而且我們很高興自己辦到了。我不覺得只有我配得上這個獎，因此我想跟其他人一起分享。」

納達爾在座位上，心懷感激地微笑著鼓掌。他倆都付出巨大努力療傷，回到世界網球的巔峰。獎項雖然被費德勒抱走，但他非常重視費德勒想跟他一起分享這項大獎這件事，因為他曉得費德勒這個舉動是真心誠意。費德勒在馬納科告訴納達爾他將試著從他身上學習，克服身體上的逆境，已是一年前的事，而且他真的辦到了！

這年對納達爾和費德勒都是極具歷史意義的一年，兩人一共對決了四次。有機會在倫敦再交手一次嗎？典禮結束的一場訪問上，費德勒被問到這個全網壇引頸期盼的疑問。

「若我們有機會在年終賽對決，拉法和我都會很開心，但我認為這次參賽的另外六位選手不會同意。」費德勒指出，「我跟拉法不只有機會在決賽交手，也可能在準決賽碰頭，因為沒有人能夠保證我倆會在各自的組別勝出。我覺得還是把心思專注在前幾場比賽吧。我們打了一個了不起的賽季，他成為年終世界第一，而我排名第二，兩人都闖進ATP年終總決賽。」

就在這時候，費德勒接受訪問到一半，從記者的臉上發現有什麼事正在自己背後發生。迪米特洛夫、小茲維列夫、索克、蒂姆和契利奇站在他正後方，盯著攝影機不放，試著搶走他的主角光環。

「別鬧了！」他大喊。

納達爾站在後方幾公尺處，笑看這一幕。這群人的個性大異其趣，如今變得更加要好，關係更加親密。幾個月前在布拉格一起生活的那週成了一種連結，互相又更認識彼此一些，而費德勒和納達爾就是將選手們結合在一起的膠水。這些選手來自兩個世代，差異甚大，現在球場外的關係也非常親近。對比較年輕的選手而言，費納之間的關係親切隨和，他們全看在眼裡。他倆開始在大滿貫賽封王時，他們之中有人還只是青少年，而現在他們不只佩服兩人在球場上的毅力，以及一直以來都值得效法的態度，也重視並讚賞他倆的個性、待人處事之道，以及與他倆朝夕相處是何等容易的事。納達爾和費德勒不是活在象牙塔的名宿，他們也是有著血肉之軀的凡人，有自己的美德、缺點、可作為楷模的態度，以及脆弱的一面。因此他們才贏得隊友的尊敬和友愛。他們透過電視對兩人的仰慕，與他們本人來往時並沒有減少，反倒是恰恰相反。

出於這個原因，費德勒這晚也獲頒另外兩個獎項。選手們投票將他選為「艾伯格運動精神獎」。這是他連續第十三次獲頒這項殊榮了！多虧ATP網站上的公開投票，他也贏得「最受球迷歡迎大獎」，連續第十五年摘得這個獎項。

體壇有些讚譽不是光靠厲害的反拍、精采的截擊或強勁的發球就贏得到的。這兩個大獎就是明顯的例子。費德勒很清楚這點，因此得知其他選手和球迷又再次重視他的犧牲精神、他的價值、他的美德以及他對他迷戀的運動的付出時，他的內心激動不已。

想當然耳，納達爾也希望自己能夠獲得其他獎項（托尼和莫亞也沒摘下「年度最佳教練獎」，獎項頒給安德森的教練古德溫），展現運動家風範承認自己的宿敵拖走這些獎項是實至名歸。畢竟，他也沒什麼好抱怨的，因為全網壇最渴望的大獎就要被他拖走了——舉世公認為二〇一七年全世界最強的選手。

宏偉的O2體育館卸下開幕式層層包圍的燈光影音設備，搖身一變，藍色侵略全場。若說夏季的倫敦總是披上特有的「溫布頓綠」，那麼幾年前開始，冬季的倫敦則與「ATP藍」有約，以藍色妝點格林威治半島。

兩萬名觀眾迫不及待想見到費德勒大展身手，以熱烈的喝采掌聲歡迎他出場。二〇一六年，費德勒為傷勢所苦，整年賽季都陷入愁雲慘霧中，無緣參加ATP年終總決賽。雖然首戰對上索克一度陷入困境，但費德勒依舊拿下勝利，比分六比四和七比六。費德勒回來了，他在ATP年終總決賽的成績好得不得了，就跟回憶中的從前一樣。他在年終總決賽六度封王（網球史上最高紀錄），反映了一項統計數據。截至當下，他參加過年終總決賽十五次，拿下五十二場勝利。參加年終總決賽十五次！這就代表近乎連續十五年年終他都是全世界前八強的選手！除了二〇一六年他被迫早早宣布賽季結束，舉辦過年終總決賽的三座城市上海、休士頓和倫敦都被他征服過。在年終總決賽戰勝一流選手總是令他無比開心，他帶著這份喜悅，好幾年都表現精采，登上巔峰。

費德勒的第一場比賽結束後，全世界的目光都聚焦在納達爾星期一晚上的首戰上。觀眾大多不曉得納達爾的身體狀況，幻想全世界最強的兩位選手一路晉級，在決賽上對決。為什麼倫敦無法重現納達爾和費德勒在墨爾本交手的精采畫面呢？有可能以兩人的神級對戰，替這個如夢境般美好的一年劃上句點嗎？納達爾很希望能夠滿足球迷的幻想。他走進O2體育館，準備好要拿出自己最好的一面。站在他面前的是比利時選手戈芬。戈芬鬥志激昂，才華洋溢，今年成功攀上世界排名第七位，還帶領他的國家挺進台維斯盃決賽。

兩人的這場比賽開局不是特別精采，隨著時間一分一秒過去，一個顯而易見的事實也漸漸浮上檯面，瞞不過觀眾及對手。納達爾的膝蓋狀態不佳。輸掉第一盤後，疼痛變得一陣一陣的抽痛，痛得他無法忍受。但納達爾繼續奔跑、戰鬥、作戰。他想戰死在球場上。

這幾年，世人簡化納達爾的球風，替他貼上「好戰」的標籤，而費德勒則是「才華洋溢」。他倆從不贊同這個過分簡化且單一的形容。

「我的鬥志、我內心的力量、我的奮戰和付出，一直以來都被誇大了。」納達爾說，「我認為很明顯我具備這些特質，但很多人也有。畢竟，我贏過很多比賽，好戰的特質在緊要關頭幫了我一把，但一個人若不是對網球有天分，他也贏不了我贏過的比賽。這就是事實。你在場上奔跑、努力，要不沒把球打在線邊，要不陷入困境時又把球打進，要不該進球時卻沒有打進，但你還是贏不了我贏過的比賽，努力、戰鬥、克服難關和傷癒復出的能力、度過種種障礙，沒錯，這些都是我的特點，但就網球上來說……」

犧牲和天分不能兼容並蓄嗎？運動選手天生就具備天賦嗎？費德勒的網球天分比納達爾高嗎？

「天分常被人誤解。」納達爾說明，「天分並不是把球打好或擊球力道強勁，有人可能有天分把球打好，有人有天分每一球都不失誤，有人有天分打出厲害的反手下旋球，有人則有天分跑得非常快。網球，或者說所有運動的最終目標都是獲勝。也可總結來說，誰比較常贏球，誰的天分就比較高。我不在意某個東西你花十五分鐘就可以學會，而我卻要三個小時才學得起來。若我有本事做四小時的訓練，你只能做十五分鐘，那你可能十五分鐘就練好了，但事實上，我一向都能做上四小時的訓練。這才是有天賦。為什麼這麼說呢？因為我的頭腦能夠不斷製造機會，我有不斷努力和不斷接受失誤並加以改善的天賦。有許多理解天分的方式，但總結來說，天賦就是拿下更多勝利。我不在乎這勝利贏得是否漂亮，你想用什麼手段贏球都無所謂。天分就是將某項特定活動做得更好。」納達爾語畢，陷入深思。

在倫敦的這個當下，納達爾的頭腦無法做哲學式思考。他的大腦和心靈聚焦在戈芬身上，以及折磨著他身體的深度疼痛。納達爾的右膝髕骨韌帶壓力負擔很重，苦不堪言的他收到教練團明確的建議，要他放棄比賽，此時的苦痛明明可以輕易避免，別跟它過不去。然而，納達爾不想見到球迷付錢來看他輕言放棄。球迷是為了看他而來到現場，而他是為了打完這場已開始的比賽才站在球場上。

納達爾無法繼續比賽了，但他持續和戈芬拚鬥，將比賽帶入第三盤。一整年下來戈芬的身體耗損得也很嚴重，此時也是疲憊不堪，無法相信自己雙眼看到的景象。納達爾還在戰鬥！棄賽不是比較合理嗎？

納達爾的膝蓋無法好好支撐，改變方向時尤其疼痛。這場對決好幾度令人熱血沸騰，兩人戰得難分難解，纏鬥了兩小時又三十八分鐘，最終戈芬以七比六、六比七和六比四拿下勝利。

比賽結束時，納達爾宣布令人難過且不可挽回的決定，以苦澀的墨水替童話般美好的二〇一七年寫下結局。他的冒險旅程結束了，放棄參加分組賽剩餘的兩場比賽。再見了，加冕為大師的夢。

「我當時想給自己一個機會，我也給了自己機會，可以問心無愧地離開。有時候，事情就是不順利。」納達爾一臉嚴肅、深思熟慮地說，「若我沒有機會封王，那麼繼續在場上咬牙苦撐就說不太通，更何況那場比賽我度過了許多難關。」

納達爾每次打下好成績都避免表現出一副欣喜若狂的模樣，遭遇逆境時也從不小題大作。儘管賽季的最後一段路波折多於喜悅，他曉得自己透過訓練和努力博得了多少成就和冠軍頭銜。他也希望這年賽季的結局可以更美好，但也認為運動不對誰有虧欠，公平依舊很客觀，沒有隨隨便便改變標準。

休息的時候到了，是時候多花時間陪伴親友，從事自己的興趣。放下網球的時候到了，是時候結束二〇一七年，療養膝傷，替二〇一八年做準備。

「我要試著做好準備迎戰澳網，那是我的大目標。老實說，我認為自己會做好準備，明年賽季開跑時會再次變得很強。我網球打得很好，而且這幾年都是。二〇一八年會是嚴峻的賽季，我有信心自己可以調整好狀態，爭奪一切。」

ATP年終總決賽送走納達爾後，眾人對費德勒懷有極大期望，好似提早將他加冕為王。然而，時間殘酷地對待這些妄自尊大的人。戈芬顧不得眾人看好費德勒封王，辦到了網球史上沒幾位選手辦到的事——在同一項賽事擊敗納達爾和費德勒。迪米特洛夫的球風靈活，一直以來都是與費德勒相提並論的選手，在決賽上戰勝戈芬，接替莫瑞成為年終總決賽球王，在O2體育館拿下他生涯以來最重要的冠軍頭銜。二〇一七年堪稱是費德勒和納達爾的一年，而迪米特洛夫替他難忘的二〇一七年錦上添花，攀上世界排名第三位。

費德勒和納達爾的目光一轉，想起了馬納科。兩人對彼此露出微笑。那次相逢，他倆以躊躇不安的心情看待未來，之後便展開一趟全新的旅程，邁向成功。這趟旅程有伯斯的能量，也有布里斯本的疑惑。還有墨爾本的熱情、阿卡普科的夢和杜拜的失望。印地安泉和邁阿密慷慨激昂的午後，蒙地卡羅和巴塞隆納抑制不住的感動，馬德里的魔力，羅馬的魅力。巴黎的淚水再次灑落於倫敦。辛辛那提和蒙特婁的野心，在紐約征服的頭銜，在布拉格新誕生的賽事，北京和上海光輝的午後，在巴塞爾吃的披薩，貝爾西的微笑，以及倫敦的結局。

但這趟旅程尚未結束，納達爾和費德勒的護照還希望蓋上新的入境戳章，千千百百次。

納達爾就像個預言家，將他的期待建立在友誼和百折不撓的信念上，親筆寫下這段令人興奮的預言，而費德勒則被他寫入那幅代表兩人宿敵關係的美麗拼貼作中。馬納科的那份禮物明確證明了一則誓言。

「羅傑，這幅作品展示了我倆一起在球場上共度的每一刻。細細觀察，我看見的是我倆網球生涯經歷的每一段美好回憶。我倆的場上時光，待續……」

22 一切如昔

墨爾本 *Melbourne*

二〇一七年是魔幻的一年，兩位大宿敵贏下網壇最重要的冠軍頭銜，也以同樣的方式展開二〇一八年。現在，問題擺在眼前。美好的童話故事可能永不結束嗎？

歌唱選秀節目《勝利行動》（Operación Triunfo）迎來第二春，在西班牙擄獲了超過一千萬名觀眾的目光，迅速成為二〇一七年底和二〇一八年初的火熱話題。

《勝利行動》是旨在培養並宣傳新歌手的歌唱比賽，二〇〇一年首播便在電視圈引發轟動，有幾年收視長紅，後來跌落谷底，甚至改到另一個聯播網播出（西班牙廣播電視公司包辦了前三季的節目，而第五電視台接手負責第四季到第八季）。

二〇一七年四月二十八日，距離《勝利行動》最後一次在西班牙廣播電視公司上播出，已過了十三年。電視台確認該節目將於十月強勢回歸老東家，大膽將初代的精華融合新時代，成功吸引許多魅力超凡的歌手參賽。

《勝利行動》每週舉辦演唱會考驗參賽者，參賽者必須現場演唱前幾天準備好的歌曲，而節目之所以火紅，在於早期將許多沒沒無名，但天生具備音樂才華的歌手捧成大明星。

節目挑選年輕的參賽選手，找回第一季比賽的傳統。參賽者在黃金時段的觀眾之間引起共鳴，彼此間也在學院發展出有趣的故事，從第一集開播即擄獲觀眾的心，新一季的節目收視率更突破新高。

納達爾正是其中一位深陷《勝利行動》的人。

季前準備期間，他開始追比賽演唱會，一月時已是沉迷得無法自拔。《勝利行動》的忠實粉絲何其多，現在又多了一位。

二〇一八年一月十五日星期一，納達爾拿下澳網的第一輪比賽。隔天上午十一點半，他前往墨爾本公園的十六號球場練球。同一時間在西班牙，《勝利行動》本週遭點名離開學院的參賽者安娜・葛拉和羅伊・蒙德斯正在想方設法繼續留下來比賽。

訓練途中，他關注了演唱會的大致經過，得知觀眾決定救下安娜・葛拉，而羅伊・蒙德斯則遭淘汰出局。

二〇一七年十二月十五日前，納達爾完全沒有改變他二〇一八年賽季的初步計畫，一月中時，他已解開他新年時所面對的最大未知數。

ATP年終總決賽，與戈芬交手的比賽上，納達爾右腿髕骨韌帶壓力負擔過重，被迫退賽結束這年賽季。十一月底至十二月初，他接受手術治療，十二月初才重新站上他在馬納科的避難所球場。

納達爾的比賽地圖和二〇一七年一樣，十二月二十六日飛到阿布達比參加阿拉伯聯合大公國一年一度的網球表演賽，接著趕往布里斯本。他再次選擇在布里斯本國際網賽正式展開賽季。機票已經預定好了，教練羅伊格、摯友兼網球學院教練薩爾瓦-維達爾和物理治療師馬伊莫，將陪伴他征討今年的頭兩站。

沒想到，納達爾無法盡情地訓練，他的膝蓋依舊疼痛不止，懷疑退出阿布達比表演賽和布里斯本網賽是否才是上上之策。

納達爾猶豫了，大大猶豫了，但最後決定這兩項賽事都不參加。他將傷勢徹底療養好，避免舊疾復發，不然今年賽季頭幾個月的表現又要被制約了。

一月四日，納達爾搭機飛抵墨爾本，接著開始倒數，打算在澳網開打時做好萬全準備。他的網球生涯說來不短，還是頭一遭沒有參加其他比賽，便直接登陸大滿貫賽。對其他選手也許無關緊要，但納達爾需要真正上場比賽的節奏和感覺。他透過這個方法了解自己的狀態，了解在大比賽之前有什麼缺點需要改進。這是他深度檢視自己的方法。

因此，澳網開打前幾天，納達爾不得不採取特別措施。

在墨爾本公園進行的頭幾場訓練中，納達爾與高水準的對手打了好幾盤練習賽。季前準備期他根本無法打球，因此，這幾盤練習賽幾乎是他過去幾週以來的頭幾場球賽。他的訓練強度越來越高，一來是因為澳網首戰的時間越來越近，二來是他報名了兩項表演賽，要來好好測試自己的狀態。

一月九日星期二，納達爾出戰庫揚網球經典賽，打了他睽違將近兩個月的第一場比賽，以四比六和五比七敗給加斯凱。澳網開始五天前，他已擺脫不好的感覺。庫揚網賽非正式錦標賽，但仍減輕了納達爾團隊的擔憂。

納達爾離開庫揚網賽時，非常生氣自己輸球。然而，到目前為止他在墨爾本的訓練狀況都很好，沒有什麼好悲觀的。

幾個小時後，納達爾表明他和加斯凱的那場比賽發生無關緊要的小失誤。

星期三上午，納達爾和小茲維列夫練了超過兩個半小時的球，練習賽結束時以七比六和四比二戰勝對方。同日晚間他出戰墨爾本搶十表演賽，顧名思義，這場表演賽要選手在搶十局中一決勝負。

這年的墨爾本搶十表演賽在瑪格麗特・考特體育館舉行。納達爾接連擊敗普伊（十比一）和休伊特（十三比十一），打進決賽，但決賽不敵柏蒂奇（五比十）。然而，回到飯店房間休息時，納達爾確信自己為這項賽事做好充足準備，至少離奪冠只差臨門一腳。

星期四，距離澳網開打還有三天，納達爾這天給自己放了個假，沒現身俱樂部。換作是好幾年前，根本不可能看見他這麼做，但如今納達爾已是身經百戰，經驗充足，再加上教練莫亞一流的勸說功力，他才會在為澳網調整狀態途中放下球拍。

莫亞從二〇一七年季前準備期加入納達爾的教練團，就堅決認為納達爾該更加好好地克制自己，不要努力過頭，更何況他已經年過三十了。莫亞是贊成納達爾退出阿布達比和布里斯本網賽的人，始終相信唯有休息才能走更長遠的路，尤其是經驗老道的選手更該這麼做，因為他們不需要和過去一樣進行如此高強度的訓練。

要是納達爾沒有同意讓自己在澳網開打前稍微喘口氣，沒有把莫亞的勸告聽進去，那麼他可能會一連將近一個月每天打球。這麼做實在荒謬，甚至對總是要求自己表現超乎卓越的選手來說也是。

休息日這天，納達爾和團員來到墨爾本動物園，早上進行了一趟一場野生動物觀察之旅，看了獅子、犀牛、河馬、長頸鹿和其他許多動物，利用機會拍拍照，暫時把過去一週一成不變的訓練拋諸腦後。

納達爾結束早上的動物園行程，下午還在休息的同時，費德勒以上屆冠軍的身分出席了澳網的分組抽籤儀式，鳴槍宣布賽事起跑。

費德勒依循和二〇一七年一樣的步調，決定從伯斯的霍普曼盃展開這一年。今年他和本西琪（Belinda Bencic）搭檔，在決賽擊敗小茲維列夫和佩特科維奇（Andrea Petković）。瑞士曾在一九九二年和二〇〇一年征服過兩次霍普曼盃，二〇〇一年費德勒也是隊上選手，只不過搭檔的隊友是辛吉絲。

因此，費德勒來到墨爾本時感覺很好。他在霍普曼盃的表現非常好，信心滿滿，澳網首戰前無須特別訓練。

澳網分組抽籤前，費德勒坐在瑪格麗特．考特球場中央的椅子上，回答儀式主持人麥拉克倫（Hamish McLachlan）提出的問題。體育館內近乎漆黑，只有微微的照明，費德勒回憶起去年自己和納達爾在決賽上較量，告訴主持人那場比賽的第五盤，是他生涯最棒的比賽之一，也提到家人對他非常重要，是他的主要支柱，幫助他找回往日的最佳水準。體育館其中一面螢幕播放起一段影片。影片中，費德勒坐在納達爾身旁，哈哈大笑。剎那間，費德勒回想起一段非常久遠的過去。

即便到了今日，任何人看到這段影片，都一定會忍不住跟著費德勒和納達爾一起大笑。二〇一〇年十二月二十一日，他倆在蘇黎世打了「為非洲而戰」慈善表演賽，替費德勒的基金會募款。兩人賽前曾錄製一段宣傳廣告，不料一連NG了二十分鐘，笑得無法自己，無法完成錄影。

兩位宿敵玩笑開著開著，陷入一個迴圈，好不容易才走了出來。每次納達爾說完一句話時，費德勒就會突然哈哈大笑，接著兩人就笑破肚皮。兩位主角關在小房間裡，空間剛好塞得下他們兩人和攝影機，錄完影時汗流浹背，彷彿剛打完比賽。

起初，理論上來說，澳網的籤表對納達爾有利，不利於費德勒。

甚至可說納達爾需要一點好運，晉級路上才不會碰上強勁對手。而他確實也受到幸運眷顧，首戰將風平浪靜，對上先前從未交手過的布戈斯（Víctor Estrella Burgos），第二輪的對手不是梅耶爾，就是雅里（Nicolás Jarry），第三輪將對上德祖赫（Damir Džumhur），十六強賽的對手將是伊斯納或施瓦茲曼，而八強賽的對手不是卡雷尼奧，就是契利奇。

費德勒的籤運恰恰相反。他首戰將對上貝德尼（Aljaž Bedene），第二輪的對手將是史卓夫（Jan-Lennard Struff）或權順佑，第三輪將對戰加斯凱，十六強賽將面對圭里或拉奧尼奇，而危險的八強賽可能得面對戴波特羅和戈芬其中一人，贏了才有機會在準決賽上與小茲維列夫對決。費德勒的封王之路困難重重，離開抽籤儀式現場時，他已做好心理準備面對巨大挑戰。

星期一，比賽第一天，納達爾強勢復出，在這場正式比賽的首戰中，以壓倒性的六比一、六比一和六比一擊敗布戈斯。

對許多人而言，納達爾登上羅德・拉沃競技場時穿著的球衣，把這場例行性勝利的光彩全蓋過去了。睽違十年，納達爾首次穿上無袖球衣上場比賽，找回他二〇〇四年闖入頂尖網壇時大家所認識的那個形象。

他一面步入球場，一面脫下外套，揭開驚喜，露出光溜溜的雙臂。他這一身穿搭令許多更衣室的工作人員驚呼連連，尤其是女性工作人員的尖叫聲分貝最高。

二〇〇八年，納達爾身穿無袖球衣出戰巴黎大師賽，這身裝扮從此成為絕響。他精心策畫，改變形象，表現出更成熟且嚴肅的個性，與他當年首次奪下的世界第一頭銜非常匹配。

無袖球衣帶給納達爾許多美好的回憶，令他很興奮，但他是出於舒適才選擇穿回無袖球衣的。從前，他的左袖累積了許多汗水，抽球時的摩擦感令他很不舒服，若汗水順著肌肉滑落就不會發生這種事了。

即便如此，這九年間納達爾還是穿著有袖球衣上場比賽，不穿早年那件遠近馳名的海盜褲以後，也改穿尺寸小一點的褲子。

那件海盜褲恰好曾是費德勒和納達爾之間的聊天話題。納達爾的澳網首戰賽後，費德勒上前告訴他很高興看見他又穿回無袖球衣上場打球了，還變本加厲，要他的海盜褲也重出江湖，但被納達爾笑著拒絕了。

納達爾和費德勒這種地位的網球選手的球衣可不是一件小事，完完全全不是。知名運動品牌NIKE打從兩位球王生涯早年便負責打理他倆的球衣[13]。起初，NIKE清一色給費德勒、納達爾和其他旗下贊助選手一樣的球衣，但隨著兩人取得許多成就後，慢慢替他倆設計個人風格的球衣，將他們與其他選手區分開來。

費德勒的每件球衣上都有他的姓名首字母RF的印花圖案，而納達爾球衣的印花則是牛角，象徵他好戰的精神。兩位球王的周邊商品則有球帽、外套、T恤和球鞋，具備了各自球迷所認同的獨有風格，刺激他們購買偶像的服裝，拉近與偶像之間的距離。

NIKE選擇球衣材質的步驟很有意思，而且都是提早一年挑選。換句話說，二〇一八年澳網期間，便確定明年二〇一九年選手們穿什麼服裝了。通常NIKE公司的創意團隊和設計師會來到各大賽事現場，與選手和其團隊開會，經過反覆提出建議和撤銷提案，挑選出在樣式和顏色上選手最喜歡的球衣。

世人之後在球場上見到的球衣，歷經了數場會議和歷時數個月的製作才大功告成。球衣表現出選手上場比賽時想要傳遞的訊息。

13 編按：2018年7月5日，費德勒正式結束與NIKE長達24年的合作，轉而代言UNIQLO，擔任全球品牌大使。

選手在球場外的穿搭也很重要，這點問全世界頗具影響力的刊物，《時尚》（*Vogue*）雜誌總編輯安娜・溫圖（Anna Wintour）準沒錯。二〇〇二年美網期間，溫圖曾在紐約找上費德勒談話。起初，費德勒沒認出這位跟他打招呼致意的女人是誰，但溫圖不久後即以非常特別的方式，成為費德勒生命的一部分。

溫圖花了很短時間便改變了費德勒的穿衣風格，在時尚方面給了他重要建議，教他攝影師拍照、贊助商活動或其他必須出席的眾多活動上該選擇什麼服裝。二〇一八年時，幾乎已見不到二〇〇〇年初那個穿搭不宜的費德勒身影了。當年他留著俗氣的髮型，造型帶點鄉土味，完全看不出現在會成為地位高貴的球王。

納達爾在澳網穿的那件無袖球衣在球迷間引起轟動。NIKE早就算計好了。球迷興奮地回應納達爾的返璞歸真，而他本人則幾乎不費吹灰之力，晉級第二輪比賽。此外，納達爾還收到一個好消息。害他二〇一七年愁雲慘霧的右膝疼痛並沒有復發。

納達爾練球和比賽時都發揮了百分之百的水準，而且去年年終右膝髕骨韌帶壓力負擔過重的問題也沒有復發的跡象，但他依然決定採取預防措施，好好愛護他的關節。

古提耶斯（Iván Gutiérrez）是來自哥倫比亞的物理治療師，在澳網工作許多年。和其他賽事的物理治療師一樣，古提耶斯的每日工作就是隨時待命，照應選手在療傷或是預防措施上的需求。然而，古提耶斯在選手更衣室享有盛名，因為他使用的強效貼布，在替選手緩解膝蓋疼痛上很有一套。

古提耶斯的貼布大小有如OK綳，乍看幾乎看不見。儘管納達爾沒貼著這些貼布上場比賽，在墨爾本公園練球期間倒是時常貼在右膝上。與其說納達爾的傷勢很嚴重，不如說他小心謹慎，他使用古提耶斯的解決方案練球，上場比賽時則不做防護，安心地過關斬將。

首戰擊敗布戈斯後，納達爾輕鬆贏下接下來的兩場比賽，第二輪先是以六比三、六比四和七比六擊退阿根廷籍選手梅耶爾，第三輪再以六比一、六比三和六比一戰勝波士尼亞選手德祖赫。與施瓦茲曼交手的十六強賽上，他遭遇了整場賽事的第一道真正考驗。

納達爾以六比三、六比七、六比三和六比三戰勝阿根廷的施瓦茲曼。這場勝利得來不易，他和施瓦茲曼打得難分難解，兩人進行超長時間的對抽，每一球都將彼此逼入絕境。施瓦茲曼是難纏的對手，就算拿鐵鎚打他的頭，也絕不會認輸。

納達爾因缺席先前其他賽事，抓不住比賽節奏。但最困難的關卡已經度過，他成功晉級八強，開始幻想今年能闖出好成績，甚至想像自己在場上角逐冠軍的畫面。

和契利奇對決的比賽，納達爾意外受挫，夢想隨之破滅。他無比沮喪，才剛幻想自己打進決賽，這會兒淪落到找機票回家。

八強賽第五盤不久前，納達爾弄傷了右腿，傷勢後來演變成髂腰肌一級損傷，令他不得不在第五盤棄賽（三比六、六比三、六比七、六比二、二比〇）。

「我感覺我的腿不在對的位置上。」八強賽落敗後，納達爾一臉嚴肅地告訴他的物理治療師。這還不是第一次，比賽中途他多次申請醫療暫停，請物理治療師上場檢查。他想繼續比賽下去，期待奇蹟會發生。然而，納達爾無法繼續比賽，第五盤開局時幾乎是跛著腳舉白旗投降，在看台傳來的如雷掌聲中告辭羅德．拉沃競技場。

費德勒在飯店房間看著這一切發生，睡前用手機傳了一則訊息給納達爾。「拉法，希望你還好，也希望明天身體檢查的結果沒問題。」他寫下這段文字發給納達爾，接著關上電燈，試著休息。

同一時間，納達爾搭車離開墨爾本公園。每年參加澳網，他總是搭乘司機伊恩開的車，總是下榻於皇冠塔飯店。半路上，他一語不發，開始消化命運對他的另一道沉重打擊。

費德勒易如反掌地突破澳網的頭幾輪比賽，一路擊敗貝德尼（六比三、六比四和六比三）、史卓夫（六比四、六比四和七比六）、加斯凱（六比二、七比五和六比四）、福索維斯（六比四、七比六和六比二）和柏蒂奇（七比六，六比三和六比四），順利晉級準決賽。他再次證明不到見真章的那一刻，籤表是好是壞，誰也說不準。

以費德勒的情況來說，他原本可能與喬科維奇、小茲維列夫、戴波特羅等人交手，但這些勁敵都已意外遭淘汰，他的晉級之路本是攀爬陡峭的山峰，現在變成坡度平緩的登山之旅。

要看出一項賽事是才剛開始還是接近尾聲，最簡單的方式是在用餐尖峰時刻到選手餐廳走一遭。大滿貫賽期間，比方澳網，賽事開打前幾天或第一週根本找不到空位，點餐隊伍大排長龍，網壇頂尖選手全聚在一個小小的空間內。

第二週的星期四，比賽進行到準決賽環節，從那天開始選手餐廳有如墓園，工作人員原本還忙得一個頭兩個大，幾乎沒有時間喘口氣，這會兒成天閒得沒事幹，因為沒有多少客人要招呼。

費德勒摘下過許多冠軍頭銜，網壇許多考驗他都成功攻進決賽，經常體驗賽事不同區域的變化。只消短短幾天，原本的人潮水泄不通就變成空無一人。

不過，最擁擠喧囂的那幾天，很難見到費德勒在選手餐廳用餐。納達爾倒是常在俱樂部度過許多時光，很少外出吃午餐。費德勒和他相反，練球結束後偏好人間蒸發，迴避公共區域常有的社交壓力，盡量利用時間和團隊的人聚聚。

一月二十七日星期六，哈勒普和沃芝妮雅琪爭奪澳網女單冠軍的幾個小時前，四名男性在門可羅雀的選手餐廳開了一場小會，吸引少數幾個路過者的注意。

餐廳盡頭有個吧台，選手可在長得無止盡的菜單上選擇各種果汁和奶昔。費德勒和團隊圍著吧台附近的高腳桌坐成一圈，視線緊盯著正對面的電視機不放，開始評論起胡德特（Stéphane Houdet）對決國枝慎吾的輪椅男單決賽。

費德勒看得入迷好一陣子，看著兩位選手使出渾身解數在球場上移動，及時將球回擊回去，球路充滿變化，一來一往互不相讓。費德勒的教練留比契奇、台維斯盃瑞士隊長兼費德勒生涯好夥伴的路奇（Severin Lüthi），和物理治療師帕格尼尼，討論起世界最強選手若參加輪椅網球賽，表現會如何。

幾年前開始，除了四大滿貫賽和溫網，費德勒、納達爾和其他世界頂尖選手不常有機會在賽事上遇到輪椅選手。許多人直到親臨現場看過輪椅網球比賽，才會被這些選手的努力給感染，才真的把這項目當作是一回事。

費德勒和團員的注意力漸漸不放在胡德特和國枝慎吾的比賽上，因為費德勒心血來潮，想到一個他覺得很有趣的點子。

費德勒將三支手機橫擺在桌上，手機與手機之間稍微分開，接著從褲子口袋掏出一顆網球，只花了一會工夫便布置好場地，和三位同伴比賽了起來。比賽規則相當簡單，試著把球從手機之間彈過去，而且不可以碰到手機，這比賽與其說是適合史上最強選手的團隊，更像是小學一年級孩子會玩的遊戲，但能夠幫助費德勒放鬆。他需要放鬆。

那個星期六，費德勒離開餐廳前多玩了一會兒，模仿籃球選手的動作，自數公尺的距離將球扔向盡頭的牆壁。然而，前一天晉級決賽的當晚，他睡得很糟。

費德勒與鄭泫的比賽晚間十點前就結束了，但清晨三點，費德勒躺在飯店房間，雙眼依舊圓睜。自己因為對手棄賽（六比一、五比二）才得以晉級決賽，令他感覺不安。他從沒想過自己會在如此奇怪的情況下重返年度第一項大滿貫的決賽。

費德勒百般嘗試，還是擺脫不了那股心緒不寧的感覺。決賽那天，這份不安變得更嚴重。就算比賽時間是傍晚七點半也幫不了他，因為他有好幾個小時可以胡思亂想，問自己一些對自己沒什麼好處的問題。

「再次在這裡封王，會發生什麼事？要是我輸了又會怎麼樣？要是奪冠，我該如何反應？」

決賽日的星期天，費德勒在房間床上躺到將近中午十二點，盡量爭取時間休息。中午抵達墨爾本公園後，他馬上前往室內球場熱身，一方面是為了避開戶外四十度的高溫，另一方面是以防自己和契利奇會在室內比賽。結果被他說中了，決賽改在室內進行。

決賽開打半小時前，主辦單位通知兩位決賽選手澳網已啟動「極高溫度政策」，兩人的比賽將改在室內進行。此規定的用意在於保護選手不被嚴峻氣候傷害。當天氣溫超過四十度，暑熱壓力指數（wet-bulb globe temperature，簡稱WBGT，又稱濕黑球溫度）也超過三十二點五，主辦單位因此採取此因應對策。

主辦單位的這個決定造成了很特別的現象。有史以來第一次，澳網的決賽將會從開局就在室內進行。二〇一二年，喬科維奇戰勝納達爾的那場決賽上，澳網不得不啟動收縮屋頂，但從來沒有一場比賽從開局就在閉合的屋頂下進行。環境密不透風，正合費德勒的意。

這場對決開局費德勒取得優勢，以壓倒性的六比二拿下第一盤。契利奇起初打得有些不順手，漸漸抓住感覺，扭轉劣勢追回第二盤。

兩人的對抽打得難分難解。費德勒發揮最佳水準，取得領先，以六比三拿下第三盤，第四盤一度以三比一領先，幾乎是勝券在握。

若聽見費德勒在比賽中說德語，就值得叫人擔心。比賽途中，他需要振作或是自責時，通常英語是他偏好的語言。冒出德語，意謂比賽並不順利，這個下意識的語言轉變，就連費德勒也沒有注意到。

網球是最孤獨的體育項目之一。兩位對手被一面球網分隔開來，球擊出時，雙方孤立無援。

費德勒並不是什麼怪咖，每位網球選手都會在場上自言自語。有些選手甚至大聲對著空氣說話，上演不被打斷的獨白秀。舉例來說，納達爾為自己加油打氣時，說的是西班牙語，有話跟團員說時則會切換成馬約卡語。他很少說英語，不過，偶爾比賽中，的確聽得見他不用西班牙語，而是用英語對自己喊「Come on！」，而不是他特有的那句「¡Vamos!」。

澳網決賽第五盤第一局，契利奇聽見費德勒用德語吼了幾個詞。契利奇雖然聽不懂，但光是發生這件事，他就知道自己打得很好。他以二比六、七比六、三比六和第四盤的一比三落後，距離落敗很近，但他成功連續破發兩次（三比三和五比三時），最終以六比三拿下第四盤。兩人各拿下兩盤，將比賽強行推入決勝盤。

費德勒用毛巾蓋著頭，彷彿這樣就可以隱身似地，前往廁所。教練留比契奇和妻子米爾卡坐在看台上，露出擔憂的眼神。二十分鐘前，決賽還完全在他掌控中，再撐個幾局便可以慶祝奪冠，更何況當時比分還領先。比賽進行到這個地步，契利奇找到主導對抽大戰的方法，成功發號施令，將費德勒逼入絕境。

第五盤開打前，在更衣室時，費德勒冒出兩個想法，一個可想而知，另一個出乎意料。他只在更衣室待了一會兒，但時間夠他把這兩段截然相反的思緒合而為一。他做出結論，若自己還冀望有機會抱走冠軍獎盃，就必須壓制住契利奇的氣勢，不能再讓他接連得分。另一方面，他也確定今晚自己需要一些幸運眷顧。所謂幸運就是一種隨機的因素，不常干預比賽的結果。

費德勒想的沒錯。

第五盤第一局，契利奇握有兩個破發點，有機會拿下費德勒的發球局，以一比〇領先。費德勒碰上難關，要是第一局保發失敗，代表關鍵時刻他不得不逆流而上。

被逼到絕境的費德勒什麼沒有，運氣就是很好。會這麼說，是因為契利奇沒把握住第一個破發點，回擊費德勒的二發時失誤觸網。契利奇這球簡單的正拍失誤令費德勒士氣大振，瓦解他製造的另一次破發機會，一記完美的發球直直打進T點。

費德勒在更衣室希望辦到的兩件事，短短五分鐘內就全辦到了，而且還真的是好運壓制住契利奇的氣勢。他的運氣很好，守住第一個破發點後，契利奇開始走下坡，鬥志大挫，最終跟費德勒第四盤結束後盤算一樣，拱手交出這場決賽的主導權。

保住第五盤的第一個發球局後，剩餘的比賽對費德勒來說簡直易如反掌，一眨眼就將比分拉開至三比〇，之後更取得壓倒性的五比一領先。

有時，命運變化莫測。

二〇一七年，費德勒於澳網奪冠時，經歷了兩波令他高興的事。納達爾要求挑戰鷹眼，想透過電子檢查系統確認費德勒的一記正拍斜角球是壓線還是出界。這個舉動硬生生打斷了費德勒的第一波喜悅。然而，系統判定費德勒的球得分，又讓他重新打起精神。

二〇一八年，契利奇也做了和納達爾一樣的事，要求鷹眼回放費德勒一記落在發球邊線和單打邊線交界處的發球。費德勒一度笑了出來，他不敢相信同樣的場景居然再次上演。和一年前一樣，鷹眼系統花了幾秒鐘便確認費德勒的球在界內，勝利歸他所有。

費德勒對著墨爾本的天空高舉雙臂，大喊了幾個字，但全場震耳欲聾，蓋過他的吼聲，根本沒有人聽得見。接著，他走向椅子坐下，消化這個難以置信的勝利。

這時的費德勒三十六歲又一百七十三天。他這個年紀的選手通常都已經高掛球拍，但費德勒證明年紀並不阻礙他繼續贏球。

決賽結束後接下來的幾分鐘風平浪靜。直到輪到費德勒接受冠軍獎盃。

他接過冠軍獎盃，親吻了獎盃一下，然後往前邁出幾步，站到成千上萬的觀眾面前，一把抓住麥克風，向所有人致詞。

費德勒以禮貌的口吻開始他的演說，坦承此刻他有多快樂，以及戰勝納達爾封王一年後，又再次於澳網封王是多不可思議的事。他想起契利奇，並恭喜他登上世界排名第三，也想起澳網主辦單位，特別提到所有參與賽事的志工。多虧了他們的協助，澳洲才得以再次圓滿完成一項大滿貫賽事。

費德勒說著說著，回想起他的球迷，聲音開始哽咽了起來。他謝謝球迷賦予他勇氣，謝謝球迷讓世界上每一座體育館都座無虛席，謝謝球迷成為他繼續打球和贏球的動力，讓他訓練時想著要變得更強。

觀眾以掌聲回應費德勒的這一席話。費德勒終於忍不住眼眶泛淚，視線模糊，好不容易才轉頭看向右邊，望向他的團隊，和他們分享這份勝利。此時，費德勒突然縱情大哭。

熱烈的掌聲和歡呼在澳網中央球場持續了一分二十八秒。費德勒全程止不住眼淚，明顯看得出他努力想要重新控制住自己的呼吸。

此刻哭得像個孩子似的費德勒，正是過去三小時又三分鐘前手持球拍激戰的費德勒。這個泣不成聲的畫面再次讓隱藏在史上最強選手之一的盔甲底下的本尊現形。

二〇〇九年，費德勒與納達爾在決賽上苦戰至氣若游絲，但鎩羽而歸。輸球後，費德勒上台接受亞軍獎盤，突然間哭得說不出話來，無法完成他的演說。

「老天啊，我快受不了了。」費德勒勉強擠出一句，接著在全世界的注視下，在距離他的大宿敵、唯一害他落淚的罪魁禍首短短幾公尺的位置上哭了起來。

那一年，費德勒落淚的原因和二〇一八年不一樣。十年多前，他哭泣是因為最近三次和納達爾在大滿貫決賽對決都敗給了他。費德勒哭泣是因為他無法忍受這情況了，但實質上他的淚水說明了網球選手也有人性，情感流露也跟平凡人一樣。

費德勒在二〇一八年澳網頒獎典禮上哭泣的一分二十八秒令人動容，無論是在澳網中央球場現場的球迷，或是看電視關注比賽的觀眾，都被他感動。

羅德・拉沃是史上唯一成功在同一年賽季包攬四大滿貫冠軍的選手，而且他還辦到了兩次（一九六二年和一九六九年）。他也參與了這一刻，顧不得自己是不是網壇名宿，大剌剌地拿出他的iPhone，自他所坐的貴賓看台替這一幕拍照。

這一刻簡直經典到不行。羅德・拉沃競技場為了紀念拉沃史上罕見的網球生涯，以他的名字命名。而此刻羅德・拉沃本人就在這座球場上，用他的手機捕捉費德勒的淚水，拍下另一位名留青史的偉大球王身影。

激情過後，隨之而來的是平靜。

一走進連接羅德・拉沃競技場入口和更衣室門口的走道，費德勒馬上被寧靜吞沒。這是他勝利後的第一個私人時光。他開始靜靜地走過這段路。走道地板上鋪了黑色地毯，使他緩慢的步伐悄然無聲。

室內的牆壁隔絕了看台上的歡呼聲。費德勒孤獨一人，開始意識到自己剛剛達成了什麼偉大的壯舉，但他馬上做出簡單卻又野心勃勃的動作，用他的風格發出訊息。

費德勒抱著冠軍獎盃走過的那條通道十分特別，左右兩側全是印有澳網所有歷年冠軍的巨大看板。這段路很長，超過一百公尺，途中甚至拐彎，是選手上場前所見的最後一幕，也是比賽結束後，無論勝敗，第一個映入眼簾的場景。

這條通道上寫著許多網壇名將的名字。羅德・拉沃、瑪格麗特・考特、約翰・紐康姆、維吉尼亞・韋德、吉米・康諾斯、伊文・古拉貢、馬克・埃德蒙森、娜拉提洛娃、羅斯科・坦納、李娜、維拉斯、莎莉絲、貝克、小威廉絲、阿格西、辛吉絲和山普拉斯等人夾道護送選手走向通往中央球場的樓梯，比賽結束後也陪伴他們走過回程這段路。

走回更衣室的路上，費德勒大可和從前幾次一樣不停下腳步，將一大串名字拋在後頭，也大可在自己的看板旁駐足。今晚之後，他的名字登上與愛默生和喬科維奇一樣的高度，加冕為澳網六冠王。

但費德勒突然有了沒人料想得到的點子。

他曉得自己在做什麼，自若地在艾芙特和皮爾絲的看板中間停下腳步，輕輕拍了曾勇奪二十二項大滿貫女單冠軍葛拉芙的看板兩下。

費德勒奸詐地笑了笑，接著不發一語，繼續往前走，並沒有說出他的下一個目標為何。他彪炳的戰績中已有二十項大滿貫冠軍，再次打破個人紀錄，稍微拉開與納達爾十六座大滿貫冠軍之間的差距。費德勒的野心可能太大了，但他將葛拉芙達成的二十二項大滿貫冠軍紀錄視為夢想中的目標。

當然，納達爾的生涯還沒結束，可不會輕易讓他過關呢。費德勒當然也一樣。

二〇一七年是魔幻的一年，兩位大宿敵贏下網壇最重要的冠軍頭銜，也以同樣的方式展開二〇一八年。現在，問題擺在眼前。

美好的童話故事可能永不結束嗎？可能。

一切，暫時，如昔。

後記

鹿特丹 *Rotterdam*

二〇一八年一月二十九日，荷蘭網球名宿克拉查克（Richard Krajicek）意外獲得了他人生中最大的喜悅。

在役時，克拉查克身曾登上世界排名第四位，一九九六年勇奪溫網冠軍，現為鹿特丹網球公開賽的總監。鹿特丹公開賽是每年賽季最重要的比賽之一，一來是賽事從一九七四年開始舉辦，歷史悠久，一來是許多名將都曾在此封王，如艾許、康諾斯、柏格、貝克和艾伯格。

職業網壇中，ATP旗下的巡迴賽分為三個等級，250分級系列共有四十項賽事，500分級有十三項，1000分級大師賽則有八項，除了有時例外，積分排名前三十名的選手都一定會參加1000分級大師賽。每年排名最高的八位選手則於十一月參加ATP年終總決賽，替一年賽季劃下句點。ATP年終總決賽是無上至寶，但其他錦標賽才是每週賜予網壇生命的賽事。

可想而知，這三種積分等級之間的差異很大，1000分級大師賽無需爭得你死我活，網壇巨星都會來參加。250分級系列賽和500分級系列賽就得在辦公室展開激烈競爭，與代表、家屬和贊助商溝通，目標不外乎是說服排名高的球星賞光參賽。

鹿特丹公開賽屬於500分級賽事，主辦單位不得不努力說服巨星選手參賽，大多時候祭出優渥的獎金，作為談判合約的籌碼。

過去十年，參加鹿特丹網賽的選手確實個個有來頭，其中好幾位還是當時的大滿貫球王。然而，二〇一八年鹿特丹網賽最主要的賣點是小茲維列夫和迪米特洛夫。主辦單位肯定也考慮到了，對，這兩位選手將會在球迷間掀起期待，但票房反映不會好到哪裡去。

這個狀況一夕之間突然徹底改變了，鹿特丹網賽從普通的賽事搖身一變，成為體壇關注的焦點。

令克拉查克開心的事是這樣開始的。費德勒在澳網封王的隔天，克拉查克接到他的經紀人戈席克的來電。戈席克遵照費德勒的指示，聯絡克拉查克，看看鹿特丹網賽主辦單位是否有可能邀請費德勒出賽。費德勒並沒有報名參賽，因為這項賽事並不在他的計畫之內。

克拉查克握著電話的手開始顫抖。

沒錯，費德勒想參加鹿特丹公開賽。沒錯，費德勒想來荷蘭比賽。沒錯，身為史上最強選手之一的費德勒居然請他發出邀請，居然突然有意參加不在他計畫中的比賽。克拉查克非常清楚其中動機為何。

費德勒的盤算非常容易解釋。他只是決定打破歷史，進攻世界第一的王座，以三十六歲六個月又八天的年紀，成為登上頂點最年長的選手。

費德勒在澳網拿下冠軍，讓他來到距離排名頂端一百五十五分的位置。從二〇一七年八月起，第一名的王座就被納達爾拿下。而納達爾由於右腿髂腰肌一級損傷，澳網八強賽與契利奇交手時被迫退賽，無法捍衛前一年晉級決賽而贏下的一千兩百點積分。納達爾遭遇的不幸，再加上費德勒衛冕澳網冠軍而守住的兩千積分，兩者結合在一起真是完美。對費德勒而言，世界排名第一的寶座簡直垂手可得。

二〇一七年，費德勒的確多次接近排名頂點，夏季時，許多人甚至一度認為他會把納達爾踢下王座。費德勒自願退出巴黎大師賽，放棄這場第一名寶座大戰，讓納達爾占盡優勢，成為年終排名第一。

納達爾已確定二〇一七年底到二〇一八年都可以穩坐世界第一的寶座。ATP年終總決賽準決賽和戈芬交手前，費德勒被問到一個問題。前幾個月，他就被問了同樣的事無數次，想躲也躲不掉。

「你要爭奪世界排名第一嗎？」記者會都開始五分多鐘了，一名法國記者才問他。「若你贏得冠軍，那你距離納達爾就只差一百四十五分了。」記者補充說，提醒費德勒若奪冠，他跟對方的差距有多小。最終費德勒並沒有如願封王，敗給了戈芬，連決賽都沒打進。

「我都這把年紀了，追求世界第一是很冒險的行為。」費德勒回答，搬出他這一整年來的一貫說法。他把這段話當作擋箭牌，不讓自己做出瘋狂的行徑，避免身體過度耗損。「未來這點也不會改變。」

三個多月後，費德勒以行動徹底顛覆了這句話。二〇一八年二月十一日星期日，他抵達鹿特丹，心中只有一個明確的目標。根據計算，贏下三場比賽，他便可以穩穩登上世界第一。

明眼人都看得出來費德勒很聰明。

費德勒沒有等待和墨西哥公開賽同週舉辦的杜拜錦標賽，反倒是決定利用鹿特丹網賽給他的機會，靠自己奮力登上世界頂端。他會這麼做，有個主要的理由。若沒有提前參賽，那麼要成為世界第一，還得看納達爾的臉色，因為照納達爾在墨西哥網賽的成績來看，他一定會霸著王座不放。之後費德勒得捍衛印地安泉大師賽的冠軍頭銜（衛冕冠軍可守住兩千積分，完全沒有增加多少），因此要攻頂，唯一的可能就是前往鹿特丹參賽。

費德勒這會兒有個既重要又垂手可得的目標，確定他不會付出額外的努力嗎？

「我只說過我在澳網後才會去想排名的事。」鹿特丹首戰前，費德勒面對各家媒體如此說道，「我沒料到自己會再次在澳網封王。由於沒能贏下ATP年終總決賽，我從來都沒想過自己有機會再度爭奪世界第一，沒想像過目標就在眼前。參加澳網時我沒去想排名的事，但我曉得我二月份的比賽行程安排很彈性。」費德勒接著說，「我無法相信世界第一距離我這麼近，這份榮耀對我的團隊、家人、球迷，以及所有在我二〇一六年復出時支持我的人意義重大。目前的成績已經讓我們很高興了，但要是能夠再次成為世界第一，那真是不可思議。」

可以說自從費德勒生涯第一次登上世界排名第一，世界就變了。二〇〇四年二月二日，費德勒擊敗薩芬，首度在澳網封王，拿下繼二〇〇三年溫網後生涯第二座大滿貫冠軍，登上世界排名頂端。

因此，二〇一八年二月十四日，費德勒在鹿特丹網賽打首戰時，距離上次登頂已過十四年。他一共霸占了王座四年六個月又十六天之久，之後才於二〇〇八年八月十八日被納達爾擠下。

費德勒曾兩度奪回世界排名第一。第一次是二〇〇九年七月六日，他苦撐了幾乎一年，死守王座到二〇一〇年六月七日。第二次重新登基是二〇一二年七月九日，同年賽季十一月五日就被踢下。

費德勒三度成為世界球王，三次加起來一共盤踞王位三百零二週，是史上最久的選手。二〇一二年十一月五日遭擠下王座那天，他可能從來都沒料到要等五年之久，自己才有機會第四度登上世界排名的頂點。

鹿特丹的室內球場見證費德勒在第一輪比賽上施展魔法，擊敗了貝蒙曼斯（Ruben Bemelmans）。他花了四十七分鐘，便以六比一和六比二解決對手，輕鬆晉級，只差再拿下兩場勝利便可以完成他的任務。

鹿特丹是500分級系列賽，主要球場還是能夠容納15,818名觀眾。說來意外，網壇容納得下更多觀眾的體育館只有三座，可容納人數超越鹿特丹的只有亞瑟·艾許球場（美網）、倫敦O2體育館（ATP年終總決賽）和印地安泉大師賽的一號體育館，而鹿特丹在可容納人數上則超越了澳網、法網和溫網等著名賽事的中央球場。

鹿特丹主辦單位售票狀況還不錯，但費德勒最後一刻確認參賽，讓中央球場的剩餘座位馬上銷售一空。

誰想錯過費德勒的比賽呢？誰想錯過看他再造傳奇的機會呢？

在一萬五千多人的目光下戰勝貝蒙曼斯不久後，與媒體會面前，費德勒進行了一段非常特別的訪問。訪問者是一位小球迷，正在走道上等著他。

「你最喜歡的超級英雄是誰？」男孩額頭上戴了一條白色束髮帶，冷不防地問他。

「雷神索爾。」費德勒右手握著麥克風，笑著回答，「那你最喜歡誰呢？」他好奇地補上一句。

「你！」男孩對他說。世界上有許多人正關注著費德勒是否可以再次封王。這句話代表了他們的感受。

費德勒在鹿特丹取得首戰勝利，接受群眾的簇擁。而同一時間，馬德里伯納烏球場南面拉開了一面以納達爾為主角的巨幅布幔。皇馬對上巴黎聖日耳曼的歐洲冠軍聯賽十六強次回合賽開打幾分鐘前，白衣俱樂部的球迷排出一幅以納達爾為主角的壁畫，但畫中的他穿的是皇馬隊的球衣。

比賽開踢。各方認定比賽會一面倒向巴黎聖日耳曼，該隊的狀態比全盛期的皇馬還好。納達爾是白衣俱樂部最重要的支持者之一，他的壁畫傳遞加油的訊息，他的形象不禁令人聯想起皇馬俱樂部的精神，如努力、克服難關和犧牲。

皇馬跌破大部分專家的眼鏡，以三比一擊敗巴黎聖日耳曼。納達爾收到許多球場南面的照片訊息後，也在家慶祝皇馬隊獲勝。

得知費德勒決定出戰鹿特丹網賽，有意從他手中搶下世界第一時，納達爾人在馬納科，而且一點都不擔心。他的右腿髂腰肌傷勢才痊癒，剛重新開始訓練，為下次巡迴墨西哥、印地安泉和邁阿密做準備。這幾天，納達爾也利用時間放下球拍，拿起高爾夫球桿，參加巴利亞里利業餘高爾夫錦標賽，以一百七十桿、高於優勝者九桿的成績完成聖龐沙高爾夫球場的比賽，取得第五名。

星期四，費德勒以七比六和七比五戰勝科爾施賴伯，只差再拿下一場勝利便可以成為世界第一。這場比賽與前一天對上貝蒙曼斯的比賽截然不同，因為費德勒一開始就陷入緊張，甚至第一盤搶七局得兩度挽救盤末點。

比賽現場的攝影師比誰都早發覺費德勒打得並不順利。若費德勒在照片中不上相，就代表出事了，而星期四與科爾施賴伯的那場比賽他在照片中的身影，與他在比賽時照片一貫完美形象有著天壤之別。

除了鹿特丹那天的照片，費德勒的相片可以構成一本相簿，讓全世界一窺他的祕密。發球時的費德勒、正拍擊球的費德勒、反拍擊球的費德勒、使出下旋球防守的費德勒、在網前拉長手臂的費德勒、扣球的費德勒。發動猛烈進攻的費德勒的全身照。這是一份理想的地圖，讓人看見他擊球時雙腳、手臂和頭部擺放在什麼位置，看見他是如何把網球打得既協調又優雅到近乎完美。

許多網球培訓學校的老師大概會挑選這些照片，當作給學生參考的資料。但這些照片中肯定沒有他與科爾施賴伯那場比賽的相片。

費德勒也不是不知道自己面對科爾施賴伯時慌了手腳。這場對決他徹底壓制住對方，但心煩意亂，給了科爾施賴伯一個與他爭奪勝利的機會。媒體問起時，費德勒是如此承認的。

同一場記者會上，費德勒也得知他生涯中的大宿敵、他就要從其手中奪下王位的人，距離他很近。

「拉法跑來這裡做什麼？」記者告訴他納達爾人也在荷蘭時，費德勒吃驚地問

「他來參加一場慈善活動。」好幾名記者異口同聲地回答。

「他大概會來這裡走走吧。」費德勒若無其事地說。

「來慶祝你明天可能會達成的成就。」一名記者說，意指世界第一。

「不，他來的目的不是這個。」費德勒回答，「我很寂寞，我的家人沒有一起過來。」他補上一句，惹得在場所有記者哈哈大笑。

幾小時後，費德勒就要比賽，就要從納達爾手中搶下世界第一。納達爾跑來距離鹿特丹沒幾公里的地方做什麼？

星期四晚上，納達爾參加了Goed Geld一年一度在阿姆斯特丹舉辦的慈善晚宴。該活動是荷蘭最重要的慈善活動，由荷蘭國家彩券公司主辦，召集了許多不同的公益組織，替公益活動募款。

納達爾在女友西絲卡的陪伴下出席這場活動。晚宴上他遇見了好萊塢影星李奧納多·狄卡

皮歐。李奧納多的基金會也參加了這場活動，整晚兩人並肩而坐，分享彼此的經驗。最後他倆分別替各自的基金會募集了五十萬歐元和九十萬歐元的支票，開開心心地回家。

晚宴後，納達爾啟程返回馬納科。他沒有收到費德勒找他去鹿特丹的邀請。而人在鹿特丹的費德勒，八強賽對上了哈斯。他在這場比賽賭上一切，開始感受到真正的恐懼。

怎麼有選手年過三十六歲，還有本事站到他生涯最重要一天的門前？

就是有。這人就叫做羅傑．費德勒。

阿格西三十三歲登上世界排名頂端時，擔任他教練的是卡希爾（Darren Cahill）。鹿特丹八強賽開打前，卡希爾認定費德勒勝券在握，在他的推特帳號上發文，與一項在某種層面上也屬於他的紀錄道別。

「我是ATP網壇年紀最大的世界第一球王的教練，但也許就到今天為止了。該死的費德勒！這真是太棒了，安德烈，由他來打破你的紀錄再適合不過了！加油，羅傑！你過去十四個月在網壇的表現真是令人感動，你的職業生涯太不可思議了！」

有半小時多的時間，卡希爾的預言一會靈驗，一會落空，而阿格西差點就要繼續保住他的長青樹球王的招牌了。

和哈斯的那場比賽，費德勒開局表現很差。哈斯以六比四拿下第一盤，眼看就要成為近代最為人厭惡的反派角色。現場觀眾全站在費德勒這一邊，還有千百萬球迷看電視關注比賽，隔空聲援他，費德勒透過擊球冷靜下來。這是他振作精神的最佳方式。哈斯也助了他一臂之力，開始一再做出差勁的決定，讓費德勒暢行無阻，直達勝利，最終以四比六、六比一和六比一反敗為勝。

最後一刻烙印在費德勒的視網膜上。

哈斯雙發失誤，勝利拱手讓出。費德勒馬上雙手掩面，無法相信自己真的辦到了，從星期一開始自己就重返世界第一了。

「你終於辦到了，感覺如何？」獲勝後費德勒在球場上接受採訪，記者問道。

「在我們從事的這項運動，登上世界第一是最重大的成就。」費德勒承認，「有時候，你坐上這個位置，是因為你球打得很好。之後你試著奪回這個寶座，或者試著從某個配得上那個位子的選手手中搶下這個頭銜。年紀大了以後，你會感覺自己必須加倍努力。因此，也許這次登上世界第一，是我生涯最特別的一次，我真的以為自己受過傷以後辦不到。以將近三十七歲的年紀重返世界第一是美夢成真，我簡直無法相信。」

長青樹意謂著什麼？

以費德勒的情況，長青樹很容易解釋。二〇〇四年二月二日，費德勒首次成為世界第一的那天，當時世界排名前五十的選手中，到了二〇一八年二月十九日費德勒重登網壇巔峰，再次寫下非凡歷史的這天，只有三位選手尚未退役。

時至今日，還繼續參加比賽的選手只有羅布雷多、羅培茲……當然，還有納達爾。

「費德勒搶走你的世界第一，你怎麼看？」費德勒確定重返排名頂點的幾個小時後，納達爾被人問道。

「我覺得一直以來，他的球技都稍微比我好一些，此刻成為世界第一是實至名歸。」納達爾說，「在網球的世界，世界排名是不會騙人的，他過去十二個月憑藉努力登上世界第一。費德勒贏了許多錦標賽，這年賽季一開始也表現得非常好。我們必須祝賀他，因為在他這個年紀，重返世界第一是無比困難的事。」

當然，費德勒並沒就此停下腳步，沒有因為重新征服網壇而樂極生悲，以六比三和七比六擊敗塞皮（Andreas Seppi），拿下準決賽。決賽他只花了五十五分鐘，便以六比二和六比二戰勝迪米特洛夫，抱走鹿特丹的金盃，拿下生涯第九十七座冠軍頭銜，替這個難忘的一週畫上完美的句點。

「我一輩子都不會忘記這個星期。這週非常特別，我不曉得自己還會繼續打多久的網球，但未來我想回來這裡比賽，再次體驗比賽這週的點點滴滴。」

二〇一七年一月一日，納達爾和費德勒分別是世界排名第九和十六。兩人都曾因為嚴重的傷勢，未來一片黯淡，要見到他們再次拿下重要的冠軍頭銜，簡直是不可能的事。然而，他倆皆已克服傷勢，東山再起。

二〇一八年二月十九日，復出一年多後，納達爾和費德勒都登上過世界排名第一[14]，迄今共拿下五座大滿貫冠軍（費德勒三座，納達爾兩座[15]）、多次拿下1000分級大師賽冠軍（五座），並於另外五項賽事封王。

14 編按：費納兩人在2018年數度輪替球王寶座，納達爾在位四次，費德勒則是三次。

15 編按：隨後，納達爾也於當年6月10日的法網決賽上，締造11度封王和榮獲第17座大滿貫冠軍的成就。

不可思議？還是該說不可能？總之，真是太神奇了。
從一開始一個問題不斷被提出，至今無人能給出答案。
夢想是用什麼做的？
費德勒和納達爾是什麼做的，夢想就是什麼做的。

附錄
納達爾與費德勒對戰史

史上最大宿敵的交戰紀錄

年份	賽事名稱和地點	場地	輪	獲勝者	比分
2017	上海大師賽，中國上海	硬地（室外）	決賽	費德勒	6-4, 6-3
2017	邁阿密大師賽，美國佛羅里達州	硬地（室外）	決賽	費德勒	6-3, 6-4
2017	印地安泉大師賽，美國加州	硬地（室外）	16強賽	費德勒	6-2, 6-3
2017	澳洲網球公開賽，澳洲墨爾本	硬地（室外）	決賽	費德勒	6-4, 3-6, 6-1, 3-6, 6-3
2015	瑞士室內網賽，瑞士巴塞爾	硬地（室內）	決賽	費德勒	6-3, 5-7, 6-3
2014	澳洲網球公開賽，澳洲墨爾本	硬地（室外）	準決賽	納達爾	7-6(4), 6-3, 6-3
2013	ATP年終總決賽，英國倫敦	硬地（室內）	準決賽	納達爾	7-5, 6-3
2013	辛辛那提大師賽，美國俄亥俄州	硬地（室外）	8 強賽	納達爾	5-7, 6-4, 6-3
2013	羅馬大師賽，義大利羅馬	紅土（室外）	決賽	納達爾	6-1, 6-3
2013	印地安泉大師賽，美國加州	硬地（室外）	8 強賽	納達爾	6-4, 6-2
2012	印地安泉大師賽，美國加州	硬地（室外）	準決賽	費德勒	6-3, 6-4
2012	澳洲網球公開賽，澳洲墨爾本	硬地（室外）	準決賽	納達爾	6-7(5), 6-2, 7-6(5), 6-4

年份	賽事名稱和地點	場地	輪	獲勝者	比分
2011	ATP年終總決賽，英國倫敦	硬地（室內）	分組賽	費德勒	6-3, 6-0
2011	法國網球公開賽，法國巴黎	紅土（室外）	決賽	納達爾	7-5, 7-6(3), 5-7, 6-1
2011	馬德里大師賽，西班牙馬德里	紅土（室外）	準決賽	納達爾	5-1, 6-1, 6-3
2011	邁阿密大師賽，美國佛羅里達州	硬地（室外）	準決賽	納達爾	6-3, 6-2
2010	ATP年終總決賽，英國倫敦	硬地（室內）	決賽	費德勒	6-3, 3-6, 6-1
2010	馬德里大師賽，西班牙馬德里	紅土（室外）	決賽	納達爾	6-4, 7-6（5）
2009	馬德里大師賽，西班牙馬德里	紅土（室外）	決賽	費德勒	6-4, 6-4
2009	澳洲網球公開賽，澳洲墨爾本	硬地（室外）	決賽	納達爾	7-5, 3-6, 7-6(3), 3-6, 6-2
2008	溫布頓網球錦標賽，英國倫敦	草地（室外）	決賽	納達爾	6-4, 6-4, 6-7(5), 6-7(8), 9-7
2008	法國網球公開賽，法國巴黎	紅土（室外）	決賽	納達爾	6-1, 6-3, 6-0
2008	漢堡大師賽，德國漢堡	紅土（室外）	決賽	納達爾	7-5, 6-7(3), 6-3
2008	蒙地卡羅大師賽，摩納哥蒙地卡羅	紅土（室外）	決賽	納達爾	7-5, 7-5
2007	上海大師賽，中國上海	硬地（室內）	準決賽	費德勒	6-4, 6-1
2007	溫布頓網球錦標賽，英國倫敦	草地（室外）	決賽	費德勒	7-6(7), 4-6, 7-6(3), 2-6, 6-2

年份	賽事名稱和地點	場地	輪	獲勝者	比分
2007	法國網球公開賽，法國巴黎	紅土（室外）	決賽	納達爾	6-3, 4-6, 6-3、6-4
2007	漢堡大師賽，德國漢堡	紅土（室外）	決賽	費德勒	2-6, 6-2, 6-0
2007	蒙地卡羅大師賽，摩納哥蒙地卡羅	紅土（室外）	決賽	納達爾	6-4, 6-4
2006	上海大師賽，中國上海	硬地（室內）	準決賽	費德勒	6-4, 7-5
2006	溫布頓網球錦標賽，英國倫敦	草地（室外）	決賽	費德勒	6-0, 7-6(5), 6-7（2）, 6-3
2006	法國網球公開賽，法國巴黎	紅土（室外）	決賽	納達爾	1-6, 6-1, 6-4, 7-6(4)
2006	羅馬大師賽，義大利羅馬	紅土（室外）	決賽	納達爾	6-7(0), 7-6(5), 6-4, 2-6, 7-6(5)
2006	蒙地卡羅大師賽，摩納哥蒙地卡羅	紅土（室外）	決賽	納達爾	6-2, 6-7(2), 6-3, 7-6(5)
2006	杜拜網球錦標賽，阿拉伯聯合大公國杜拜	硬地（室外）	決賽	納達爾	2-6, 6-4, 6-4
2005	法國網球公開賽，法國巴黎	紅土（室外）	準決賽	納達爾	6-3, 4-6, 6-4, 6-3
2005	邁阿密大師賽，美國佛羅里達州	硬地（室外）	決賽	費德勒	2-6, 6-7(4), 7-6(5)、6-3, 6-1
2004	邁阿密大師賽，美國佛羅里達州	硬地（室外）	32 強賽	納達爾	6-3, 6-3

資料來源：atpworldtour.com

納達爾單打奪冠紀錄

年份	賽事名稱
2018	蒙地卡羅大師賽（室外紅土） 巴塞隆納網球公開賽（室外紅土） 羅馬大師賽（室外紅土） 法國網球公開賽（室外紅土） 加拿大大師賽（室外硬地）
2017	中國網球公開賽（室外硬地） 美國網球公開賽（室外硬地） 法國網球公開賽（室外紅土） 馬德里大師賽（室外紅土） 巴塞隆納網球公開賽（室外紅土） 蒙地卡羅大師賽（室外紅土）
2016	巴塞隆納網球公開賽（室外紅土） 蒙地卡羅大師賽（室外紅土）
2015	漢堡大師賽（室外紅土） 斯圖加特網球公開賽（室外草地） 阿根廷網球公開賽（室外紅土）
2014	法國網球公開賽（室外紅土） 馬德里大師賽（室外紅土） 里約網球公開賽（室外紅土） 卡達網球公開賽（室外硬地）
2013	美國網球公開賽（室外硬地） 辛辛那提大師賽（室外硬地） 加拿大大師賽（室外硬地） 法國網球公開賽（室外紅土） 羅馬大師賽（室外紅土） 馬德里大師賽（室外紅土） 巴塞隆納網球公開賽（室外紅土） 印地安泉大師賽（室外硬地） 墨西哥網球公開賽（室外紅土） 巴西網球公開賽（室內紅土）

年份	賽事名稱
2012	法國網球公開賽（室外紅土） 羅馬大師賽（室外紅土） 巴塞隆納網球公開賽（室外紅土） 蒙地卡羅大師賽（室外紅土）
2011	法國網球公開賽（室外紅土） 巴塞隆納網球公開賽（室外紅土） 蒙地卡羅大師賽（室外紅土）
2010	日本網球公開賽（室外硬地） 美國網球公開賽（室外硬地） 溫布頓網球錦標賽（室外草地） 法國網球公開賽（室外紅土） 馬德里大師賽（室外紅土） 羅馬大師賽（室外紅土） 蒙地卡羅大師賽（室外紅土）
2009	羅馬大師賽（室外紅土） 巴塞隆納網球公開賽（室外紅土） 蒙地卡羅大師賽（室外紅土） 印地安泉大師賽（室外硬地） 澳洲網球公開賽（室外硬地）
2008	北京奧運男子網球單打金牌（室外硬地） 加拿大大師賽（室外硬地） 溫布頓網球錦標賽（室外草地） 女王俱樂部錦標賽（室外草地） 法國網球公開賽（室外紅土） 漢堡大師賽（室外紅土） 巴塞隆納網球公開賽（室外紅土） 蒙地卡羅大師賽（室外紅土）
2007	斯圖加特網球公開賽（室外紅土） 法國網球公開賽（室外紅土） 羅馬大師賽（室外紅土） 巴塞隆納網球公開賽（室外紅土） 蒙地卡羅大師賽（室外紅土） 印地安泉大師賽（室外硬地）

年份	賽事名稱
2006	法國網球公開賽（室外紅土） 羅馬大師賽（室外紅土） 巴塞隆納網球公開賽（室外紅土） 蒙地卡羅大師賽（室外紅土） 杜拜網球錦標賽（室外硬地）
2005	馬德里大師賽（室內硬地） 中國網球公開賽（室外硬地） 加拿大大師賽（室外硬地） 斯圖加特網球公開賽（室外紅土） 瑞典網球公開賽（室外紅土） 法國網球公開賽（室外紅土） 羅馬大師賽（室外紅土） 巴塞隆納網球公開賽（室外紅土） 蒙地卡羅大師賽（室外紅土） 墨西哥網球公開賽（室外紅土） 巴西網球公開賽（室外紅土）
2004	波蘭索波特網球公開賽（室外紅土）

資料來源：atpworldtour.com
奪冠紀錄採計至2018年底。

納達爾雙打奪冠紀錄

年份	賽事名稱
2016	中國網球公開賽（搭檔：巴勃羅・卡雷尼奧・巴斯達） 里約奧運男子網球雙打（搭檔：馬克・洛佩斯）
2015	卡達網球公開賽（搭檔：胡安・摩納哥）
2012	印地安泉大師賽（搭檔：馬克・洛佩斯）
2011	卡達網球公開賽（搭檔：馬克・洛佩斯）
2010	印地安泉大師賽（搭檔：馬克・洛佩斯）
2009	卡達網球公開賽（搭檔：馬克・洛佩斯）
2008	蒙地卡羅大師賽（搭檔：托米・羅布雷多）
2005	卡達網球公開賽（搭檔：阿爾伯特・科斯塔）
2004	印度清奈網球公開賽（搭檔：托米・羅布雷多）
2003	克羅埃西亞烏馬格公開賽（搭檔：亞歷克斯・洛佩斯・莫隆）

團體奪冠紀錄：
2004年、2008年、2009年和2011年西班牙代表隊台維斯盃冠軍。
2017年歐洲隊拉沃盃冠軍。

資料來源：Atpworldtour.com
奪冠紀錄採計至2018年底。

費德勒單打奪冠紀錄

年份	賽事名稱
2018	澳洲網球公開賽（室外硬地） 鹿特丹網球公開賽（室內硬地） 斯圖加特網球公開賽（室外草地） 瑞士室內網賽（室內硬地）
2017	瑞士室內網賽（室內硬地） 上海大師賽（室外硬地） 溫布頓網球錦標賽（室外草地） 哈雷網球公開賽（室外草地） 邁阿密大師賽（室外硬地） 印地安泉大師賽（室外硬地） 澳洲網球公開賽（室外硬地）
2015	瑞士室內網賽（室內硬地） 辛辛那提大師賽（室外硬地） 哈雷網球公開賽（室外草地） 伊斯坦堡公開賽（室外紅土） 杜拜網球錦標賽（室外硬地） 布里斯本國際網賽（室外硬地）
2014	瑞士室內網賽（室內硬地） 上海大師賽（室外硬地） 辛辛那提大師賽（室外硬地） 哈雷網球公開賽（室外草地） 杜拜網球錦標賽（室外硬地）
2013	哈雷網球公開賽（室外草地）
2012	辛辛那提大師賽（室外硬地） 溫布頓網球錦標賽（室外草地） 馬德里大師賽（室外紅土） 印地安泉大師賽（室外硬地） 杜拜網球錦標賽（室外硬地） 鹿特丹網球公開賽（室內硬地）
2011	ATP 年終總決賽（室內硬地） 巴黎大師賽（室內硬地） 瑞士室內網賽（室內硬地） 卡達網球公開賽（室外硬地）

年份	賽事名稱
2010	ATP 年終總決賽（室內硬地） 瑞士室內網賽（室內硬地） 斯德哥爾摩網球公開賽（室內硬地） 辛辛那提大師賽（室外硬地） 澳洲網球公開賽（室外硬地）
2009	辛辛那提大師賽（室外硬地） 溫布頓網球錦標賽（室外草地） 法國網球公開賽（室外紅土） 馬德里大師賽（室外紅土）
2008	瑞士室內網賽（室內硬地） 美國網球公開賽（室外硬地） 哈雷網球公開賽（室外草地） 愛斯多尼公開賽（室外紅土）
2007	網球大師盃賽（室內硬地） 瑞士室內網賽（室內硬地） 美國網球公開賽（室外硬地） 辛辛那提大師賽（室外硬地） 溫布頓網球錦標賽（室外草地） 漢堡大師賽（室外紅土） 杜拜網球錦標賽（室外硬地） 澳洲網球公開賽（室外硬地）
2006	網球大師盃賽（室內硬地） 瑞士室內網賽（室內硬地） 馬德里大師賽（室內硬地） 日本網球公開賽（室外硬地） 美國網球公開賽（室外硬地） 加拿大大師賽（室外硬地） 溫布頓網球錦標賽（室外草地） 哈雷網球公開賽（室外草地） 邁阿密大師賽（室外硬地） 印地安泉大師賽（室外硬地） 澳洲網球公開賽（室外硬地） 卡達網球公開賽（室外硬地）

年份	賽事名稱
2005	泰國網球公開賽（室內硬地） 美國網球公開賽（室外硬地） 辛辛那提大師賽（室外硬地） 溫布頓網球錦標賽（室外草地） 哈雷網球公開賽（室外草地） 漢堡大師賽（室外紅土） 邁阿密大師賽（室外硬地） 印地安泉大師賽（室外硬地） 杜拜網球錦標賽（室外硬地） 鹿特丹網球公開賽（室內硬地） 卡達網球公開賽（室外硬地）
2004	網球大師盃賽（室內硬地） 泰國網球公開賽（室內硬地） 美國網球公開賽（室外硬地） 加拿大大師賽（室外硬地） 瑞士格施塔德網球公開賽（室外紅土） 溫布頓網球錦標賽（室外草地） 哈雷網球公開賽（室外草地） 漢堡大師賽（室外紅土） 印地安泉大師賽（室外硬地） 杜拜網球錦標賽（室外硬地） 澳洲網球公開賽（室外硬地）
2003	網球大師盃賽（室內硬地） 維也納網球公開賽（室內硬地） 溫布頓網球錦標賽（室外草地） 哈雷網球公開賽（室外草地） 慕尼黑網球公開賽（室外紅土） 杜拜網球錦標賽（室外硬地） 馬賽網球公開賽（室內硬地）
2002	維也納網球公開賽（室內硬地） 漢堡大師賽（室外紅土） 雪梨國際網球賽（室外硬地）
2001	米蘭網球公開賽（室內地毯）

資料來源：atpworldtour.com
奪冠紀錄採計至2018年底。

費德勒雙打奪冠紀錄

年份	賽事名稱
2008	北京奧運男子網球雙打（搭檔：史坦・瓦林卡）
2005	哈雷網球公開賽（搭檔：伊夫・艾利格羅）
2003	維也納網球公開賽（搭檔：伊夫・艾利格羅） 邁阿密大師賽（搭檔：馬克斯・米爾內）
2002	莫斯科網球公開賽（搭檔：馬克斯・米爾內） 鹿特丹網球公開賽（搭檔：馬克斯・米爾內）
2001	瑞士格施塔德網球公開賽（搭檔：馬拉・薩芬） 鹿特丹網球公開賽（約納斯・比約克曼）

團體奪冠紀錄：
2011 年瑞士代表隊台維斯盃冠軍。
2001 年和 2018 年瑞士代表隊霍普曼盃冠軍。
2017 年和 2018 年歐洲隊拉沃盃冠軍。

資料來源：atpworldtour.com
奪冠紀錄採計至 2018 年底。

致謝

若不是各方大力協助，我們大概寫不成這本書。許多人透過各種不同的方式參與這本書的製作，這部作品才得以成真。謝謝所有我們在這裡提及的人，尤其謝謝被我們遺忘的人。雖然可能不小心漏掉他們，但他們和以下我們所提及的大家一樣重要。

謝謝本書的編輯大衛，謝謝他英勇地承受我們的疑問，謝謝他每週以笑容收下成堆的郵件，謝謝他能夠完成我們所有的要求。也謝謝Libros Cúpula出版社的執行編輯凡妮莎，謝謝她盲目地相信這個出版計畫。

謝謝瑪爾塔，謝謝她是我們最棒的摯友，謝謝她在這本書最棘手的部分伸出援手，謝謝她接受成為第一個讀者，完整閱讀我們筆下的故事。

謝謝貝尼多和卡洛士，謝謝他們在我們開始動筆前便贊成這段冒險，謝謝他們總是為我們的所需待命。

謝謝阿貝爾，謝謝他在倫敦的家門總是為我們敞開，謝謝他填飽我們的肚子，謝謝他給了我們許多無價的回憶。

謝謝祖畢，謝謝他用他拍的相片闡述費納對決的故事，謝謝他和我們分享他的相片。

謝謝巴塞隆納網球公開賽和馬德里大師賽，謝謝馬諾洛·桑塔納、卡洛斯、傑拉德和貝托，謝謝他們替我們打開巴賽隆納皇家網球俱樂部和馬德里大師賽的大門。

謝謝安娜，她無疑是世界上最傑出、最有創意的人之一。謝謝她不間斷的支持，謝謝她堅信這本書是個好主意，謝謝她對封面設計提出的各種建議，謝謝她在困難的時候以正面樂觀的心情感染我們。

謝謝布蘭卡，她不知道也沒料到自己會是這個故事的靈感來源，未來所有的故事也得靠她啟發。

謝謝艾托和馬里歐，謝謝他們從最一開始便熱心提供不同的觀點，謝謝他們提出建設性的批評，謝謝他們對這個故事如此有熱忱，本作都快變成是他們筆下的故事了。

謝謝拉斐爾，他不斷提出一連串不安的問題，是證明這本書對他有多重要最真誠的方式。

謝謝尼克和荷西．瑪莉亞，謝謝他們讓我們相信有一天，我們會為他們寫下這本書。

謝謝荷西．馬努爾和馬努，謝謝他們無論距離多遠，總是與我們分享熱情，將我們聯繫在一起。

謝謝蘿希、瑪格、卡門、露希亞、露西、蘿西和蘿拉，謝謝她們耐心忍耐我們人生中的每一局、每一盤和每一場比賽。

謝謝安娜貝爾，謝謝她總是讓我們臉上掛著笑容，謝謝她成為照亮我們故事的月亮。

謝謝艾杜，謝謝他的鼓勵和關懷，謝謝他對這本書懷有堅不可摧的信念。謝謝他那一句「我超愛這這本書的」，我們沒有把握時，是這句話給了我們生命。

謝謝總是想被寫進書中致謝的大維。謝謝路易斯、哈維和阿貝多「們」，謝謝你們一直以來都希望這本書會成功，也謝謝你們至死不渝的友情。

Rafa

&

Roger